M. Midshipman Glover, RN

Une histoire de la Royal Navy d'aujourd'hui

Jean TT

Writat

Cette édition parue en 2024

ISBN : 9789359940434

Publié par
Writat
email : info@writat.com

Contenu

Préface

Dans cette histoire de la Royal Navy moderne, je me suis efforcé, tout en racontant de nombreuses aventures à terre et à flot, de décrire les habitudes de pensée et de discours de divers types d'officiers et d'hommes du service supérieur qui vivent et servent sous le White Ensign pour- jour.

Pour ce faire, j'ai fait en sorte que certains des personnages principaux reprennent les uns les autres les fils de l'histoire et continuent la description des incidents de leur propre point de vue ; le reste du conte est écrit à la troisième personne comme par un narrateur extérieur.

J'espère que cette méthode sera trouvée pour donner un intérêt supplémentaire au livre.

J'ai reçu une grande aide de la part de plusieurs lieutenants d'artillerie, de torpilleurs et du génie, qui ont lu les manuscrits au fur et à mesure de leur rédaction, corrigé de nombreuses erreurs de détail et fait de nombreuses suggestions utiles.

L'histoire peut donc prétendre être techniquement correcte.

JEAN TT,

CHIRURGIEN CONTRE-AMIRAL, ROYAL NAVY

CHAPITRE I

La chance de l'aspirant Glover

Commandé à l'étranger. Hourra!

L'aspirant Glover explique comment la chance lui est venue

Tout a commencé de manière absolument inattendue alors que nous étions en congé et que nous séjournions avec Mellins à la campagne.

Quand je dis « nous », je parle de Tommy Toddles et de moi-même. Son vrai nom était Foote, mais personne ne l'a jamais appelé autrement que "Toddles", et je crois qu'il aurait presque oublié quel était son vrai nom s'il n'avait pas été gravé sur la plaque de laiton du couvercle de son coffre de mer. , et s'il n'avait pas été obligé de le faire marquer très clairement sur son linge.

Nous avions quitté le *Britannia* quinze jours auparavant – nous étions aussi des aspirants à part entière, ce qui était dû à la chance – et nous logions tous les deux avec Christie chez son père dans le Somerset.

C'était Christie que nous appelions Mellins, parce qu'il était extrêmement gros ; et même si cela ne le dérangeait pas du tout que nous le fassions, c'était plutôt gênant pendant que nous restions dans sa maison, car nous pouvions difficilement nous empêcher d'appeler son pater « Colonel Mellins ».

Vous voyez, il était encore plus gros que Mellins lui-même, et la toute première nuit où nous étions là-bas - nous étions tous les deux juste un peu nerveux - Toddles l'appelait Colonel Mellins lorsque nous lui souhaitions "Bonne nuit", et il nous regardait tellement violemment, que nous nous sommes faufilés jusqu'à notre chambre et avons vraiment pensé que nous ferions mieux de nous enfuir.

Nous avons même ouvert la fenêtre et regardé dehors, très malheureux, pour voir s'il était possible de descendre du lierre ou de la vieille trombe rouillée sans réveiller tout le monde, lorsque Mellins a soudainement fait irruption avec un oreiller qu'il avait foutu en l'air. et nous a presque frappé par la fenêtre. Le temps que nous l'ayons reconduit dans sa chambre à l'autre bout du couloir et que nous l'ayons aplati, nous avions tout oublié, et nous sommes revenus en rampant comme des souris et nous sommes endormis.

C'est justement à cette époque que les journaux parurent de ces histoires extraordinaires sur l'augmentation de la piraterie sur les côtes chinoises et sur la façon dont certains marchands chinois s'étaient associés pour acheter des navires en Angleterre et organiser une expédition pour nettoyer la mer.

Vous pouvez imaginer à quel point nous étions tous les trois intéressés, d'autant plus qu'il y a cinquante ans, le père de Toddles avait participé à de nombreuses bagarres avec les pirates cantonais et que Toddles racontait les histoires les plus passionnantes que son père lui avait racontées.

Nous avons vu dans les journaux que l'Amirauté était sur le point de prêter des officiers de marine pour prendre le commandement, mais nous n'avons jamais pensé que nous pourrions éventuellement y jeter un coup d'œil, jusqu'à ce qu'un matin, une lettre me soit venue de la part de mon cousin Milly, dont le père est un vieil amiral. et vit à Fareham, et n'est pas particulièrement agréable quand je vais le voir.

Ma tante! n'étions-nous pas excités ! Eh bien, elle a en fait écrit que si je voulais y aller, elle pensait qu'elle pourrait me faire nommer dans l'escadron, car le capitaine qui le dirigeait était un de ses grands amis.

Vous pouvez imaginer ce que j'ai écrit, et comment je l'ai beurrée, je l'ai traitée de brique et j'ai dit qu'elle était une "éventreuse parfaite". J'ai fini par dire que "M. Arthur Bouchier Christie, aspirant, et M. Thomas Algernon Foote, aspirant, des amis à moi, aimeraient y aller aussi".

J'ai pris très soin de donner leurs noms complets pour éviter les erreurs, et j'ai mis « aspirant » après leurs noms juste pour montrer qu'ils avaient également quitté le *Britannia* . en haut de la liste, et doit donc être assez doué pour chasser "X et Y", ce qui, bien sûr, est un excellent "coup de pouce" dans la marine.

Deux matins plus tard, Milly m'a envoyé une carte postale : "J'espère y arriver pour vous trois".

Après cela, nous étions tellement excités que nous n'avons fait qu'attendre le facteur et sommes même descendus au bureau de poste du village et avons traîné là, attendant presque un télégramme.

Eh bien, vous auriez du mal à le croire ! Dès le lendemain matin, nos rendez-vous étaient dans les journaux.

J'ai encore la liste quelque part rangée, et elle commençait :

"Les officiers de la Royal Navy mentionnés ci-dessous ont été mis en demi-solde et prêtés au gouvernement impérial chinois pour des services spéciaux".

Tout en bas de la liste se trouvait "Aspirants", et nous avons failli déchirer le papier du colonel Christie dans notre enthousiasme en lisant, en très petits caractères et parmi beaucoup d'autres noms, Arthur B. Christie, Harold S. Glover (c'était moi-même – hourra !), et Thomas A. Foote.

Eh bien, je ne peux pas vous dire grand-chose de ce qui s'est passé après cela, car nous étions simplement fous de plaisir ; mais je me souviens que lorsque je suis parti précipitamment à la maison, mon père et ma mère ont plutôt gâché tout cela.

Et quand mes affaires furent emballées et conduites jusqu'à la gare, je me sentis un peu comme une brute parce que tout le monde pleurait, et même mon père était un peu rauque quand je lui souhaitais au revoir. Je pense que quelque chose a dû entrer dans mon œil aussi, une mouche, probablement, mais elle n'était pas là lorsque le train est entré dans la gare portuaire de Portsmouth, et Mellins et Toddles m'ont rencontré et m'ont traîné jusqu'au bout de la jetée pour prendre notre premier verre. vue de notre nouveau navire, qui gisait à Spithead.

Maintenant, vous devrez lire comment toutes ces choses sont arrivées, sinon vous ne les comprendrez jamais correctement.

CHAPITRE II

Helston reçoit une étrange lettre

La malchance d'Helston – Ping Sang parle des pirates – Ping Sang fait une offre – Helston jubilatoire

En 1896, deux officiers de marine menaient une existence quelque peu banale et monotone dans le petit village tranquille de Fareham, dans le Hampshire, niché sous les collines de Portsdown couronnées par un fort et presque à portée de voix du bruit incessant des rivets et des martelages du puissant navire. chantiers navals de Portsmouth.

Ces deux hommes avaient tous deux servi de nombreuses années auparavant sur la petite canonnière *Porcupine* en Chine, et leurs nombreuses escapades et aventures avaient souvent attiré sur leurs têtes la colère de l'amiral commandant cette station. Partout où le *porc-épic* allait, des problèmes d'une sorte ou d'une autre suivraient sûrement. À un endroit, un Taotai[#] indigné s'est plaint que toutes les armes à feu – de vieux canons à chargement par la bouche obsolètes – de son fort avaient été jetées dans le fossé une nuit ; à un autre endroit, ils ont tout juste échappé à une foule furieuse alors qu'ils emportaient du temple un joss très grotesque, mais encore plus vénéré, dont ils avaient cajolé et soudoyé les prêtres locaux pour qu'ils fassent un clin d'œil à la profanation.

[#] Taotai = magistrat militaire.

Camarades dans toutes les aventures, et compagnons de mess pendant ces quatre années passionnantes, ils avaient finalement dérivé ensemble à demi-solde, et, avec leur vieux domestique de marine Jenkins, un vieil homme taciturne, pour s'occuper d'eux, s'étaient installés dans ce village. .

Les deux hommes avaient moins de quarante ans, bien qu'une estimation plus précise aurait été difficile, car le plus petit des deux avait la vigueur et la vivacité d'esprit de trente ans, mais son visage était vieux, avec des rides et des sillons d'inquiétude et de tristesse. tandis que la silhouette haute et maigre du second n'était pas aussi droite et ses actions n'étaient pas aussi vigoureuses, le feu juvénile dans ses yeux donnait à son visage bronzé par la mer, à ses lèvres minces et serrées et à sa mâchoire proéminente l'apparence d'un homme. un homme qui n'avait pas encore atteint le zénith de sa virilité.

L'homme le plus petit s'appelait Fox, un médecin qui avait quitté le service après son mariage, pour ensuite perdre sa femme un an plus tard et avec elle toute sa joie d'exister. S'établissant dans ce village, près de sa tombe, il avait créé une petite affaire qui n'occupait que peu de son temps, et menait une vie où son grand chagrin semblait avoir enlevé toute trace de son ancienne ambition.

Ce n'était pas le cas de l'homme plus grand, Helston, un commandant, qui avait été invalidé et mis en demi-solde, souffrant des effets de fièvres contractées lors d'une croisière au large de la côte ouest de l'Afrique, en Chine et en Méditerranée. Bien que son corps ait été affaibli par la maladie, il était toujours optimiste à l'idée de recouvrer la santé et de recevoir son plein salaire, et rêvait avec impatience du moment où il pourrait à nouveau flotter et éventuellement commander son propre navire.

Cependant, il trouvait généralement un public très antipathique chez le Docteur, qui écoutait, avec un ennui mal dissimulé, ses projets roses et disait cyniquement : « Qui va en mer pour le plaisir ira en prison pour un passe-temps. Suivez mon conseil, installez-vous confortablement dans les garde-côtes et ne dérangez plus la mer. Cela ne vous a pas servi à grand-chose.

« C'est toute ma malchance, Doc, mon vieux », répondait Helston ; "Ce n'est pas la faute de la mer. J'ai fait l'idiot quand j'étais jeune, j'étais toujours en disgrâce à l'Amirauté, et maintenant, avec cette fièvre pourrie en moi, ils ne m'emploieront plus."

Mais il terminait toujours par : "Eh bien, j'ai attendu assez patiemment ces trois dernières années, et la chance doit bientôt tourner".

À une de ces occasions, alors que la chaleur et la luminosité d'un jour de mai avaient rendu Helston plus que d'habitude enthousiaste quant à ses chances d'obtenir un service rémunéré à plein salaire, le Dr Fox, faisant tomber les cendres de sa pipe, grogna : « Au prochain navire, en effet. ! Vous ne parlez que de navires et de mer, de mer et de navires, alors que vous devriez acheter une chaise de bain pour vous y déplacer.

"C'est pas grave, mon vieux, je ne suis pas si méchant que ça, et je te parie qu'ils me donneront un bateau dans moins de six mois !"

"S'ils le font, je viendrai avec vous", se moqua le Docteur alors qu'il se dirigeait vers son lit d'un air maussade.

"C'est une bonne affaire", cria joyeusement Helston après lui.

Or, l'une des raisons pour lesquelles Helston s'était installé ici avec le Docteur, et la grande source de ses rêves ambitieux, était une certaine dame nommée Milly, qui, avec son père - son nom n'est pas nécessaire, car on parlait toujours de lui comme "le Amiral", ou "le père de Miss Milly" - vivait à proximité du village. Il la courtisait constamment depuis de nombreuses années et la connaissait depuis sa naissance, mais la petite dame un peu dédaigneuse l'avait refusé à plusieurs reprises, non sans lui laisser un léger espoir de mieux réussir si jamais il était promu au rang de capitaine.

Cependant, comme Maîtresse Milly n'entre jamais personnellement dans cette histoire, il n'y a rien de plus à dire d'elle que le fait qu'elle était l'une des petites flirteuses les plus envoûtantes qui aient jamais tyrannisé un vieux père ou fait des ravages dans le cœur de chaque homme qu'elle rencontrait.

Quelques semaines après cet incident, alors que tous deux prenaient leur petit-déjeuner, le vieux facteur du village emprunta en trébuchant le chemin qui menait à leur maison, et Jenkins, un homme sombre et morose, peu bavard, apporta une grande enveloppe officielle.

"Qu'est-ce que j'ai dit, mon vieux ?" s'écria Helston avec enthousiasme en le déchirant. "N'ai-je pas dit que ma chance allait tourner ? Bonjour ! ce n'est pas un rendez-vous ordinaire. Quoi qu'il en soit ?" Un grand nombre de papiers tombèrent sur la table, et, le Docteur montrant quelques signes d'intérêt, les deux hommes les examinèrent en toute hâte, Jenkins se tenant derrière, au garde-à-vous, pour apprendre la nouvelle.

Le premier venait de l'Amirauté, informant Helston que les pièces jointes avaient été reçues par l'ambassade de Chine et lui ordonnant de se présenter immédiatement à Whitehall. Ces pièces jointes étaient des listes de navires censés avoir fait naufrage sur les côtes chinoises au cours des dernières années, des listes de navires de guerre chinois censés avoir été détruits pendant la guerre sino-japonaise et des documents montrant la hausse progressive des tarifs d'assurance pour les navires de guerre chinois. le cabotage chinois.

"Où est ton rendez-vous ?" ricana le Docteur. "Je pars voir mes patients."

"Je l'ai, Doc; regarde ici! Tu te souviens de ce vieux mandarin que nous avons sorti d'une mauvaise passe à Cheefoo une fois? Eh bien, voici une lettre de lui. Écoute!" En disant cela, Helston s'assit sur la table et le lut à haute voix, tandis que le Docteur remplissait sa pipe avec impatience :

"CHER COMMANDANT HELSTON, — Peut-être vous souvenez-vous de m'avoir sauvé la vie à Cheefoo il y a de nombreuses années ? Maintenant, peut-être que je peux vous rendre un bon service.

« Depuis trois ou quatre ans, il y a eu un très grand nombre de paquebots, de navires et de jonques employés au commerce côtier qui ont quitté le port dans des circonstances favorables et apparemment en bon état, mais dont on n'a plus jamais entendu parler depuis. est rapidement devenue si grande que moi-même et plusieurs amis intéressés par le commerce maritime avons soupçonné que ces disparitions n'étaient pas dues à des causes naturelles. Cette année, par exemple, trois de nos plus récents paquebots ont quitté Nagasaki chargés de marchandises de valeur, et, bien que aucun d'entre eux n'aurait pu connaître de mauvais temps, et pourtant on n'en a plus entendu parler depuis. Tous les trois, chose étrange, transportaient une grande quantité de matériel militaire pour Pékin, qui avait été transbordé depuis des paquebots allemands, et tous trois sont partis dans les trois semaines. Les capitaines étaient des Anglais — de très bons hommes aussi — et ce qui ajoute à la particularité de leur disparition est que le capitaine du bateau-poste anglais qui suivit le dernier hors du port et qui aurait dû le croiser huit heures plus tard s'il avait été sur sa bonne route, je ne l'ai jamais aperçue. Nous avons fouillé la côte en vain à la recherche de traces d'épaves, et ce n'est qu'au cours des deux derniers mois que nous avons obtenu un indice.

"Une de nos grandes jonques de Formose, manquant d'eau, se dirigea vers une île, précédemment signalée comme n'étant qu'occasionnellement habitée par des pêcheurs coréens. Quelques hommes descendirent à terre pour remplir les tonneaux, trouvèrent les filets de pêche déserts et sans eau, ils suivirent donc un chemin menant à l'intérieur des terres et serpentant vers le haut d'une colline. Quand presque au sommet ils rencontrèrent quatre Chinois morts pendus aux arbres, et bien que très effrayés, ils continuèrent leur route jusqu'à ce qu'ils arrivent en vue du port naturel de l'autre côté de la colline. Ils jurent solennellement qu'étant à l'ancre, ils ont vu vingt ou trente bateaux à vapeur et plusieurs bâtiments de guerre, et qu'à terre il y avait beaucoup d'entrepôts (go-downs) et de cabanes, et un très grand nombre d'indigènes. Ils étaient en train de descendre chercher de l'eau, lorsqu'un de ces hommes, qui heureusement faisait autrefois partie de l'équipage du *Tslai-ming*, notre bateau à crack, la reconnut allongée là. C'est un garçon mignon et sauta aussitôt à la conclusion. que c'étaient des pirates (vous vous souvenez à quel point ils ont terriblement peur des « pilons » ?), et il a couru avec ses camarades jusqu'à leur bateau.

"Ils nous ont apporté cette nouvelle.

"Il y a quatre ans, lorsque cette île a été visitée pour la dernière fois, elle était signalée comme inhabitée. Personnellement, je ne doutais pas de l'histoire de ces hommes. En fait, ils sont si effrayés et ont répandu leur histoire si librement qu'il est difficile d'en avoir une idée. équipage ensemble pour n'importe quel port au sud d'Amoy.

"J'ai fait des enquêtes très minutieuses pour expliquer la présence des navires de guerre, et j'ai découvert que beaucoup de navires de guerre, et presque tous les torpilleurs qui ont été échoués pour échapper à la capture pendant la dernière guerre, avait disparu.

"Les mandarins et les fonctionnaires locaux ne savent évidemment rien, mais d'après les indigènes vivant à proximité, j'ai appris que de grands navires sont venus et sont restés près des navires échoués pendant quelques semaines, et les ont finalement remorqués. Il ne fait aucun doute que deux, voire trois, des croiseurs en mauvais état ont été vendus à quelques Européens et ont disparu, on ne sait où, ainsi que quelques corvettes du Yangtsé ont également mystérieusement disparu.

"J'ai commémoré le trône, mais ils n'ont rien fait et se sont moqués de mon rapport. Les mandarins ont saisi mes informateurs, les ont torturés jusqu'à ce qu'ils nie la véracité de leur histoire, puis bien sûr se sont moqués de moi.

"Le commerce étant pratiquement au point mort, nous décidâmes d'envoyer l'un de nos meilleurs capitaines, un Anglais, pour vérifier si le récit des hommes était exact. Il débarqua de nuit d'une jonque, déguisé en indigène, et passa une journée sur l'île, courant de grands risques d'être découvert et d'être décollé la nuit suivante. Il rapporte qu'il y a certainement trois croiseurs et sept torpilleurs ancrés là, et au moins vingt bateaux à vapeur caboteurs, parmi lesquels les trois qui ont disparu chargés de magasins militaires. Un grand nombre de coolies travaillaient à l'entrée étroite du port et, aussi loin qu'il pouvait voir, ils montaient des canons derrière les ouvrages de terrassement. Il pensait pouvoir distinguer quelques Européens, mais n'en est pas sûr. Il a apporté un grossier plan du port, marquant la position des navires, des bâtiments et des canons.

"J'ai décidé de l'emmener le lendemain chez certains des ministres que je connaissais personnellement, pensant qu'ils prêteraient plus d'attention à la parole d'un Anglais. Je dois vous dire que les trois indigènes qui les premiers ont apporté la nouvelle et ont été torturés pour nier et comme c'étaient des hommes très honnêtes et fidèles, je soupçonnai une affaire sournoise et, pensant assurer la sécurité de l'Anglais, je le fis dormir dans mon *yamen* cette nuit-là. Le lendemain matin, il avait disparu et son corps fut retrouvé deux quelques jours plus tard, dans un quartier bas de la ville, dépouillé de tous ses objets de valeur, y compris le plan qu'il avait dans son portefeuille, bien que celui-ci lui-même n'ait pas été pris. Le portier l'a vu sortir, et il ne fait aucun doute que ses habitudes étaient instables. , mais sa mort est pour autant très suspecte.

" Naturellement, je n'avais aucune preuve suffisante pour le gouvernement, mais mes amis et moi-même avons souscrit dix millions de dollars et avons demandé au gouvernement cinq millions supplémentaires pour organiser une expédition et détruire ces pirates, en leur offrant de leur remettre les hommes. de guerre que nous avions l'intention d'acheter, et aussi un pourcentage de nos reprises. Ils refusèrent d'abord, mais croyant qu'on en tirerait de l'argent, nous promirent quatre millions, la protection du drapeau impérial et l'usage de leurs chantiers navals.

"Nous avions pensé à nous adresser à une puissance européenne pour qu'elle s'empare de l'affaire ; mais vous connaissez la grande tension qui règne actuellement ici et les vives jalousies internationales ; nous sommes donc arrivés à la conclusion qu'il faudrait des années pour parvenir à cette fin. par les voies diplomatiques ordinaires, et comme le commerce annuel représente pour nous entre 10 000 000 et 20 000 000 de livres sterling, nous ne pouvons pas nous permettre d'attendre.

"Je suis donc autorisé, en tant que président du Comité chinois de défense commerciale, à vous offrir le contrôle de cet argent si vous acceptez la responsabilité d'organiser une petite expédition dans les plus brefs délais pour nous débarrasser de cette insupportable piraterie qui détruit notre métier.

"Vous recevrez cette lettre ainsi que les listes et tableaux ci-joints de notre ambassadeur à Londres, qui vous donnera toutes les facilités pour accorder des commissions impériales à vos navires et officiers, ainsi que toutes les informations possibles.

"Je connais suffisamment votre service pour penser que si vous prenez le commandement de cette expédition, vous améliorerez vos perspectives, et j'ai un très grand plaisir à vous donner l'opportunité de le faire.

« Transmettez-moi votre décision et vos projets ; ne vous inquiétez pas pour l'argent ; la hâte est la meilleure chose. - Votre ami sincère,

" PING SANG.

"TIENTSIN, *le 17 mars*.

" *PS* — Si vous n'acceptez pas le commandement, il sera proposé au lieutenant Albrecht de la marine impériale allemande.

"J'espère que le Docteur avec ses larges épaules et ses terribles poings va bien. Donnez-lui mon 'chin chin' et amenez-le avec vous si vous le pouvez."

Helston finit de lire, et les deux hommes se regardèrent avec un étonnement vide, tandis que Jenkins commençait furtivement à retirer les affaires du petit-déjeuner.

"Eh bien, de tous les projets farfelus et insensés dont j'ai jamais entendu parler !" haleta le Docteur.

"Il y a quelque chose là-dedans, mon vieux. Ping Sang était l'un des mandarins les plus riches de Chine lorsque nous étions là-bas, il y a de nombreuses années. Un type splendide, comme vous vous en souvenez, et pratiquement un Anglais dans ses idées - il est allé à Charterhouse quand il " J'étais un garçon... et en plus, son gouvernement l'a repris, et je dois me présenter à l'Amirauté ; donc ils y croient, évidemment. Eh bien, vieil homme, " continua Helston, " si tout cela est vrai, j'obtiendrai une promotion, et cela signifie – vous le savez aussi bien que moi – que cela signifie Milly. Et il dansait dans la pièce comme s'il n'avait jamais eu de fièvre dans ses jambes rhumatismales.

" Arrêtez ces bêtises et partez à Londres et découvrez si tout cela n'est qu'un nid de jument ou non ", dit le Docteur. "Jenkins, va préparer les affaires du commandant immédiatement."

« Pour la Chine, monsieur ?

"Non. Pour Londres, imbécile !"

"Très bien, monsieur", et c'est parti pour Jenkins.

"Eh bien, au revoir, Helston, je pars à l'entraînement. Ne vous ridiculisez pas et dites-moi le résultat."

Au moment où le Docteur revint, Helston avait disparu, et il était tard dans la soirée lorsqu'un télégramme apporta des nouvelles de lui. Le Docteur l'ouvrit précipitamment : « Travail authentique – ordre accepté. Envoyez tous les vêtements – impossible de revenir – trop occupé.

Trois jours plus tard, il reçut une longue lettre. Helston y écrivait qu'il avait fait des allers-retours entre l'Amirauté, le ministère des Affaires étrangères et l'ambassade de Chine pendant tous ces derniers jours pour régler les détails préliminaires. "La Banque d'Angleterre a un million et demi à mon crédit, sur les conseils de l'ambassadeur et de Ping Sang, donc l'argent est suffisamment en sécurité, et j'essaie de mettre la main sur n'importe quel navire qui sera prêt dans les trois prochains mois. Notre Amirauté ne souhaitait pas au début que je prenne le commandement et voulait me donner des capitaines, juste comme conseillers, mais je savais ce que cela signifiait. Ils recevraient tous les félicitations, je n'en recevrais aucun. Alors je leur ai dit que si je ne prenais pas le commandement, absolument et entièrement, je le lâcherais et, bien sûr, cela signifiait que les Allemands y jetteraient un coup d'œil. Cela leur est resté dans le gésier, alors ils ont baissé le ton, et je dois être mon J'ai mon propre patron et j'ai tous les officiers que je veux, et une grande proportion d'hommes de la marine. Ils m'ont donné un bureau et quelques commis, et déjà je suis terriblement occupé.

"D'après ce que je peux comprendre, leur idée semble être que deux croiseurs du type *Apollo* et deux ou trois destroyers suffiront à mon objectif et soient tout à fait dans les limites de mes moyens ; que si je me trouve incapable de détruire les pirates, dont existence dont ils doutent encore, je pourrai au moins bloquer l'île jusqu'à ce que la tension actuelle des affaires politiques soit quelque peu relâchée, alors qu'ils espèrent pouvoir détacher quelques navires de notre flotte pour m'aider, surtout si je prouve de manière concluante l'existence de l'île. "L'existence de ces pirates. Vous pouvez parier vos bottes", a conclu Helston, "si je peux m'éloigner de l'Angleterre et dépasser Hong Kong sans interférence, je n'attendrai pas d'autre aide. Ma chance est au sommet maintenant, et si seulement il y reste environ dix-huit mois, je serai un homme fait. Vrai-je ? telle est la question.

"Sotte!" pensa le docteur ; " il rumine toujours sa malchance. Si seulement les gens regardaient davantage le bon côté des choses, on entendrait moins parler de cette fatale malchance qu'ils croient toujours suivre. "

Lorsqu'il revint de sa tournée de pratique très limitée et ouvrit le journal de Londres qui l'attendait, il jura avec colère en voyant que deux colonnes étaient consacrées à l'expédition projetée. "Idiot ! se dévoiler à ces intervieweurs. Cela peut le rendre célèbre, mais l'Amirauté n'aimera pas ça ; et s'il y a *des* pirates, ils apprendront ses projets et ses plans presque aussitôt qu'il les connaît lui-même."

CHAPITRE III

L'aménagement d'un escadron

Helston trompe le Docteur – Informations précieuses – Le Docteur conclut une bonne affaire – L'escadron se rassemble

Un mois s'était écoulé, pendant lequel le Docteur constata par les journaux que Helston avait acquis un croiseur à Elswick, construit sur "spec", un croiseur blindé en cours de construction par Laird's, pour une république sud-américaine qui avait renoncé à ses prétentions sur elle. , et trois destroyers qui étaient en cours d'achèvement respectivement dans les usines de Yarrow, Thorneycroft et Laird. À la fin du mois, il courut à Londres, en réponse à un télégramme, et rencontra Helston à Waterloo.

« Je n'aurais pas dû vous connaître, » dit-il en lui saisissant la main ; "Vous ressemblez deux fois à l'homme que vous aviez il y a six semaines. Pour quelle course idiote m'avez-vous amené ici ?"

"Je vais vous faire visiter ma petite flotte, mon vieux. Comment vont Milly et son vieux père ?"

" Elle va bien. Don Quichotte lui a demandé de ses nouvelles la dernière fois que je l'ai vue ; mais confondez-vous, j'ai faim, je ne veux pas voir vos navires. J'en ai assez vu dans ma vie ; vous auriez dû savoir que."

"Viens alors, mon vieux, nous allons prendre de la nourriture et te mettre de meilleure humeur", répondit Helston en souriant et il l'emmena à son hôtel.

Ils visitèrent le chantier de Yarrow cet après-midi et, le lendemain, remontèrent la rivière jusqu'à Chiswick, où le destroyer Thorneycroft était presque prêt à être lancé, avec ses moteurs et ses chaudières à bord. "Drôle de situation, Doc, mon vieux," commença Helston en tapotant ses flancs lisses, "que je sois en train d'acheter des navires. Imaginez il y a six semaines que je devrais un jour signer des chèques d'une valeur de trois quarts de dollars." un million et n'y pense pas!"

"Combien cela t'a coûté ?" » demanda sombrement le Docteur.

"Un peu plus de 40 000 £, une simple morsure de puce", a ri Helston ; " et il doit faire ses essais la semaine prochaine, trente nœuds garantis. Cela ébranlerait votre misérable foie, Doc, à courir à plus de trente-cinq milles à l'heure ! C'est drôle, mais ils ont eu plusieurs offres pour lui. ces derniers jours, j'ai donc fait un chèque sur place et je l'ai récupérée. Les autres étaient un peu sceptiques quant à l'argent liquide.

"Certaines de ces petites républiques le sont toujours", rit le directeur qui se tenait à côté d'elles.

"C'était aussi la Patagonie, parmi toutes les autres", a poursuivi Helston. "Elle a essayé de récupérer tous mes navires et, curieusement, elle n'a jamais été sur le marché auparavant et ne possède pas de navire."

"J'imagine qu'elle veut devenir aussi civilisée que certains de ses voisins et se rebeller contre l'armée", a ajouté le directeur.

Ce soir-là, après le dîner, Helston montra au Docteur une liste d'officiers qu'il avait choisis, parmi lesquels il y en avait plusieurs qu'ils avaient connus autrefois. L'Amirauté les avait tous mis en demi-solde et les avait prêtés au gouvernement chinois pour dix-huit mois dès qu'Helston avait réglé leurs commissions temporaires pour l'escadre qu'il équipait. L'ambassadeur chinois avait été habilité à signer leurs commissions et les navires devaient piloter le Dragon Jaune.

"Je vois que vous n'avez pas encore de médecins", dit le Docteur. "Je suppose que personne n'a été assez idiot pour se porter volontaire."

Helston ouvrit un tiroir de son bureau.

« Vous voilà, près de cinq cents hommes, des hommes de la marine, de l'armée et des quatre coins du monde.

"Je ne savais pas qu'il y avait autant d'imbéciles sur terre", grogna le Docteur. "A qui vas-tu donner la possibilité de se noyer ou de sauter ?"

"Oh, je ne vais pas les sélectionner. Je laisse ce travail à mon médecin principal."

"Quel idiot as-tu réussi à joindre pour faire ça ?"

"Toi, mon vieux", répondit Helston en lui frappant l'épaule; "Vous avez été le tout premier à vous porter volontaire."

"JE!" » dit le Docteur avec colère. "Eh bien, je préférerais penser à me porter volontaire pour un voyage sur la lune !"

"Je n'y peux rien, Doc ; vous m'avez dit cette nuit-là à Fareham, alors que vous étiez de si mauvaise humeur, que vous viendriez avec moi si j'avais un navire, et voici votre commission établie : " tous appartiennent à Plopper, sais'. Allez, mon vieux, ne me laisse pas tomber, viens jeter un autre regard sur la Chine. Nous reviendrons sur nos anciens endroits au Japon et nous nous croirons jeunes à nouveau. Je vous mettrai aussi à l'aise que possible. vous pouvez éventuellement être à bord d'un navire.

" Eh bien, vous m'avez joué un tour, " répondit le docteur après avoir piétiné et fulminé dans la chambre, " et si vous n'étiez pas plongé dans la fièvre et la fièvre, je vous verrais d'abord à Jéricho ; mais je le ferai. je vous verrai en toute sécurité à travers cette folie - plus pour le bien de Milly, cependant, que pour le vôtre, espèce de brute sournoise.

" Je savais que vous viendriez, Doc ; vous ne vous faites pas de bien de vous morfondre à Fareham, et le cabinet peut plutôt bien se gérer tout seul, n'est-ce pas ? Vous toucherez un salaire de chirurgien de la flotte, et Jenkins sera capable de s'occuper de nous deux.

Ceci étant réglé, les deux hommes discutèrent de leurs projets jusque tard dans la nuit.

Le lendemain matin, en route pour Newcastle, et alors que le train quittait King's Cross, un homme sauta précipitamment dans leur voiture, ses sacs furent jetés après lui et la porte claqua violemment.

"Je suis en quelque sorte intrusif", a-t-il déclaré en guise d'introduction et d'excuses. C'était un homme jeune et très beau, typiquement américain depuis ses longs cheveux brossés sur son front jusqu'à ses longues bottes pointues, son accent occidental très fort et nasal.

"Je suppose que vous n'avez pas vécu toute votre vie sur terre. J'ai été six ans dans la marine américaine et je peux repérer un homme de la marine comme un pointeur."

"Oui, nous sommes tous les deux dans la marine", répondit Helston en souriant.

"Voilà, vous, les Britanniques, appelez toujours *votre* marine *la* marine. Eh bien, nos navires américains, navire pour navire, leur donneraient tous des points et leur feraient perdre des points. Nous n'en avons pas autant en ce moment, mais nous" Je me précipite partout, et nous avons le fer et la cervelle, et le Congrès trouvera les dollars. Je quitte la marine. Le gouverneur s'est recroquevillé et m'a laissé une pile, alors j'ai juste envoyé ma commission. et je m'amuse depuis – c'était il y a quatre ans, l'automne prochain. Je partais en Chine dans quelques semaines – ça bousculait le secteur pétrolier. Le vieil homme était dans le pétrole – voyez ! J'ai déjà été en Chine – la station asiatique que nous appelons – et rencontré le vieux *Monocacy* ?"

"Deux fois", dit Helston, très amusé.

"Eh bien, j'ai été cadet pendant deux ans dans ce vieux groupe - Reginald S. Hopkins, mon décompte - et je suppose que nous avons des connaissances communes là-bas."

"Je m'appelle Helston."

« Helston ! » s'écria l'Américain. "Eh bien, je connais votre visage - je ne pouvais pas deviner où je l'avais vu avant de voir votre photo dans tous les journaux illustrés que j'ai consultés au cours des dix derniers jours - secouez, monsieur, secouez," et il saisit chaleureusement la main d'Helston. . "Très heureux de faire votre connaissance. Je pense que vous êtes à peu près l'homme dont on parle le plus sur cette terre en ce moment."

La conversation tourna naturellement vers l'expédition imminente, à laquelle Hopkins était vivement intéressé. « Je suppose que je peux vous donner quelques informations de taille moyenne sur ces navires que les Chinois ont débarqués. J'étais avec les Japonais à Wei-hai-wei, je regardais autour de moi – une sorte de correspondant pour un journal de Boston – et je suis monté à bord d'un certain nombre de navires. Je pense que l'idiot qui a acheté ce lot de ferraille aurait aimé les laisser là. Il n'y a pas de chantier naval aux États-Unis qui pourrait les faire suivre le rythme d'un enterrement. Eh bien, je suis monté à bord de l'un des les torpilleurs - il était haut et sec - je suis très curieux, je vous le dis - sa chaudière avait éclaté et fait sauter son pont, quand il s'est échoué, je pense. Je n'ai jamais vu un tel désordre que les moteurs. Il y avait... deux horribles cadavres qui étaient là depuis une semaine aussi... pouah !"

"Très chanceux de vous avoir rencontré", dit Helston avec empressement. "J'ai télégraphié à une douzaine d'hommes qui étaient là-haut, et aucun ne sait autre chose que des rumeurs douteuses."

"Je suppose que la plupart des Européens étaient juste en train de fouiller les environs à cette époque-là, et de piller ou de quitter les lieux, s'ils avaient aidé les Pigtails", a déclaré l'étranger d'une voix traînante.

"Vous n'avez rien entendu à propos des croiseurs qui ont débarqué, je suppose ?" demanda Helston.

"N'est-ce pas ! N'est-ce pas ! Je me suis heurté à un petit Écossais, ingénieur en chef à bord du *Mao Yuen,* lorsque son vieux capitaine a poussé son nez sur le rivage et s'est coupé. Il était sur le point d'être dans un état d'esprit effrayant, car le les mandarins voulaient sa tête, et les Japonais son corps. Je l'ai emmené dans un bateau à vapeur, et il était très content de prendre sa tête avec lui, vous pariez !

« Vous a-t-il parlé de l'état de son navire ? » demanda Helston, « car elle fait partie de celles qui ont disparu.

"N'est-ce pas !" rugit l'Américain en se frappant la cuisse. " Eh bien, tout le temps qu'il était sous mon aile, il n'arrêtait pas de crier : " Oh mon Dieu ! Oh mon Dieu ! — deux cents cadavres à bord, brûlant d'avant en arrière — ils me tueront si je monte sur le pont — les chaudières ont gagné " Je ne supporte pas la pression, et ma maison est à Glasgy. " Il était sur le point de devenir complètement fou et pendant la nuit, il m'a réveillé en criant : " Nous sommes sur les rochers, nous sommes sur les rochers - le tuyau de vapeur a éclaté. " , et je ne peux pas monter sur le pont - la vapeur, la vapeur, et je l'ai trouvé en train d'essayer de grimper sur le mur.

"Elle a dû se blesser très gravement si le choc a brisé son tuyau de vapeur principal", a déclaré Helston ; "et ils me disent à l'ambassade que le *Yao Yuen* , son navire jumeau, qui a également été renfloué, a été complètement vidé. Il me semble que toute réparation ne fera pas de ces deux-là de grands navires de combat."

"Vous venez de frapper, Capitaine. Donnez-moi le vieux *Monocacy* - vous vous souvenez de la vieille baignoire - et je pense que j'éliminerais toute la foule."

Il descendit de la voiture à leur première halte.

"Heureusement que nous l'avons rencontré, Doc", a déclaré Helston; "Ses informations peuvent être très précieuses, et il semble être un bon type d'officier de la marine américaine."

"Ils sont tous mis dans le même sac", grogna le Docteur, "pensant que leur propre pays est le seul au monde, et qu'ils en sont eux-mêmes le plus brillant ornement. Je devrais le traiter de menteur vaniteux et vantard."

« Foie malade ce matin », pensa Helston.

Ils descendirent à Elswick cet après-midi et inspectèrent le croiseur qu'Armstrong avait presque terminé. En fait, elle se préparait pour ses essais de moteur et de canon. Elle avait été construite dans le cadre d'une spéculation, et Helston l'avait récupéré avec empressement pour la bagatelle de 290 000 £. "Nous aurions dû gagner 20 000 £ de plus si vous n'aviez pas réglé tout de suite", dit tristement le directeur, "car l'agent patagonien nous a proposé 310 000 £ le lendemain matin."

Ils se rendirent ensuite à Birkenhead et virent le destroyer Laird, qui était presque prêt à prendre la mer, ainsi que le croiseur blindé qui devait être le vaisseau amiral de Helston et qui avait été promis dans deux mois.

Ils inspectaient les cabines à l'arrière.

"Si je viens avec vous, vous devrez combiner ces deux-là en un seul", dit le Docteur. "Je ne vais pas être à l'étroit dans une cabine ordinaire à cette époque de ma vie."

"Très bien, mon vieux," répondit Helston en donnant les instructions nécessaires, "que se passera-t-il si vous n'obtenez pas ce que vous voulez ?"

"Je m'invalide à la maison", répondit le Docteur avec un scintillement dans les yeux. "Est-ce que les Patagoniens voulaient celui-là ?"

"Il a fait de son mieux", sourit Helston, "mais l'argent liquide a fait l'affaire."

« Il me semble que quelqu'un tient vraiment à ce que vous n'achetiez pas vos navires, Helston. Un peu louche, n'est-ce pas ? suggéra le Docteur, en revenant à Londres.

Deux jours plus tard, les journaux publiaient la liste des commissions temporaires accordées par le gouvernement chinois à des officiers de la Royal Navy prêtés à une escadre en cours d'armement en Angleterre.

L'Amirauté avait accordé à Helston l'autorisation d'assumer le grade de capitaine pendant qu'il commandait son escadre.

Le reste des officiers, commandants, lieutenants, médecins, ingénieurs, payeurs, marines et adjudants étaient tous affectés à diverses tâches : aménager les navires, acheter et superviser les magasins et les provisions, et recruter les équipages.

L'Amirauté prêta les équipages complets des trois destroyers et des équipages réduits aux deux croiseurs, composés d'officiers mariniers, de matelots artilleurs, d'artificiers de la salle des machines, d'armuriers, ainsi que d'un petit détachement de marines, tandis que, agissant sur les conseils de l'armée étrangère, Bureau et de l'ambassade chinoise, qui ont tous deux laissé entendre qu'il y avait possibilité de trahison, le reste des équipages était composé exclusivement d'hommes de la Réserve navale de bonne moralité.

Au cours des trois semaines suivantes, plusieurs incidents suspects se produisirent, suggérant que des influences étaient à l'œuvre pour retarder ou nuire à l'expédition.

Le destroyer Thorneycroft est tombé en panne à deux reprises. Lors du deuxième essai, la découverte d'un écrou desserré dans le cylindre haute pression alors que les moteurs étaient en train de tourner préliminairement, a permis d'éviter une terrible catastrophe. Il est fort probable qu'il ait été placé là intentionnellement.

Le croiseur de Laird a développé plusieurs petites pannes, attribuées à des écrous de verrouillage mal serrés, tandis que les roulements principaux de l'un de ses arbres à vis devenaient presque chauffés au rouge, et il a été constaté que du sable avait été mélangé à l'eau qui avait été pompée dessus pendant l'essai à pleine vitesse. Cela seul a retardé d'un mois le départ de l'expédition, car l'énorme moulage a dû être retiré. Le destroyer de Laird a également été renversé une nuit par un remorqueur alors qu'il était ancré au large de Birkenhead, et comme c'était une nuit parfaitement claire et qu'il n'était pas dans la trajectoire habituelle des remorqueurs, cela était très suspect. Heureusement, les dégâts ne sont pas graves.

Le plus grave de tout fut la découverte d'un homme, habillé en ouvrier du chantier naval, trafiquant les serrures du chargeur du croiseur d'Armstrong, avec plusieurs mètres de mèche et une cartouche de dynamite dans sa poche, ce dont il ne pouvait naturellement pas s'expliquer.

Cependant, trois mois après la réception de la lettre de Ping Sang, le croiseur d'Armstrong, nommé par Helston le *Strong Arm* , les trois destroyers "No. 1", "No. 2" et "No. 3", et un gros petit bateau à vapeur marchand , le *Sylvia* , destiné à servir de navire-magasin, était à Spithead, pilotant gaiement le Dragon Jaune sur ses bâtons d'enseigne, et attendant seulement l'achèvement des réparations du navire de Laird, que Helston nomma le *Laird* .

Helston, le Docteur et deux ou trois officiers restaient encore à Londres pour achever les travaux d'équipement de l'escadron.

CHAPITRE IV

Les pirates ne chôment pas

Un désastre – « Les Trois Mystérieux » – Des soupçons confirmés – Trois Chinois – Helston désespéré

Un soir, après le dîner, alors qu'ils jouaient au billard, les portes pliantes s'ouvrirent en grand et Hopkins, que Helston n'avait pas vu depuis qu'il l'avait rencontré pour la première fois alors qu'il se rendait à Newcastle, se précipita à l'intérieur, bouleversant presque le serveur.

"Excusez-moi, Capitaine", dit-il en serrant chaleureusement la main de Helston. "Je suis toujours plein d'énergie ; j'ai atterri sur l'île il y a seulement trois heures ; je vous ai suivi ici, et maintenant je suis très heureux de vous revoir. J'ai sillonné l'Europe ces deux derniers mois ; j'ai parcouru les capitales et les têtes couronnées et d'autres sites ; et maintenant je viens ici pour préparer mes pièges et repartir. Dites, Capitaine, comment se déroule votre pique-nique ; il est en plein essor, je pense ? »

"Oh, assez bien", répondit Helston, heureux de le voir et de le présenter aux autres. "Il y a eu plusieurs incidents étranges ces derniers temps, qui semblent suspects comme si quelqu'un travaillait déjà contre nous, mais je pense que nous partirons dans une semaine ou deux."

"Eh bien, j'appelle cela simplement une réaction rapide ; cela ne pourrait pas être plus efficace aux États-Unis. Peut-être que ces accidents sont de simples coïncidences."

"C'est peut-être le cas, mais ils sont tout de même très inquiétants", répondit Helston en ouvrant un télégramme qu'un serveur lui avait apporté. Il le parcourut négligemment, mais resta bouche bée. C'était du capitaine du *Strong Arm* : « Je regrette d'annoncer que la barge à poudre du gouvernement a encrassé le bélier à 8 h 15 ce soir ; elle a dérivé vers l'arrière et a coulé, explosant en descendant. L'explosion a causé des dommages mineurs à l'arrière du navire et au poêle dans les plaques tribord du destroyer « n° 1 ». Le regret rapporte que trois hommes « n° 1 » ont été tués. L'équipage de la barge a pris le canot et a atterri à terre.

Helston l'a lu à haute voix, à la consternation des autres. "Cela signifie que notre départ est retardé indéfiniment", dit-il amèrement. "Je dois partir immédiatement pour Portsmouth." Il monta dans sa chambre pour faire un sac. Bientôt, on frappa à la porte et Hopkins entra.

"Excusez-moi de vous déranger tout à l'heure, Capitaine, mais j'ai l'impression que cette explosion n'est pas tout à fait juste et équitable, et je veux juste conclure un contrat avec vous."

"Bien qu'est-ce que c'est?" » demanda Helston, amusé par son sérieux.

"Eh bien, je pensais que cette affaire allait être un simple pique-nique, et s'il y a du diable dans les parages maintenant, il y aura encore un spectacle joyeux avant que vous ayez carrés les mètres, et j'ai juste hâte d'y être. Je Je suis un peu marin et j'ai appris un peu de jargon, donc je devrais valoir mon nez. Voulez-vous m'engager, monsieur, si vous découvrez que cette explosion était due à une trahison ?

"Je verrai cela à mon retour", répondit Helston.

"Merci, monsieur. Bonne nuit;" et Hopkins a disparu.

"Je m'en fiche de cet homme", dit le Docteur en accompagnant Helston à Portsmouth (ils parlaient de Hopkins). "Il parle trop et je déteste les étrangers. J'espère que vous ne le prendrez pas."

Cependant, Hopkins lui-même était apparemment sûr qu'il serait emmené, car le lendemain matin, au petit-déjeuner, il rejoignit leur table, sans qu'on le lui demande, et continua d'imposer sa conversation au Docteur. Maintenant, il y avait une chose que le Docteur ne ferait jamais, c'était parler au petit-déjeuner ; Même avant d'avoir bu sa pipe après le petit-déjeuner, il n'était pas prudent de s'adresser à lui, et il se trouvait être particulièrement "livré" ce matin-là. Il bouillonnait de colère à la fin du repas.

"C'est de la mauvaise humeur, je suppose", grogna le Docteur, alors que, plus tard, il sautait dans un fiacre et se rendait à la Légation américaine ; "Un foie crapuleux qui me fait détester ce type. En tout cas, s'il vient avec nous, nous ferions mieux de tout savoir sur lui."

À l'ambassade, il réussit à mettre la main sur plusieurs anciennes listes de la marine et trouva le nom de Reginald S. Hopkins donné comme cadet à bord du *Monocacy* en 1885, mais aucune mention de celui-ci dans les années suivantes.

Il demanda si l'Attaché naval se trouvait dans le bâtiment et, comme par hasard, il s'y trouvait et pourrait donner plus d'informations au Docteur.

« Vous-même, officier de marine, docteur ? dit l'Attaché en regardant sa carte.

"Oui; faites partie des "capteurs de pirates", comme on nous appelle, et cet homme Hopkins est très impatient de nous rejoindre."

"Eh bien, je vois par mes livres qu'il s'est retiré, avec permission, du *Monocacy* en 1885."

« J'ai découvert cela en bas ; mais vous ne savez rien de plus sur lui, je suppose ?

"Eh bien, pas officiellement, vous savez ; mais il y a trois ou quatre ans, j'étais lieutenant de pavillon de notre escadre asiatique, et nous avons entendu dire qu'il avait été mêlé à la guerre sino-japonaise et qu'il se trouvait à bord d'un navire chinois à la bataille de Yalu. , et on a dit par la suite qu'il avait gagné beaucoup d'argent en achetant les navires naufragés et en les revendant comme du vieux fer. Il serait probablement un homme utile que vous pourriez trouver, je pense.

"Je pense qu'il le ferait", dit gravement le Docteur. "Je suppose que tu ne l'as jamais rencontré ?"

"Non, jamais; mais des rumeurs circulaient selon lesquelles il menait une vie d'aventure sauvage parmi les Chinois avec deux partenaires, un Anglais et un Allemand, prospectant des mines ou menant des expéditions contre les rebelles provinciaux rebelles. On les appelait autrefois les "Mystérieux". Trois' au Club de Tientsin, si je me souviens bien, et on disait qu'ils étaient main dans la main avec bon nombre des plus hauts fonctionnaires.

"C'était un mauvais caractère et un foie pire avant", marmonna le Docteur, alors qu'il s'éloignait et dirigeait le taxi vers un détective bien connu, "mais après avoir entendu cela - que ce soit par curiosité ou suspicion, je vais Apprenez-en davantage sur ce jeune homme.

Le lendemain matin, il reçut une lettre de Helston à Portsmouth, qui confirmait ses craintes qu'une autre tentative réussie ait été faite pour nuire à l'expédition. Ce qui restait de la barge à poudre avait été examiné par des plongeurs, qui avaient signalé qu'elle ne ressemblait certainement pas aux barges gouvernementales habituelles. Les trois membres d'équipage avaient disparu, même s'ils avaient dû atterrir sains et saufs, car leur canot avait été hissé sur la plage de Southsea, ce qui a renforcé les soupçons. Le "No. 1" et le *Strong Arm* avaient été amarrés avec l'autorisation de l'Amirauté à Portsmouth, et les réparations, qui étaient avancées nuit et jour, prendraient au moins six semaines dans le cas du "No. 1", bien que le Le croiseur n'a subi que des dommages mineurs.

"La facture sera énorme", écrit Helston avec un peu de désespoir, "pas tant pour les réparations proprement dites, mais cela signifie garder et nourrir tous les équipages pendant six semaines de plus que ce que j'avais prévu. En tout cas, ils le sont, je suis heureux. dire, d'autant plus désireux après cette affaire d'aller au corps à corps avec les canailles, qui les ont frappés en dessous de la ceinture. Après les funérailles des trois hommes du destroyer qui ont été tués, je suis monté à bord de chaque navire, j'ai fait tomber les hommes dans à l'arrière, et leur a dit que tout homme qui souhaitait se retirer de son travail pouvait céder son nom au maître d'armes. Ils ont éclaté de joie, et aucun homme ne l'a fait.

« Après tout, c'est un jeu déloyal, Hopkins », dit plus tard le Docteur lorsqu'il rencontra l'Américain.

"Eh bien, je ne peux pas dire que j'en suis désolé", répondit-il franchement, "si cela me donne l'occasion de jeter un œil au match."

Chaque jour, les détectives employés par le Docteur lui rapportaient les mouvements de Hopkins, mais rien de suspect ne se produisit pendant quelques jours. Il passait son temps à visiter des maisons de commerce particulièrement liées au commerce avec la Chine et, le soir, il se rendait soit à l'hôtel, soit au théâtre. Puis, cependant, il aurait visité, la veille au soir, à la tombée de la nuit, un grand "doss-house" près des quais de Millwall, un endroit tenu par un Chinois à l'usage des pompiers chinois et des matelots employés dans le navires faisant du commerce vers l'Est. Il était resté là près de deux heures, avait fourré plusieurs papiers dans sa poche en sortant, et avait été accompagné jusqu'à la porte par deux Chinois qui semblaient le traiter avec le plus grand respect.

Il s'est avéré qu'il s'était dépêché de dîner ce soir-là, sous prétexte d'aller au théâtre.

"C'est un menteur, en tout cas", pensa le Docteur, mais ses soupçons prirent une direction différente et plus surprenante avant la fin de la matinée.

Il y avait deux petits garçons américains qui séjournaient à l'hôtel et qui avaient noué une grande amitié avec Hopkins. En descendant l'escalier principal, il rencontra ces deux-là, en train de se battre comme d'habitude. « Sortez de là, jeunes coquins ! grogna le Docteur, et les deux garçons s'enfuirent. Deux marches plus bas, le Docteur remarqua un timbre aux couleurs vives sur le tapis, se baissa et découvrit qu'il s'agissait d'un nouveau numéro de la République de Patagonie. "S'il vous plaît, monsieur", dit l'un des garçons en revenant, "c'est le nôtre. M. Hopkins, le grand homme qui est assis à votre table, nous l'a donné ce matin – il l'a arraché d'une grande enveloppe."

"Je n'en ai jamais vu auparavant", dit le Docteur en pensant à l'étrange coïncidence.

"M. Hopkins a un grand papier craquelé avec un énorme sceau de cire à cacheter vert tout comme lui," sonna le garçon. "Tu devrais le voir, c'est charmant !"

"Ouf ! c'est bizarre", marmonna-t-il. " Que fait Hopkins avec les lettres patagoniennes ? Et un « gros papier craquelé avec un énorme sceau vert » signifie un document officiel, donc je devrais le penser. J'ai à peine entendu parler de ce nom jusqu'à ce qu'Helston me dise qu'ils essayaient d'acheter ses navires. Ouf ! Je me demande s'il a quelque chose à voir avec ça ? Je vais le découvrir.

Mais l'agence patagonienne ne savait rien de Hopkins. Un Autrichien du nom de Von Grootze avait participé aux négociations pour les navires, alors le Docteur revint perplexe.

Quelques jours plus tard, les détectives rapportèrent que Hopkins s'était de nouveau rendu au «doss-house» de Millwall et que le lendemain, un très grand nombre de Chinois avaient été expédiés à Anvers.

"Eh bien, il semble avoir quelque chose à voir avec ces Chinois, il reçoit des communications de Patagonie, est un aventurier connu et, peut-être le plus convaincant de tous, je ne l'aime pas", pensa le Docteur. "Helston revient demain, et j'aurai une longue conversation avec lui à propos de cette affaire."

Le lendemain, il raconta à Helston tous les détails qui éveillaient ses soupçons, ajoutant : "Je ne pense pas qu'il y ait grand-chose là-dedans, mais je suis un type extrêmement méfiant et je ne l'aime pas."

"Eh bien," répondit Helston très gravement, "savez-vous ce qui a été trouvé dans cette barge à poudre ? Un Chinois mort ! - méconnaissable à l'exception de sa queue de cochon. Nous avons réussi à garder le fait très secret, mais cela semble en quelque sorte relier les choses. , n'est-ce pas ?"

La meilleure chose à faire, convinrent-ils tous deux, était de garder un œil sur Hopkins, et pour le faire plus facilement, Helston décida de s'attribuer sa commission de secrétaire. Plus tard, lorsqu'il l'a donné à Hopkins, personne ne pouvait nier que ses expressions d'extrême plaisir étaient authentiques. Cependant, deux nuits plus tard, le Docteur, revenant à l'hôtel à minuit, monta dans la chambre d'Helston avec un visage très grave.

"Il est assez tard pour expulser un type", dit Helston en allumant la lumière. "Bonjour, mec, tu as l'air plutôt effrayé ! Qu'est-ce qu'il y a dans le vent maintenant ?"

« Je viens de ce fiasco dont je vous ai parlé. J'ai prétendu au patron que je voulais qu'un cuisinier chinois vienne avec moi. C'était un vieux cantonais laid et il m'a emmené dans sa petite chambre... puh " comme l'endroit sentait l'ail et les vêtements rassis - et je suis parti pour essayer d'en trouver un. Pendant que j'attendais, j'ai entendu une dispute aiguë se dérouler dans la pièce voisine - il n'y avait qu'une cloison en bois entre - et bientôt j'ai entendu un voix, que je jurerais n'importe où était celle de Hopkins, ordonnant le silence.

"Il nous a dit qu'il allait au théâtre", intervint Helston, maintenant parfaitement réveillé.

"Vous pouvez imaginer que j'étais alors sur le qui-vive et que je faisais de mon mieux pour entendre ce qui se passait. Deux Chinois essayaient évidemment de lui extorquer de l'argent, mais ils parlaient si haut et si vite - vous savez comment ils parlent quand ils sont excités - que je ne pouvais pas en comprendre grand-chose jusqu'à ce qu'une autre voix retentisse et j'entendis distinctement: "Il a trop fumé d'opium, massa. Je vais le secouer - il ne peut pas bouger - il est très grand - il ne peut pas attendre - allez à la surface très vite – sautez dans le bateau – tout va bien, hachez – puis faites exploser. Ah Tung appartient à l'homme mort – vous payez cinquante dollars à frère, vous pouvez le faire – tous appartiennent à ploper. Vous connaissez leur pidgin-anglais ? »

"Pouvez-vous jurer que c'était la voix de Hopkins ?" demanda Helston. "Ce devait être le frère de l'homme tué dans la barge à poudre."

"Je jurerais devant ce bruit nasal bestial n'importe où."

Il était tôt le lendemain matin lorsque les deux hommes se séparèrent, et alors ils avaient décidé de ne pas laisser Hopkins soupçonner qu'ils connaissaient sa trahison, et de lui permettre néanmoins de compter sur sa participation à l'expédition.

"En fait", a déclaré Helston, "l'avoir à bord sera notre meilleure garantie, et nous devons veiller à ce qu'il ne nous laisse pas échapper."

Le détective a rapporté que Hopkins s'était rendu au "doss-house" la nuit précédente, ajoutant, avec un sourire, "ce que vous savez probablement déjà, monsieur, car vous y étiez aussi".

Alors que le Docteur et Helston quittaient l'hôtel – Helston se rendait à son bureau et le Docteur se promenait – Hopkins les rejoignit. « Du travail pour votre secrétaire, Capitaine ? » demanda-t-il avec bonne humeur. "Je suppose que j'ai juste envie d'un peu de plume. Je suis à peu près la taille d'une secrétaire, n'est-ce pas ?" et il ouvrit ses larges épaules et se frappa vigoureusement la poitrine.

"Pas avant que nous soyons à flot, merci", dit Helston.

"Très bien, je vais juste vous accompagner jusqu'au coin, puis je m'en vais. Je dois gagner quelques dollars - vous, les Britanniques, n'êtes pas à moitié intelligents - avant de repartir naviguer."

Alors qu'ils arrivaient au bout de la rue, ils aperçurent une petite foule qui regardait avec curiosité trois Chinois qui entraient dans un magasin ABC.

"Je vais tirer les jambes de ces trois gars", dit l'Américain et, tandis qu'ils se frayaient un chemin à travers la petite foule, il sifflait le premier vers de "Chin, Chin, Chinaman".

La foule reconnut immédiatement la mélodie et des cris de « Chin, Chin, Chinaman ! »

Les Chinois se retournaient, la fureur dans les yeux, tandis que la foule se moquait d'eux.

Le Yankee, en riant bruyamment, a souhaité au revoir à ses amis. "Je suppose qu'un Chinois n'apprendra pas les bonnes manières à Londres, de toute façon."

"Eh bien, ce n'est pas un gentleman, en tout cas", dit Helston après son départ. "C'est drôle que ces trois-là soient là ; on ne les voit pas souvent aussi loin des quais."

"Ma bienheureuse tante !" » dit le Docteur avec enthousiasme, « c'était un travail de montage. Je le vois clairement. Hopkins voulait qu'ils puissent nous reconnaître à nouveau. N'avez-vous pas remarqué qu'ils nous regardaient et personne d'autre ; et, maintenant je pense il a passé son bras sous le vôtre juste à ce moment-là, c'était pour vous désigner plus particulièrement.

" Des trucs et des bêtises, Doc ! Il ne faut pas tirer des conclusions hâtives. Tout s'est fait trop naturellement ; je n'arrive pas à y croire. "

"Tu as toujours été un idiot," grogna le Docteur. "Je te parierais n'importe quoi, j'ai raison."

Cependant, chaque jour après cela, Helston rencontrait ces Chinois – pas toujours les mêmes, il en était sûr – et ils lui lançaient toujours un regard froid et impassible sous leurs paupières fendues lorsqu'ils le croisaient en allant ou en revenant du bureau. S'il a fait un chemin détourné et peu fréquenté, ils l'attendaient devant son bureau quand il l'a quitté. S'il marchait de l'autre côté de la route, ils traversaient pour le regarder. Il n'y avait aucun doute dans l'esprit de Helston ou du Docteur que ces hommes étaient à la solde de Hopkins et qu'ils étaient familiarisés avec l'apparence de Helston, afin de pouvoir le kidnapper ou le tuer lorsque Hopkins donnerait le signal. Naturellement, il était extrêmement difficile de rester en bons termes avec cet homme, dont la présence semblait leur donner la chair de poule, mais extérieurement il n'y avait aucun changement dans leur relation, ou, s'il y en avait, Hopkins ne semblait pas le remarquer.

Un mois plus tard, la tension incessante d'être constamment surveillé partout où il allait, ainsi que les soucis et les retards sans fin liés à l'expédition, commencèrent à avoir leur effet sur Helston, qui perdait visiblement la vigueur que sa nouvelle nomination lui avait d'abord donnée.

"Sortons de là, mon vieux", haleta-t-il presque un jour où, de retour à l'hôtel, ils avaient été accueillis par trois autres méchants Chinois qui se tenaient presque devant la porte.

"Versez-moi quelque chose à boire, Doc, pour que je n'aie plus le goût de ces vilaines brutes dans la bouche. Si je ne pars pas bientôt, ma chance m'abandonnera à nouveau et ils m'assassineront d'une manière ou d'une autre. Je peux." Je ne les supporterai pas plus longtemps.

Helston faisait les cent pas d'une manière très agitée, et il était très évident que la tension des dernières semaines le fatiguait jusqu'à devenir une ombre.

« Écoutez, mon vieux, » dit-il en s'arrêtant et en se tournant brusquement vers le Dr Fox, « j'ai l'impression que si Hopkins a l'intention de faire du mal, il attendra jusqu'à ces derniers jours avant de disparaître lui-même ou d'envoyer ces Chinois furtifs s'échapper. Si seulement nous parvenons à le faire monter à bord et à partir plusieurs jours avant le départ prévu de l'expédition, ses plans perfides pourraient échouer.

"Maintenant, mon idée est la suivante. Le *Laird* fera ses essais de réparation demain, et je télégraphierai à son capitaine pour lui ordonner de signaler les défauts nécessitant douze jours de réparation, et de prendre des dispositions comme si notre départ serait retardé jusqu'à puis, et donner l'information à la presse.

"Le plan est le suivant, Doc," continua-t-il avec enthousiasme. "Le destroyer "n° 1" effectuera ses essais samedi prochain après être sorti du quai. Mon idée est que nous descendions à Portsmouth, emmenons Hopkins avec nous - comme si ce n'était que pour l'essai, vous comprenez - et, quand nous serons à Spithead, signalez au reste de l'escadre de se préparer à prendre la mer et d'envoyer un télégramme au *Laird* à Birkenhead lui ordonnant de me rencontrer à un certain rendez-vous.

"Ce camarade Hopkins est encore plus idiot que je ne le pense s'il se laisse tromper par cela", grogna le Dr Fox.

"Peut-être avez-vous raison, mais je vais essayer ; et je télégraphierai immédiatement à Cummins du *Laird*."

"Vous feriez mieux d'utiliser le code chiffré", suggéra le Dr Fox.

Les vingt-quatre heures qui suivirent l'envoi de ce télégramme semblèrent être le même nombre de jours.

Helston ne parvenait pas à dormir. Deux fois au cours de la nuit, il vint dans la chambre du Dr Fox, avec des suggestions farfelues pour parer le coup dont il était maintenant certain qu'il était imminent, et hagard et indécis, il se promenait de long en large dans le fumoir après le petit-déjeuner le lendemain matin.

À un moment donné, il déciderait de se précipiter lui-même à Birkenhead ; à un autre, qu'il ferait ses valises et monterait à bord du *Strong Arm* à Spithead et y attendrait les résultats. Finalement, il ne quitta l'hôtel que le soir, lorsque la réponse à son télégramme arriva. "Essai à pleine vitesse réussi ; divers petits défauts ; les tubes du condenseur nécessitent quatorze jours pour être réparés."

C'est Hopkins qui a apporté le télégramme.

"Confondre-le!" s'écria Helston avec une colère bien simulée. "Nous ne prendrons jamais la mer à ce rythme-là."

Des ordres furent donnés que l'escadre quitterait Spithead dans quinze jours, et la date du départ fut communiquée à la presse.

Seuls Helston et le Dr Fox savaient qu'il naviguerait une semaine plus tôt.

"Dieu merci", s'est exclamé Helston, "il ne reste plus que quelques jours de ces chinois haineux !"

CHAPITRE V

L'escadron part précipitamment

Une panne évitée : la « Sylvia » et les Destroyers

Le récit est poursuivi par le lieutenant Hugo John
Pattison, RN

Je m'appelle Pattison et je suis lieutenant aux commandes du destroyer "No. 1", appartenant à l'escadron du capitaine Helston ; et j'ai eu assez de mal à la récupérer, et je n'aurais pas dû le faire après tout, sans une joyeuse petite fille vivant à Fareham, qui connaissait le capitaine quand il était à demi-solde.

Le "N°1", bien sûr, vous vous en souvenez, a été endommagé par l'explosion de Spithead et a passé des semaines à Portsmouth pour le réparer. Finalement tout était à nouveau en ordre et le 16 octobre nous étions allongés au bord du bassin en attendant le skipper qui sortait pour nos essais, avec de la vapeur s'échappant en nuages et Elridge, notre ingénieur, devenant très impatient. Bientôt arriva le capitaine Helston, l'air assez fatigué, et avec lui le vieux docteur Fox et son secrétaire Yankee. Dès qu'ils sont montés à bord, j'ai largué les amarres et j'ai filé vers le port jusqu'à Spithead. Alors que nous passions devant l'extrémité de la jetée de Southsea, le capitaine a emprunté mon télescope et, en disant : « Les voilà encore », me l'a tendu.

« Ces trois Chinois, monsieur ? Je lui ai demandé.

"Oui ; ils m'ont suivi depuis la ville et m'ont suivi pendant les quatre dernières semaines. Vous pouvez imaginer que je suis reconnaissant de me remettre à flot."

Sur notre route vers le mille mesuré, nous avons dû passer à proximité du reste de l'escadron ancré à Spithead, et nous avons arrêté les moteurs le long du *Strong Arm* , tandis qu'un bateau passait pour recevoir des ordres.

Lorsque nous repartirent, le capitaine parut très soulagé, et je compris vite pourquoi, car il s'avança vers le pont et me dit de prendre rendez-vous à 250 milles au sud-ouest des Needles, et que là nous serions rejoints par le reste. de la flotte. "Dieu merci, Pattison, je suis de nouveau en mer !"

« Vous n'y retournez pas, monsieur ? Ai-je demandé, naturellement très surpris.

"Non, Pattison, non. Je suis désolé de déranger tout le monde, mais c'était absolument nécessaire. N'avez-vous pas encore souhaité au revoir à votre peuple ?"

"Non", répondis-je en devenant un peu rouge, car je pensais que je n'avais même jamais remercié la petite fille qui m'avait obtenu mon rendez-vous.

"Moi non plus, moi non plus", soupira à moitié le capitaine.

Le Docteur était apparemment dans le secret, mais Hopkins, le Yankee, semblait terriblement déchiré, car il avait pris des dispositions pour un congé d'une semaine pour des affaires privées très urgentes et n'attendait en fait que le retour du "N°1". Portsmouth pour commencer. N'est-il pas étrange que les Américains ne semblent jamais avoir la moindre idée de la discipline ? Il a pris cela presque comme une insulte personnelle de ne pas avoir été informé auparavant, et pendant une seconde j'ai cru qu'il allait voler vers le capitaine, il avait l'air tellement en colère. Cependant, il s'est calmé assez rapidement.

Les ordres que le capitaine avait envoyés à bord du *Strong Arm* étaient d'ordonner au capitaine Hunter de se rendre au rendez-vous donné à vitesse facile, en pesant le plus tôt possible après avoir envoyé un bateau à terre pour télégraphier au capitaine du *Laird*.

Ils furent extrêmement prompts à obéir à ce dernier ordre, car avant que cinq minutes ne se soient écoulées, nous vîmes leur piquet de grève se diriger vers Portsmouth.

Hopkins est un type insouciant et il a failli nous causer du chagrin. Il était allé fouiner dans la salle des machines en bas et, juste avant que nous commencions à nous installer pour notre procès, Elridge est monté sur la passerelle pour faire son rapport au capitaine. Alors qu'il s'éloignait, il dit en plaisantant à Hopkins : « C'est une chance que je sois parti après toi. Vous savez, ces alimentations de lubrificateur que vous ne compreniez pas ? les repères auraient été brûlants en quelques minutes. Vous êtes un mendiant insouciant.

"Je suis tellement curieux", s'est excusé Hopkins et a demandé à Elridge de le laisser redescendre.

"Certainement pas; je veux que vous montiez ici", dit le capitaine Helston d'une manière si fâchée que tout le monde en fut étonné.

La nouvelle que nous ne repartirions pas de sitôt se répandit parmi mes hommes, et le capitaine Helston m'ordonna de les déposer, juste derrière le pont, et leur fit un petit discours - juste ce qu'il fallait - pas de grands mots ni de phrases ronflantes. Il leur a dit qu'il était vraiment désolé qu'ils n'aient pas l'occasion de souhaiter au revoir à leurs amis, qu'il comptait sur eux pour faire leur devoir et qu'il leur a laissé entrevoir la probabilité d'une récompense en argent. Il a une silhouette belle, grande et imposante, et son discours a été très bien accueilli par les hommes.

Rien d'important ne s'est produit. Nous n'avons jamais poussé les moteurs à plein régime, et après un court laps de temps, nous sommes tombés à quinze nœuds, que nous avons maintenus tout au long de l'après-midi, nous éloignant de la trajectoire habituelle des navires montant ou descendant le chenal jusqu'à ce que nous atteignions le rendez-vous et arrêtions les moteurs.

Le lendemain matin, « n° 2 » et « n° 3 » nous rejoignirent. Tard dans l'après-midi, le *Strong Arm* et le *Sylvia* , navire-magasin armé, rejoignirent la compagnie et, dix heures plus tard, nous étions tous extrêmement heureux d'apercevoir le *Laird* . Le capitaine Helston, son secrétaire et le Dr Fox montèrent à bord le plus tôt possible, et l'escadre, désormais unie pour la première fois, se dirigea vers Gibraltar.

Je pense plutôt que nous étions tous quelque peu déçus de nous cacher dans le noir, pour ainsi dire, et que nous nous attendions plutôt à un adieu chaleureux. Nous n'avions cependant pas beaucoup de temps pour regretter, car nous avions tout notre temps occupé à rester à poste avec les navires suivants devant et derrière nous, et il y avait beaucoup de choses à penser.

Notre petit escadron a fait un spectacle courageux. Vint d'abord le *Laird* . C'était un croiseur de 6 500 tonnes, avec une ceinture étroite de 4 pouces tout autour de sa ligne de flottaison. Sur son gaillard d'avant, elle transportait un QF de 8 pouces, un autre sur la poupe, et sur chaque bordée se trouvaient six QF de 6 pouces - trois de chaque côté du pont principal dans les casemates et trois au-dessus sur le pont supérieur derrière. Boucliers.

En plus de ceux-ci, elle avait huit livres de 12 et six livres de 3, trois à l'avant et trois à l'avant de ses mâts militaires. Quatre Maxim étaient montés sur les deux ponts et il transportait également deux canons de campagne de 12 livres. Elle avait des chaudières Belleville et avait parcouru 22 1/2 nœuds lors de son essai. Cependant, il ne transportait pas beaucoup de charbon, tout étant sacrifié au blindage, aux canons et à la vitesse, de sorte que son stockage total de charbon n'était que de 900 tonnes.

Après elle vint le *Strong Arm* : 3 600 tonnes, huit QF de 6 pouces, dix QF de 6 livres, trois de 1 livre ; vitesse, 20 nœuds.

Elle avait une plate-forme de phares de recherche, avec une huppée de combat en dessous, sur chaque mât, et celles-ci lui donnaient une apparence quelque peu lourde ; mais c'était un beau petit croiseur lourdement armé et excellent sur la route maritime.

Le troisième de la gamme était le *Sylvia* , un bateau à vapeur marchand élégant, d'apparence solide, avec un entonnoir ratissant et deux mâts à perches.

Elle avait quatre canons de 12 livres montés sur ses côtés et transportait en outre deux autres canons de campagne et quelques canons Maxim sur des affûts de campagne, lesquels étaient destinés à jouer un rôle très important.

Outre 2 000 tonnes de charbon, il transportait d'importantes réserves de provisions, de munitions et de provisions de toutes sortes. A bord se trouvaient également les torpilles et les tubes lance-torpilles des destroyers, car ceux-ci avaient été retirés pour les alléger pendant le long voyage vers Hong-Kong. Les « n° 1 », « n° 2 » et « n° 3 », dans cet ordre, fermaient la queue. Chacun de nous transportait un canon de 12 livres sur nos ponts, et cinq canons de 6 livres en plus. En l'occurrence, bien qu'il soit presque impossible de le distinguer, mon bateau, le « n° 1 », avait quatre cheminées ; "N° 2", deux grands, éloignés l'un de l'autre ; tandis que le « n° 3 » en avait trois. L'identité de chacun pouvait donc être aperçue d'un seul coup d'œil. Le "N°2" avait effectivement atteint la vitesse la plus élevée lors de son essai, 29,6 nœuds, le "N°3" venait d'atteindre 29,5, et mon bateau 28,9 ; mais probablement, dans une course longue, il n'y aurait pas grand-chose à choisir entre eux. Nous pourrions pratiquement tenir indéfiniment entre 25 et 27 nœuds, et pouvoir ponctuellement gagner encore deux nœuds pour une courte rafale.

Quant aux hommes qui formaient les équipages, il y avait à bord :

Laird 463

Bras Fort 312

Sylvia 40

Trois destroyers 177

______

Total 992

Le *Laird* transportait 80 Marine Light Infantry et 100 sous-officiers et hommes de marine ; tout le reste de l'équipage était choisi dans la Réserve navale.

Le *Strong Arm* comptait 40 Royal Marine Artillery et 60 hommes de la Royal Navy.

Tous les équipages des destroyers étaient des hommes de la Royal Navy, préalablement formés à ces petites embarcations délicates et fragiles.

Telle était la composition de la petite escadre qui, composée de près d'un millier d'hommes, tous volontaires, s'éloigna lentement du rendez-vous tard dans l'après-midi du 18 octobre et, peint d'un vert olive terne du camion à la ligne de flottaison, Il a tracé sa route vers Gibraltar et a rapidement disparu dans le crépuscule qui s'approchait rapidement.

CHAPITRE VI

Le voyage vers l'Est

Une salle d'armes "Chantez-song" - La boulette est mouillée - Hopkins
disparaît - En route pour la poursuite - Évasion d'un Patagonien - En route
pour Colombo

Le récit de M. Harold Swinton Glover, aspirant, RN,
servant à bord du navire impérial chinois « Laird »

Vous avez entendu parler de toutes les histoires de rhum qui nous sont
arrivées avant de quitter l'Angleterre et de la façon dont nous avons tous pris
la mer soudainement, personne ne savait pourquoi. Nous pensions alors que
nous étions en sécurité ; mais pas du tout, et juste avant que nous arrivions à
Gibraltar, ils trouvèrent une cartouche de dynamite dans la cale, mélangée à
beaucoup de charbon. C'était une sacrée chance qu'ils l'aient trouvé, car
Ogston – c'est notre assistant ingénieur – dit qu'il y aurait eu une « terrible
catastrophe » s'il était entré dans un four. Ne pensez pas que nous étions en
pleine déprime, parce que nous ne l'étions pas – en tout cas pas nous tous –
mais c'est un sentiment tellement bestial de savoir que vous pourriez exploser
à tout moment.

Le capitaine était terriblement inquiet avant même que nous arrivions à
Gibraltar, mais vous auriez dû voir son visage lorsque je lui ai pris en note
certains télégrammes qu'ils avaient apportés au navire. J'étais aspirant de
quart. Il haletait comme un poisson mourant et chantait au vieux docteur qui
était là : « Ils ont tué le payeur et pris tous ses papiers, les miens et ceux de
Hopkins ; ils l'ont fait à Lyon, dans le bateau express.

Ils avaient tous les deux l'air si effrayés que je me suis glissé sur le pont.

Par la suite, j'ai appris que le payeur avait été laissé sur place pour apporter
des papiers précieux à travers l'Europe et nous rejoindre à Port-Saïd.

Eh bien, nous sommes arrivés à Malte, et d'autres télégrammes sont arrivés
à bord ; mais je n'étais pas de garde et je ne les ai pas démontés. Mais ils
devaient être assez sérieux, car pendant que nous enfilions tous des
vêtements civils dans la salle d'armes pour descendre à terre, le messager du
commandant descendit l'échelle en courant et cria : « Pas de permission pour
personne ! Il nous suffisait donc de remettre nos affaires dans nos coffres et
d'enfiler notre uniforme le plus sale, car les briquets à charbon étaient déjà à
côté et nous étions recouverts de poussière de charbon. Nous aussi, nous en
avions assez de la vie, je peux vous le dire, car nous avions prévu d'aller

chercher des poneys chez Red Saliba, dans les douves, et nous partions pique-niquer dans la baie de Saint-Paul.

"Certains d'entre nous auraient probablement été tués ou brisés, alors peut-être que c'est pour le mieux", a déclaré Mellins (son vrai nom était Christie, comme je vous l'ai déjà dit, un cadet extrêmement gros, qui voyait toujours le côté joyeux des choses), "et, maintenant que nous avons la bouffe, nous aurons un bon "éclatement" après."

Ensuite, nous avons tous dû pincer le pont, où nous avons trouvé de nombreuses rangées à l'arrière sur le gaillard d'arrière. Le Skipper et le Commandant étaient là, l'air très sérieux, avec deux marines près d'eux, tenant un Chinois couvert de poussière de charbon et dans un état de funk terrible. Vous auriez dû le voir lever les yeux au ciel.

J'ai demandé au side-boy quelle était la dispute, et il m'a dit qu'un chauffeur l'avait repéré comme un Chinois, bien que sa natte était enroulée tout autour de sa tête et qu'il portait une grosse casquette dessus, il l'avait fouillé, juste par chance. , et a trouvé trois cartouches de dynamite dans ses poches.

C'est en partie pour cela que notre permission avait été interrompue, et l'un de nous, aspirants de marine, devait se tenir à chaque port charbonnier, avec deux officiers mariniers et un marine à baïonnette au canon, examiner chaque panier de charbon et empêcher quiconque de monter à bord. tandis que d'autres devaient descendre eux-mêmes avec les briquets. "Pas de souffle maintenant", dit tristement Mellins, alors qu'il descendait devant moi dans le briquet ; "Mais ça ne servira pas après ?"

Nous avons examiné ce charbon de manière assez approfondie, vous pariez ! Dès son arrivée à bord, il a fallu le renverser sur le pont et nous avons dû l'examiner attentivement. Mais ça n'a pas pris du temps, c'est tout ! et n'en avions-nous pas vraiment marre, surtout quand nous ne pouvions pas nous échapper pour un thé aux sept cloches ?

Dès qu'il fit nuit, nous nous éloignâmes, puis je dus partir dans mon cotre et patrouiller sur tribord, sans rien manger à part une boîte de sardines que Mellins avait fait sortir de la salle d'armes et que j'avais partagée avec lui. le barreur. Il en a eu le meilleur, car il a bu l'huile.

Nous avons été remplacés par un autre équipage au bout d'une heure, et Mellins m'avait épargné un peu de bouffe, que j'ai mangé pendant que les autres commençaient une bonne vieille chanson de la salle d'armes.

Jeffreys, notre sous-lieutenant, qui dirige le spectacle dans la salle d'armes, l'a suggéré. "Montrez simplement aux mendiants que cela ne nous dérange pas et remontez le moral des hommes. Ils ont de la dynamite dans le cerveau."

Lorsqu'ils entendirent notre dispute, quelques-uns des officiers du carré descendirent et se joignirent à nous, et Hopkins, le secrétaire du capitaine, un joyeux Yankee, chanta une bonne chanson. Mon oeil! n'avons-nous pas fait de bruit ! et peu après, les hommes commencèrent leur propre concert, en avant sur le gaillard d'avant. Bientôt, le maître d'armes descendit pour ordonner "d'éteindre les lumières", et Jeffreys demanda encore une demi-heure (Jeffreys est un bon gars, même s'il nous en impose, aspirants de marine, si quelque chose ne va pas), et le commis s'éloigna. à nouveau au piano.

Alors qui devrait descendre sinon le capitaine ; et nous lui avons laissé la place de s'asseoir près du piano, et il s'est joint au chœur. Quand ce fut fini, il se leva et dit : « Merci, messieurs, votre chanson était une bonne idée. Bonne nuit ! Et pendant qu'il s'éloignait, nous lui avons salué trois fois et "Car c'est un bon garçon", et nous nous sommes endormis sur nos poitrines et dans des coins étranges, car le navire et nous étions beaucoup trop sales pour accrocher nos hamacs.

Nous recommençâmes peu après le lever du soleil, examinant chaque morceau qui arrivait à bord, et quelque temps après le petit-déjeuner, pendant que nous nous reposions, trois destroyers arrivèrent lentement, arborant un drôle de drapeau, qu'aucun de nous n'avait vu auparavant. , mais dont le signaleur m'a dit qu'il s'agissait du Patagonien.

Nous ne pouvions nous empêcher de rire, car le premier remorquait les deux autres, et l'un d'eux avait une grande gîte à bâbord. C'était un spectacle très comique. Hopkins a emprunté mon verre. "Je pense que ce n'est pas vraiment une publicité pour l'homme qui a construit ces embarcations", a-t-il déclaré dans son drôle de ton traînant de Yankee ; ce n'était pas le cas non plus, car ils étaient visiblement tombés en panne.

Eh bien, nous avons récupéré tout notre charbon à midi, avons eu une heure pour dîner, puis nous avons travaillé dur pour nettoyer. Ce n'est vraiment pas très amusant, quand on est horriblement poussiéreux de charbon et qu'il fait très chaud, de barboter pieds nus, avec son pantalon remonté au-dessus des genoux, et les lances à incendie éclaboussant le pont et lavant la poussière de charbon. loin, on est très mouillé, et c'est agréablement rafraîchissant. Je commandais la dunette, et le vieux quartier-maître et moi surveillions les destroyers nouvellement arrivés, maintenant occupés à charbonner.

"Quelles sont ces couleurs, monsieur ?" » dit le vieil homme nerveux. "Je ne les ai jamais vus auparavant, et j'ai passé près de vingt-quatre ans en mer, homme et garçon."

"Patagonien", ai-je répondu, et il a emprunté un télescope et les a regardés.

"Bien sûr, il y a de sales Chinois à bord de ce vaisseau, monsieur. Regardez leurs têtes qui sortent de l'entrée de la salle des machines."

Effectivement, il y avait cinq ou six visages chinois indubitables, et je pouvais en voir un enroulant sa natte autour de sa tête.

Bien sûr, nous avions assez mal le chinois dans le cerveau, et Dunning (nous l'appelions Suet Dumpling, parce qu'il s'appelait Cyril - un petit aspirant sournois et sournois, qui ne pouvait pas se relever une fois sur la barre horizontale), qui se tenait à nos côtés, a couru et a raconté au lieutenant de quart ce que nous avions vu, comme s'il avait fait la découverte lui-même, et il a été envoyé pour le dire au capitaine.

Le capitaine s'approcha, car il ne pouvait pas voir les destroyers hors de ses ports arrière, et il les regarda, avec cet âne de Suet Dumpling, souriant avec importance juste derrière lui. "Dites au commandant que je veux le voir dans ma cabine", dit le capitaine, et il redescendit avec un visage très sombre.

Le Dumpling courut en avant pour trouver le commandant. Maintenant, l'homme qui utilisait le tuyau lavait le tamis de la batterie, près du couvercle de la batterie, et, juste au moment où la Dumpling disparaissait à travers, j'ai appelé l'homme, et il s'est retourné avec le tuyau à la main. , exactement comme je le voulais, Dumpling avait tout dans le dos — il venait également d'enfiler une tunique blanche et propre. Il était plutôt sauvage, car il savait que je l'avais fait exprès, mais il n'a rien dit, même si j'ai pensé que je ferais mieux de ne pas dormir dans mon hamac cette nuit-là, de peur qu'il ne m'abatte.

Nous avons quitté nos bouées à quatre heures et avons pris la mer en passant tout près des Patagoniens, mais il n'y avait aucun Chinois en vue, et les hommes étaient très occupés sur les deux invalides, et les pompes sur celle avec le la liste à bâbord allait pour tout ce qu'elle valait.

Bien sûr, nous étions tous excités, les hommes en particulier, car nous étions devenus si méfiants à l'égard des Chinois que lorsque tout le monde savait qu'il y en avait à bord de ces destroyers, nous étions sûrs qu'il devait y avoir quelque chose qui n'allait pas chez eux.

"Eh bien, la Patagonie ne possède pas un seul navire !" » dit Hammond, un autre de nos ingénieurs adjoints, un petit garçon joyeux, qui est un ambulant du *Brassey's Naval Annual*, et connaît tous les navires de guerre du monde par leur nom, et quels canons ils ont, et tout ça. "Plutôt étrange que ces trois-là soient là et qu'il y ait des Chinois à bord."

Puis une rumeur se répandit selon laquelle le capitaine avait été entendu dire au Docteur : "S'ils *le sont*, ils ne nous poseront pas beaucoup de problèmes, car deux d'entre eux semblent gravement en panne".

C'est le détestable Dumpling qui apporta la nouvelle. « Qu'est-ce que le Docteur a dit alors ? » nous avons demandé.

"'Quoi qu'ils soient, ils m'ont empêché de débarquer, pendez-les ! Tout le monde semble avoir les Chinois, les pirates, la dynamite et la Patagonie en tête'", a déclaré Dumpling, imitant la façon de parler irritable du Docteur.

Nous avons tous ri. "Tout comme le vieux Doc", a déclaré Mellins. "J'ai dû me rendre à l'infirmerie ce matin avec des maux de ventre, et il m'a fait prendre sur place de l'huile de ricin bestiale. Je déteste ce genre de truc", et il a souri et a dit: "C'est pour donner des coups de pied." cette misérable dispute d'hier soir dans la salle d'armes. M'a tenu éveillé jusqu'à minuit.

« La vieille brute égoïste », étions-nous tous d'accord ; "Il ne se soucie pas de ce qui arrive, du moment qu'il se met à l'aise."

Nous étions tellement enthousiasmés par ces destroyers que j'imagine que la plupart d'entre nous imaginaient que nous les verrions soudainement se précipiter sur nous.

Quoi qu'en pensait le capitaine, il n'allait de toute façon pas se faire surprendre en train de faire une sieste, et dès qu'il faisait nuit, nous avons modifié notre cap jusqu'à ce que nous soyons arrivés à vingt milles au nord de la route habituelle, et aucune lumière n'a été autorisée à apparaître. Je devais faire le tour de toutes les cabines tribord et vérifier que les contre-lumières étaient baissées, et dans le quart du milieu, que j'gardais à l'arrière sur le gaillard d'avant, j'étais responsable de leur maintien fermé. Curieusement, M. Hopkins ne semblait pas comprendre qu'il ne devait pas montrer de lumière, et à deux reprises j'ai vu son scuttle éclairé pendant la nuit. J'avais peur que le capitaine vienne sur le pont, le voie et se jette sur lui, alors je suis descendu dans sa cabine. Il semblait très colérique, ne pouvait s'endormir à cause de la chaleur, et devait avoir son seau ouvert pour prendre l'air, et sa lumière allumée pour essayer de lire pour dormir. Finalement, je lui dis franchement que je devais le signaler au lieutenant de quart, et il parut alors comprendre que c'était vraiment nécessaire.

Rien ne s'est passé dans la nuit, rien en fait jusqu'à ce que nous atteignions Port-Saïd, où, juste devant nous, les trois Patagons étaient à nouveau en train de charbonner !

Le capitaine reçut d'autres télégrammes ici, et il s'avéra bientôt que les destroyers avaient tous quitté Malte seulement deux heures après nous, tous trois naviguant très vite dans notre direction. Le capitaine du port nous a dit qu'ils étaient à Port-Saïd depuis deux jours, qu'ils sortaient au crépuscule et ne revenaient que le matin ; nous étions alors sûrs que la panne de Malte était pourrie et qu'ils nous attendaient simplement au large de Port-Saïd. Heureusement, le capitaine avait refusé de s'approcher de Port-Saïd dans l'obscurité, mais avait attendu toute la nuit très loin vers le nord et l'est – l'endroit le plus improbable où nous puissions nous trouver.

Dès que nous avons amarré une bouée, j'ai été renvoyé dans le deuxième cotre et j'ai reçu l'ordre de monter à bord du P. & O. *Isis* , qui se trouvait au large des bureaux du canal de Suez (elle était arrivée tôt ce matin-là de Brindisi avec le mails), et ramener un lieutenant qui devait nous rejoindre, un M. Staunton, qui avait été laissé à Londres avec le Paymaster, qui a été tué à Lyon.

Lorsque je me suis frayé un chemin à travers la foule de bateaux à côté, j'ai grimpé sur l'échelle et je l'ai demandé. Le quartier-maître, cependant, a déclaré qu'il était parti sur un bateau de guerre plusieurs heures auparavant, alors je me suis retiré et j'ai fait mon rapport. Ensuite, j'ai été envoyé sur le HMS *Hebe* , l'une de nos canonnières, pour y assurer la garde, mais ils ne savaient rien de lui : ils avaient envoyé un bateau pour le courrier à l' *Isis* , mais il n'avait certainement ramené aucun passager. C'était très étrange, alors j'ai obligé l'équipage de mon bateau à se reposer sur ses rames et j'ai fait mon rapport au commandant dès que possible.

Il m'a emmené chez le capitaine, qui a eu l'air très vexé en apprenant la nouvelle. Après cela, moi et deux autres aspirants avons dû descendre à terre et nous renseigner auprès des consuls et de tous les hôtels (c'était aussi une journée terriblement chaude, avec un regard horrible qui nous a tous éblouis) mais nous n'avons rien entendu de lui. Quand nous sommes revenus au navire, les trois Patagoniens étaient partis, et en plus, Hopkins avait disparu et, je peux vous le dire, il y avait une énorme excitation à bord.

Bien sûr, tout le monde était sûr que M. Staunton était à bord d'un des destroyers patagoniens et se trouvait maintenant à des kilomètres du canal, et beaucoup pensaient que probablement M. Hopkins avait lui aussi été leurré d'une manière ou d'une autre. Vous voyez, il était exactement l'homme qu'ils voulaient, car il était le secrétaire du capitaine et savait tout. Pendant que nous essayions tous les trois de trouver quelque chose à manger, le messager du commandant a chanté pour moi et Toddles (Toddles était le prochain aspirant supérieur), alors nous avons dû repartir.

"Rassemblez quelques affaires chaudes et soyez prêt à quitter le navire dans cinq minutes", a-t-il déclaré. "Vous, M. Foote, êtes prêté au 'N° 1', et vous, M. Glover, au 'N° 3'." Alors que nous quittions la cabine pour descendre en toute hâte, il nous a crié : "N'oubliez pas les chemises en flanelle et les bottes de mer".

"Très bien, monsieur, merci", répondons-nous joyeusement.

J'ai emprunté un des sacs de Dumpling, que j'ai trouvé traînant (je ne lui ai pas demandé), et nous étions prêts avant que le bateau n'accoste, Mellins nous donnant un panier plein de nourriture pendant que nous partions. Toddles a été mis à bord du "No. 1", puis ils m'ont mis à bord du "No. 3", où j'ai fait rapport à M. Parker, le lieutenant de commandement.

Heureusement pour moi, Toddles, dans sa hâte, avait oublié sa part de nourriture.

J'ai été envoyé à l'arrière pour m'occuper des cordages arrière et voir si tout était "libre" à l'arrière, car nous étions sur le point de repartir.

"Quoi de neuf ? Où allons-nous ?" J'ai demandé à deux hommes debout à l'arrière.

"Je pense que nous poursuivrons ces pirates, monsieur. J'ai entendu M. Parker dire au sous-locataire que nous devions les suivre aussi fort que possible."

Je n'ai pas eu le temps d'en demander davantage, car M. Parker a chanté depuis la passerelle « Lâchez prise vers l'arrière ! » et nous avons remonté la cale sur la bouée arrière. Lorsque la corde fut dégagée de ses vis et de son gouvernail, j'ai crié "Tout est libre derrière, monsieur", et nous sommes partis, suivant de près le "N° 2".

Tandis que nous dépassions les trois autres navires, les hommes se pressèrent sur le côté et nous acclamèrent, car ils avaient eu vent de ce que nous allions faire. Cela vous fait sentir déchirant d'entendre et de voir les gens vous encourager.

Depuis le *Laird*, Mellins fit un signal sémaphore avec ses bras : « La nourriture est-elle en sécurité ? alors j'ai répondu "Oui", et nous sommes allés dans le canal. Il fait bientôt nuit et notre pilote français nous fait allumer notre projecteur, mais cela ne sert à rien, car le pont gêne. Cependant, il éclairait les deux côtés des berges sablonneuses escarpées, et nous suivions tant bien que mal le « n° 2 ». Bien sûr, nous voulions aller le plus vite possible, et le pilote faillit avoir l'apoplexie, criant et gesticulant d'effroi ou de colère, chaque fois que le "N°2" avançait trop loin et que nous devions faire quelques tours supplémentaires pour nous rapprocher. . "Le lavage, ça va abîmer les berges !" il cria. "Ils vous feront payer. J'abandonne mon autorité, je m'essuie les mains." Ensuite, nous ralentirions à nouveau et il se tairait.

Nous atteignîmes le Grand Lac Amer vers onze heures et là nous changâmes de pilote. Les Patagons n'avaient que deux heures d'avance et nous avons tout simplement traversé cette partie du canal. J'étais très nerveux, je peux vous le dire, car tout paraissait encore plus sombre à cause du projecteur, et nous nous tenions simplement à la poupe du "N° 2". Si elle ou le "N°1" s'était arrêté brusquement, nous aurions été tous en tas. Je suppose que le

« N° 1 » avait à son bord un pilote anglais, ou peut-être un Norvégien. Notre Français était paralysé de funk.

Nous nous sommes calmés lorsque nous sommes rentrés dans l'étroit canal.

Nous avons dû nous amarrer une fois pour laisser passer un gros bateau à vapeur britannique de l'Inde, et nous ne sommes sortis du canal que dix heures du matin suivant.

Les Patagons, nous dit-on, étaient partis trois heures auparavant ; aussi, après eux, nous nous précipitâmes, ne nous arrêtant que pour laisser décoller nos pilotes.

"Vapeur à pleine vitesse" a été signalé depuis le "N° 1", et en contrebas a plongé M. Chapman, notre ingénieur, pour surveiller les choses dans la chaudière.

"Ils ont trois heures de départ", a déclaré M. Parker au sous-marin, "et ce sera une très longue poursuite."

« Que devons-nous faire si nous les attrapons ? Il a demandé.

"Fouillez-les", a répondu M. Parker.

"Mais et s'ils ne nous le permettent pas ?"

"Fouillez-les", a répondu M. Parker, avec un étrange scintillement dans les yeux, et j'ai alors compris qu'il pourrait y avoir une bagarre. Cela m'a donné une drôle de sensation dans l'estomac, mais je savais que j'avais beaucoup de chance d'avoir cette chance et que je devrais donc me sentir heureux, et je pense vraiment que je l'ai fait.

Nous y allions tous maintenant avec vengeance. La fumée des "No. 1" et "No. 2" nous a presque aveuglés, et nous tremblions et palpitions alors que le bourdonnement des moteurs augmentait progressivement, nos étraves sortant de l'eau et notre poupe accroupie dans une masse de de la mousse alors que nous nous précipitions dans le sillage des autres devant nous.

Je n'avais jamais été aussi rapide de ma vie et je m'accrochais aux rails du pont pour éviter d'être emporté par le vent.

Nous avons continué ainsi pendant des heures et je me sentais trop excité pour descendre en bas et chercher quelque chose à manger. Cela montre à quel point il est déchirant de se précipiter à bord d'un destroyer avec un ennemi devant.

Actuellement, nous formâmes une ligne de front, le « n° 2 » à tribord et nous du côté bâbord du « n° 1 », à environ trois milles l'un de l'autre, de manière à couvrir plus de terrain.

Alors qu'il commençait à faire nuit, nous avons vu le "No. 1" ralentir pour parler d'un petit bateau à vapeur marchand se dirigeant vers le nord, et immédiatement après, nous avons reçu l'ordre de retourner à Suez pour informer le capitaine Helston que les trois Patagoniens avaient été aperçus naviguant très rapidement vers le sud.

Notre barre a tourné, nous avons gîté largement, notre poupe a basculé, et nous sommes partis sur le chemin du retour avant qu'on puisse dire «couteau»; mais vous auriez dû entendre ce que M. Parker et le sous-marin ont dit, ainsi que le quartier-maître, d'ailleurs, sauf qu'il ne l'a pas fait si fort.

Nous avons rejoint le *Laird* à Suez tôt le lendemain matin, après avoir maintenu près de vingt-sept nœuds pendant les vingt dernières heures, une très bonne performance. Nous n'avons pas dû attendre longtemps, car nous avons longé le *Sylvia* , fait le plein de charbon, pris dix tonnes dans des sacs sur le pont et nous sommes partis vers Aden à vingt nœuds, vitesse assez facile et confortable.

J'ai dû voir le charbon à bord, je me suis rendu extrêmement sale et j'ai beaucoup manqué le bain dans la salle d'armes à bord du *Laird* .

Nous sommes arrivés à Aden le troisième après-midi sans rencontrer aucune aventure. "N° 2" et "N° 1" étaient là, ainsi que deux des trois Patagoniens.

M. Pattison et M. Lang, les skippers du "No. 1" et du "No. 2", sont montés directement à bord de nous. Ils nous ont dit qu'ils étaient arrivés à Aden seulement quatre heures après les Patagons.

Ils prirent immédiatement des dispositions pour le charbon, et entre-temps étaient montés à bord des deux Patagoniens en redingotes et épées, et avaient été reçus d'une manière très amicale, et montrés partout dans les deux, et aucune trace de Staunton, Hopkins ou Chinois, car à ce sujet, pouvaient-ils voir. "Nous nous sommes sentis plutôt convaincus, vous pouvez l'imaginer", a déclaré M. Pattison, "d'avoir mené notre longue poursuite pour rien - une fin très apprivoisée."

Le troisième destroyer, nous ont dit les gens à terre, était parti une heure avant notre arrivée et a été aperçu du haut du rocher se dirigeant vers l'est, jusqu'à ce qu'il disparaisse sous l'horizon, fumant à grande vitesse.

"Je ne pouvais pas la suivre", continua M. Pattison, "car, bien sûr, nous n'avions pas de charbon, et certains de nos tubes de condenseur fuyaient beaucoup, et il nous fallut tous les deux quelques jours au port pour mettre les choses au point. salle des machines. Et pas seulement cela, mais je n'ose pas perdre de vue ces deux Patagoniens, car le capitaine Helston pense qu'ils l'attendront probablement dans le détroit à l'ouest.

"Nous pouvons continuer directement après avoir charbonné", intervint M. Parker avec empressement, "car il n'y a rien de grave chez nous. N'est-ce pas, Chapman ?"

"Non, plutôt pas", répondit notre ingénieur, ajoutant : "nous sommes construits par Laird, vous savez."

"Très bien", dit M. Pattison, qui était le doyen des trois lieutenants et qui prit donc le commandement, "partez pour Colombo dès que vous aurez charbonné, arrosé et approvisionné. Le troisième Patagonien a très probablement expédié Staunton, Hopkins, et tous les Chinois pour dissiper nos soupçons sur ces deux autres, et quelle que soit la direction qu'elle prendra, si elle va vers l'Est, elle devra aller chercher à Colombo. Si elle ne vous permet pas de la fouiller là-bas, suivez-la. la mettre en mer et la contraindre à se hisser.

"Très bien, monsieur", répondit M. Parker en saluant.

"Eh bien, au revoir, mon vieux, je te souhaite bonne chance. Lang et moi partons, car voici tes briquets à charbon. Quand tu seras prêt à repousser, je te ferai un signal trompeur, que tu devras agir. "

CHAPITRE VII

La poursuite du Patagonien

Nous la voyons – Une poursuite sévère – Nous la révisons – Nous devons nous excuser – Faire tourner le fil

Suite du récit de M. l'aspirant Glover

Pendant les deux heures suivantes, nous avons travaillé dur, et lorsque nous avons signalé que nous étions prêts à prendre la mer et que nous avons levé « l'autorisation de peser et de procéder conformément aux ordres précédents », le « n° 1 » a écrit en sémaphore : « Informez *Laird* que je ne peut pas rencontrer l'escadron, car les condenseurs doivent être réparés".

"C'est le signal trompeur", a déclaré M. Parker, tandis que lui et le sous-marin l'expliquaient ; "J'espère seulement que ces gars-là le liront et l'avaleront, car s'ils le font, ils imagineront que nous remontons la Mer Rouge."

Pour "créer une diversion", comme le disait le sous-marin, nous avons dirigé vers l'ouest après avoir dégagé le port jusqu'à ce que nous soyons hors de vue de la terre, comme si nous allions rencontrer l'escadron, puis nous avons dirigé vers le sud-est pendant quelques heures, et enfin modifié notre cap vers Colombo.

C'était un travail très chaud, très fastidieux et très monotone à travers l'océan Indien. Nous avons dû y aller lentement pour économiser notre charbon, et toute la nourriture fraîche a disparu deux jours après notre départ d'Aden, et je déteste complètement les conserves. Je devais faire ma part de quart pendant la journée et j'appris bientôt à manier le « N° 3 » aussi facilement qu'un bateau à vapeur. Vous pouvez imaginer que nous étions excités à mesure que nous commencions à nous approcher de Colombo. Que nous l'ayons attrapée ou non dépendait presque entièrement de la question de savoir s'ils avaient cru au signal trompeur d'Aden, car s'ils pensaient que nous étions en route pour Colombo, ils l'auraient, bien sûr, emmenée en toute hâte par télégraphe.

"Si nous ne l'attrapons pas maintenant, nous ne le ferons jamais, car il existe de nombreux endroits où elle peut se cacher et du charbon entre Colombo et Singapour ou Saigon", a déclaré M. Parker.

"Eh bien, on va la pousser un peu ?" » suggéra M. Chapman. "A ce rythme-là, nous arriverons demain soir avec dix-huit tonnes de charbon à bord. Je pourrais vous donner encore un nœud et demi si vous le souhaitez."

Il y a eu une longue discussion à ce sujet – j'étais trop jeune, bien sûr, et je n'avais rien à dire – mais ils ont finalement décidé qu'il serait plus sûr d'avoir quelques tonnes en main.

"Vous voyez", argumenta M. Parker, tandis que tous trois s'appuyaient contre les rails du pont, "s'ils nous aperçoivent avant de savoir par télégramme que nous sommes en route, ils pourraient penser que nous n'avons plus de charbon et pourraient ", en imaginant que nous ne pouvons pas les chasser. Ce serait certainement leur plan le plus raisonnable, n'est-ce pas ? C'est ce que je devrais faire si j'étais à leur place. Nous allons juste pousser tous les nœuds que vous pouvez nous donner, Chapman, dès que nous apercevons le phare, cela ne leur laissera pas beaucoup de temps pour s'enfuir. »

J'avais le quart du matin de quatre à huit heures et j'étais descendu prendre un petit-déjeuner - sardines, confiture et biscuit de bord - quand tout à coup j'entendis le gong de la salle des machines tinter et je sentis les moteurs siffler. Les assiettes se mirent à danser sur la table et mon café fut presque entièrement renversé avant que je puisse le boire. J'ai fourré les deux dernières sardines d'un seul coup et me suis précipité sur le pont. Tous les hommes se pressaient sous le pont, gesticulant et montrant du doigt. En montant jusqu'au pont, j'apercevais le phare et le long brise-lames de Colombo.

« Est-ce qu'elle sort, monsieur ? » ai-je demandé, car je ne pouvais rien voir avec mon télescope : nous tremblions tellement et le navire était si instable. "Le signaleur dit que oui", a déclaré M. Parker, l'œil rivé sur son télescope. "Oui, la voilà ! Regarde cette tache sombre sur le brise-lames. C'est de la fumée, et elle est en dessous. Mon œil ! elle prend de la vitesse assez vite."

Au bout d'une demi-minute, nous pouvions la voir à l'œil nu. Elle apparaissait sombre contre le brise-lames blanc et se frayait un chemin à travers l'eau, courant presque à angle droit par rapport à nous jusqu'à ce qu'elle franchisse le brise-lames et les rochers. Nous nous rapprochions rapidement lorsqu'elle remit son gouvernail. Nous avons vu son talon se retourner, se redresser alors qu'il s'installait sur sa route normale, et s'envoler, le drapeau patagonien se raidissant à l'arrière.

"Suivez-la, Davis", chantait M. Parker au quartier-maître au volant, alors qu'il essayait d'allumer sa pipe derrière la table à cartes. "Allez aux quartiers, Collins (le sous-marin), et laissez passer les munitions." Le Gunner et M. Collins sont descendus sur le pont pour voir tout préparé, ne laissant que M. Parker et moi-même sur la passerelle.

Il a crié dans le tube vocal de la salle des machines : « Combien de charbon vous reste-t-il, Chapman ?

"Près de quatorze tonnes."

"Combien de temps cela va-t-il durer à pleine vitesse ?"

"Plutôt plus d'une heure et demie", fut la réponse étouffée.

"Alors donne-moi chaque once de vapeur que tu peux produire."

Au moment où le Patagonian avait changé de cap, il y avait environ un mille et demi entre nous, mais il gagnait rapidement, car nous n'avions pas encore atteint notre vitesse maximale, et il faisait évidemment tout ce qu'il savait. Elle était presque cachée sous un grand nuage de fumée, et parfois entièrement cachée par les embruns, car une légère mer agitée, que nous n'avions pas remarquée auparavant en avançant lentement, nous couvrait maintenant d'avant en arrière d'embruns.

En bas, je devais aller voir les bateaux tous prêts à être mis à l'eau, et lorsque cela fut fait, envoyer plusieurs messages au sous-marin, qui à ce moment-là avait des hommes sur tous les canons et beaucoup de munitions sur le pont. Il ne faisait aucun doute que M. Chapman et ses hommes faisaient de leur mieux, car maintenant nous sentions les moteurs bourdonner comme des machines à coudre, le navire commençait à palpiter et à vibrer avec un drôle de frétillement qu'on pouvait presque voir quand on regardait. à l'arrière le long du pont depuis le pont. C'était tout ce que je pouvais faire de m'accrocher aux rails du pont d'une main et de garder ma casquette de l'autre, tandis que les embruns nous mouillaient de la tête aux pieds. L'équipage du canon de 12 livres s'était approché du pont et l'avait soigneusement dégagé et chargé. Puis j'ai ressenti à nouveau cette drôle de sensation dans mon estomac, les sardines et les oscillations auxquelles je m'attendais, et je me suis accroché au pont et j'ai haleté entre les averses d'embruns.

Vous auriez dû voir nos entonnoirs ! La peinture qui restait sur eux se détachait exactement comme la peau des scarlatines lorsqu'ils pèlent, de grandes flammes rugissantes s'en échappaient, et des nuages de fumée se précipitaient vers l'arrière, tandis qu'à l'arrière se trouvait une énorme masse de mousse agitée, ressemblant à s'il tombait à bord.

Nous avons dû la poursuivre pendant près d'une demi-heure et nous n'avions pas l'air de gagner. M. Parker continuait à regarder anxieusement sa montre tandis que nous nous précipitions, laissant Colombo derrière nous et fuyant la sombre ceinture d'arbres qui marquait le rivage.

Bientôt, M. Chapman arriva sur le pont, en sueur partout. « Elle fait autant de révolutions que lors de ses épreuves », criait-il ; "Ses moteurs ne prennent plus de vapeur, je ne fais que la souffler", et il montra des nuages de vapeur s'échappant de chaque entonnoir.

"Faites un signal, 'Je souhaite communiquer et envoyer un bateau', et continuez à voler", rugit M. Parker au signaleur, qui était visiblement préparé, car il avait déjà plié les drapeaux et les pendentifs appropriés aux drisses et rapidement les hissa, les banderoles se raidissant au vent comme de l'acier peint. J'ai oublié de dire que le pavillon chinois, le Dragon Jaune, volait à notre poupe. Comme nous aurions aimé que ce soit notre propre drapeau blanc.

Nous attendions tous une réponse, mais aucune n'est venue. Il ne faisait aucun doute que nous gagnions maintenant – nous distinguions clairement quelques hommes sur son pont qui nous regardaient de temps en temps – et à en juger par les grandes masses de fumée qui sortaient de ses entonnoirs, les chauffeurs devaient travailler désespérément. difficile de nous échapper.

« Nous avons largement dépassé la limite des trois milles, je pense, Collins ? » a crié M. Parker.

"Oui, monsieur, à dix miles de là."

"Alors essayez un tir à douze cents mètres, Jones (le "n°1" des 12 livres). Rapprochez-vous d'elle le plus possible sans la toucher."

"Tres bien Monsieur." Et Jones, un homme énorme et musclé, appuya son épaule contre la monture et se pencha sur la mire. Comment nous avons palpité et tangué – la bouche du pistolet ne semblait jamais immobile, et il a fallu des siècles avant que Jones ne tire. Il y a eu un craquement terriblement aigu, la fumée de cordite est revenue dans nos yeux et nous nous sommes tous efforcés de voir le résultat. L'obus a éclaté à 800 mètres du Patagonian alors qu'il heurtait l'eau.

"Personne ne peut tirer depuis une plate-forme comme celle-ci", a déclaré Collins avec colère ; "Nous dansons comme des marionnettes."

Jones tira un autre coup de feu, qui éclata vers l'arrière, mais sans le moindre effet non plus : toujours aucune réponse à notre signal et aucune tentative pour ralentir la vitesse.

À ce moment-là, M. Chapman rapporta qu'il ne lui restait plus que deux tonnes et qu'il avait balayé tous les bunkers. M. Parker gémit : « Elle va s'enfuir, et je ne peux même pas retourner à Colombo. Continuez à tirer aussi vite que vous le pouvez, Collins, avec vos deux avant-gardes de 6 livres.

Puis nous entendîmes, au-dessous de nous, la voix joyeuse du tireur qui chantait : « Ciblez, juste devant vous, à mille tirs indépendants, commencez.

N'y a-t-il pas eu un claquement ? Mais j'étais trop excité pour faire attention au bruit, et nous avons tous applaudi lorsque de temps en temps un de nos petits obus éclatait près du Patagonian. Nous nous rapprochions rapidement et pouvions voir tous ses hommes sauf deux se dégager rapidement en contrebas. Puis un de nos obus a heurté un bateau qu'ils avaient rangé à l'intérieur, près de la poupe, et de gros morceaux ont volé dans les airs. N'avons-nous pas applaudi, car à ce moment-là, ils en avaient visiblement assez, et des nuages de vapeur s'échappaient de leurs entonnoirs alors qu'ils arrêtaient leurs moteurs. Nous allions si vite que nous étions presque au-dessus d'eux avant que Collins ne saute vers le télégraphe et mette les moteurs en marche arrière à plein régime et la barre complètement au-dessus. Avec un grand tremblement et secousses, notre chemin fut arrêté, nous nous écartâmes et restâmes toujours à moins de cinquante mètres de notre prise. Il n'était guère nécessaire d'utiliser le télégraphe de la salle des machines pour arrêter les moteurs, car ils ralentissaient progressivement. Nos feux brûlaient peu et il n'y avait pas de charbon pour les alimenter.

« Entraînez toutes les armes qui pourraient tirer sur elle », a chanté M. Parker, « et soyez prêt à tirer. Sortez des bateaux. »

En deux minutes, le canot était à l'eau et M. Parker franchissait en courant les cinquante mètres qui nous séparaient. J'ai dû le suivre avec six hommes dans le bateau démontable Berthon, chacun armé d'un coutelas et d'un fusil.

Je me sentais très fier, vous pouvez l'imaginer. Nous étions à côté en un tournemain. "Vous d'abord, monsieur", dit le barreur, et il me poussa sur le côté lisse, et je montai à bord, suivi de deux des hommes.

M. Parker écoutait un horrible petit officier qui gesticulait et parlait très furieusement.

"Emmenez six de vos hommes sur le pont avant et ne le quittez pas avant que je vous donne des ordres, et expulsez tous les autres", ordonna-t-il, alors nous grimpâmes et donnâmes des coups de pied aux deux hommes qui restaient là en bas de l'échelle. Ils ne voulaient pas beaucoup de coups de pied.

Quelques minutes plus tard, M. Parker descendit, suivi du petit officier, toujours en train de piétiner et de jurer. Il semblait rester là pendant des siècles, et je me demandais si je ne ferais pas mieux d'envoyer certains de mes hommes à sa poursuite, mais je ne pouvais pas désobéir à ses ordres, et bien sûr, il y avait le "N° 3" avec ses fusils braqués sur nous. à cinquante mètres, et c'était rassurant.

Bientôt, il monta sur le pont, suivi de Hopkins et d'un homme dont je savais qu'il devait être M. Staunton. Les hommes du « n° 3 » les ont vus et ont soulevé de grandes acclamations ; en effet, c'était magnifique de les avoir secourus, et aussi très chanceux, car nous n'aurions pas pu la rattraper si elle s'était enfuie pendant encore cinq minutes.

Mais la meilleure partie du "spectacle" était à venir, car bientôt un certain nombre de Chinois affluèrent, je pense une cinquantaine, et ils furent emmenés au "N° 3" en petits groupes jusqu'à ce qu'il n'en reste plus un seul. Je me sentais vraiment désolé pour Mellins et les autres membres du *Laird* de ne pas être là pour voir ce petit homme piétiner, fulminer et jurer, tandis que M. Parker regardait avec une parfaite indifférence et que mes six hommes gardaient leurs fusils pour le moment. Je leur ai fait faire ça, je pensais que ce serait mieux. Quand tous les Chinois furent partis, M. Chapman et ses chauffeurs arrivèrent, et le dernier bateau chargé fut remorqué sur une aussière à herbe. Avec cela, ils ont hissé à bord l'un des câbles du "N° 3", puis j'ai compris que le Patagonian allait nous remorquer jusqu'à Colombo, car, bien sûr, comme je l'ai déjà dit, nous n'avions plus de charbon et nous étions parfaitement impuissant.

Il semblait plutôt téméraire de faire confiance à tous ces Chinois à bord du « No. 3 » avec seulement les très rares mains qui restaient à bord, mais le matelot de tête que j'avais avec moi dit : « Eh bien, bénissez votre cœur, monsieur, ces diables sont tous des colombes et des nourrissons maintenant", et comme il avait été sur la station chinoise et qu'il les connaissait, cela a réglé le problème.

Eh bien, nous sommes bien rentrés à Colombo et nous nous sommes amarrés aux bouées à l'intérieur du brise-lames, puis il y a eu une vraie bagarre. Le capitaine du Patagonian a débarqué et a télégraphié à son gouvernement, et ils ont télégraphié à Pékin, et Pékin nous a télégraphié, et le résultat a été que M. Parker a dû enfiler sa redingote n°1 et s'excuser très humblement pour son " procédure injustifiable et autoritaire ». Le fait est, voyez-vous, que le petit homme, qui avait été officier dans la marine mexicaine, avait réellement tous ses papiers en règle et avait sans doute une commission du gouvernement patagonien. Il a juré qu'il ne savait rien de M. Staunton et Hopkins, sauf qu'ils avaient été embarqués à Aden à partir des deux autres destroyers, "et ils y ont emmené tous mes bons hommes et m'ont donné des cochons chinois". Cela expliquait pourquoi nous n'avions vu aucun Chinois à Aden à bord des deux autres.

M. Staunton nous a raconté ses aventures et comment il avait été capturé à Port-Saïd.

Lorsque l' *Isis* , ramenant M. Staunton de Brindisi, avait jeté l'ancre à Port-Saïd, un baleinier de guerre piloté par des hommes habillés en vestes bleues anglaises et pilotant le Dragon Jaune, était venu le chercher. Sans le moindre soupçon, il avait été embarqué sur un destroyer battant également les couleurs chinoises, pensant naturellement que c'était l'un des nôtres.

Dès qu'il monta à bord, il fut saisi et tomba en bas. Ils n'avaient pas abusé de lui, mais vous pouvez imaginer quels ont dû être ses sentiments ; et il a dit que la nourriture était horrible, même s'ils lui donnaient tout ce qu'ils pouvaient. "Comme ce destroyer puait en traversant Aden, avec toute cette foule de Chinois à bord !" » dit-il, grimaçant de dégoût rien qu'à cette pensée.

M. Hopkins a également raconté ses aventures. "Je me suis précipité à terre pour jeter un coup d'œil à ces belettes rusées le long du quai à charbon, j'ai deviné qu'elles nous avaient joué un tour très intelligent à Malte, et j'étais très curieux de voir 'la coupe de leurs focs'. les regardant assez longtemps pour voir un chat sauter, quand deux mains se présentèrent devant mon visage, les doigts dessus aussi, comme des griffes d'acier, et saisirent ma trachée avec autant d'amour qu'une belle-mère.

"Puis quelqu'un m'a frappé derrière les genoux, ce qui m'a fait tomber, et avant que je puisse dire 'Johnny Jones', j'ai été soulevé, mis à bord et repulpé sur le pont comme un sac de patates." Très heureux qu'ils soient tous les deux sauvés, et M. Hopkins n'arrêtait pas de se frapper la cuisse et de rire aux éclats. "Mes serpents, comment ces pinceaux de Patagons au foie noir, éviscérés de hareng et frits ont-ils réussi à vous arracher à Malte ! Mais j'ai presque gagné cette manche, Parker ?"

"Je devrais simplement penser que nous l'avions fait", répondit M. Parker en souriant.

Eh bien, au milieu de tout cela, un télégraphiste de Cingalee est arrivé avec ce qui s'est avéré être un télégramme du capitaine Helston. M. Parker monta sur le pont après l'avoir déchiffré, avec un visage très grave, et dit : « M. Hopkins, j'ai reçu l'ordre du capitaine Helston de vous informer que vous devez vous considérer en état d'arrestation pour avoir débarqué sans autorisation à Port-Saïd. . Je dois vous demander de descendre en bas.

C'était un face-à-face pour tout le monde ; mais M. Hopkins, avec un air étonné, obéit immédiatement, nous laissant sur le pont en nous demandant pourquoi le capitaine Helston avait été si sévère. "Ses inquiétudes ont dû le rendre incroyablement strict", a déclaré M. Parker.

Les jours suivants, nous nous sommes allongés près de cette bouée, gardant les yeux sur le Patagonien, et avec de la vapeur au cas où il tenterait de partir.

Nous avons passé de très bons moments à terre et les dîners au Grand Oriental Hotel, dans la fraîcheur de la soirée, avec les punkahs qui se balançaient d'avant en arrière, étaient tout simplement déchirants.

Puis le reste de l'escadron est arrivé sain et sauf, à notre grand plaisir, et M. Staunton et M. Hopkins ont été envoyés au *Laird*. Ce dernier était certain de subir une terrible gifle de la part du capitaine Helston, et nous étions tous très désolés pour lui.

Mellins et beaucoup d'autres aspirants sont venus du *Laird*, ainsi que Tommy Toddles du "No. 1", apportant un gros gâteau que son maître avait envoyé par la poste. Nous avons eu un formidable mouvement de menton, et c'était joyeux de les revoir tous et de leur raconter le fil de notre poursuite et de notre capture du Patagonien. Comme ils m'enviaient !

Chaque fois que je vois un gros gâteau maintenant, je pense toujours à cet après-midi, assis autour de la plate-forme arrière du canon de 6 livres, avec l'auvent au-dessus de nos têtes, et les gros oiseaux charognards (les cerfs-volants de Bromley, comme nous les appelons) fondant autour de nous alors que nous avons mangé le gâteau de Tommy.

Un gros paquebot P. & O. aussi, qui rentrait chez lui - il avait attendu une heure pour prendre notre courrier - est passé près de nous, et les passagers sont tous venus sur le côté et nous ont acclamés, alors nous, les aspirants, avons poussé un grand cri tous ensemble. , ce qui a amené M. Parker sur le pont pour nous ordonner de "le jeter".

Ils sont rapidement retournés à leur navire et nous avons dû patrouiller à l'embouchure du port après le coucher du soleil, au cas où ces deux autres Patagons entreraient.

CHAPITRE VIII

M. Ping Sang est déjoué

Lettre de Helston—Un Tsi a des informations—Ping Sang agit rapidement—Ping Sang surveille—Ping Sang en difficulté—Un Tsi s'échappe—Un Tsi repère l'escadron—Un Tsi donne un avertissement

M. Ping Sang vivait habituellement à Shanghai, mais après avoir appris le départ de l'escadre de Helston de Colombo, il s'était précipité vers Hong-Kong pour conférer avec un de ses amis, un riche marchand nommé Ho Ming, et organiser le transport rapide. approvisionnement et réaménagement des navires.

Il était absolument nécessaire que l'escadre accomplisse sa tâche sans délai, car les dépenses liées à son entretien représentaient une énorme ponction sur les ressources de l'Association commerciale, et aussi les déprédations des pirates étaient devenues si fréquentes et leurs raids si réussis. que le commerce côtier des navires chinois était au point mort. Une chose était très claire : seuls les navires appartenant à des sujets chinois étaient attaqués, et l'appât le plus tentant, s'il appartenait à des Européens, était laissé de côté. Il y a à peine un mois, un beau paquebot neuf de 5 000 tonnes avait disparu sans laisser de trace alors qu'il reliait Amoy à Swatow - par beau temps également - et il semblait que les pirates avaient commencé à étendre leurs opérations vers la partie nord de la côte. car plusieurs navires avaient récemment disparu près de l'embouchure du Yangtsé de la manière la plus inexplicable.

Une canonnière anglaise croisant entre les îles Chusan avait rapporté avoir rencontré trois navires battant couleurs chinoises, navires dont ils étaient presque sûrs qu'ils n'appartenaient pas au gouvernement chinois ; mais lorsqu'on les rechercha plus avant, ils avaient disparu.

Ping Sang tenait également à ce que le séjour de l'escadre à Hong-Kong soit le plus court possible, car il était convaincu que si les pirates avaient l'intention de faire de nouvelles tentatives pour détruire les navires, ils choisiraient ce port pour le faire. . L'une des raisons était que, parmi les équipages de la myriade de jonques toujours rassemblées là, se trouvaient des centaines d'égorgeurs venus des cours inférieurs de la rivière de l'Ouest, trop disposés à commettre n'importe quel crime pour de l'argent ; et il était particulièrement désireux de conférer avec Ho Ming, car ce marchand possédait une grande flotte de jonques faisant du commerce sur le fleuve au-delà de Canton, et leurs capitaines et équipages seraient probablement mieux à même d'obtenir des informations sur la présence ou les mouvements suspects de ces desperados. que même les autorités policières elles-mêmes.

Ces deux-là, Ping Sang et Ho Ming, étaient assis dans le fumoir de ce dernier, le soir du 21 décembre, fumant leurs cigares d'après-dîner, tandis qu'A Tsi, l'employé de confiance et comprador de Ho Ming, détaillait les résultats de ses enquêtes auprès des population flottante indigène.

Ils furent interrompus par un majordome obséquieux en robe blanche, qui s'avança vers la porte grillagée et remit une lettre à Ping Sang - une lettre que le capitaine Helston avait écrite de Singapour.

"Le navire impérial chinois *Laird* ,

Singapour, *le 14 décembre* .

CHER MONSIEUR. PING SANG,

Ma dernière lettre rapportant les opérations de mon escadre a été écrite de Colombo à mon arrivée. J'ai quitté ce port le matin du 2 décembre et j'ai pris la mer à vitesse facile, laissant le destroyer 'No. 1' pour attendre l'arrivée des deux destroyers patagoniens restés à Aden, et le destroyer 'No. 2' pour garder le contact avec le troisième destroyer s'il tentait de quitter le port dans les vingt-quatre heures suivant mon départ.

Ils me rejoignirent tous deux le 5 décembre à toute vitesse et rapportèrent l'arrivée des deux destroyers six heures après mon départ et qu'ils n'avaient pas fait de préparatifs immédiats pour prendre la mer. Après avoir réaffirmé « Non. 1' et 'Non. A 2' du navire-magasin *Sylvia* , opération qui dura sept ou huit heures à cause d'une forte brise et d'une mer légère, je marchai à treize nœuds et atteignis Singapour sans autre incident, mouillant dans l'avant-port.

Ici, j'ai été accueilli par un charbonnier, affrété à Cardiff sous ordre scellé, et j'achève actuellement le charbonnage de mon escadre.

J'ai décidé, après les incidents des cartouches de dynamite sur la route vers Gibraltar et de nouveau à Malte, de ne plus prendre de charbon à terre et j'ai pris des dispositions pour qu'un charbonnier me rejoigne à Hong-Kong. Nos hommes s'occuperont seuls du charbon, il n'y aura donc plus aucun risque de jeu déloyal.

L'homme Hopkins est toujours en état d'arrestation, et j'estime que cette solution sera plus propice à la sécurité de l'expédition que de le remettre aux autorités civiles, alors que mes preuves de sa complicité ne sont pas encore étayées. Le fait qu'il soit citoyen américain entraînerait également de nombreuses difficultés juridiques et, après les longues démarches diplomatiques consécutives au tir de Parker sur le Patagonian, il est conseillé d'éviter ces écueils à l'avenir.

Ce matin, j'ai reçu un télégramme de Colombo m'informant que les Patagoniens n'étaient pas encore partis et que l'un d'eux était encore en réparation.

Je partirai demain, et comme la mousson est assez forte, j'ai démonté les canons et les projecteurs des trois destroyers pour les alléger le plus possible.

Le courrier vient tout juste de partir, et au moment où vous recevrez cette lettre, je serai lentement en train de me frayer un chemin contre la mousson. J'espère être à Hong-Kong au plus tard le 22.

Le Dr Fox et moi serons très heureux de renouer avec vous là-bas et de parler d'anciens temps et d'aventures alors que nous étions tous les trois beaucoup plus jeunes.

CH HELSTON."

Ping Sang était de petite taille et dodu dans une certaine mesure. Il s'allongeait indolemment dans son luxueux fauteuil rembourré pourpre, posant ses pieds potelés sur un repose-pieds richement brodé.

Son visage joyeux et gras était entouré de sourires, et il soufflait de grands nuages de fumée entre ses grosses lèvres tandis qu'il lisait lentement cette lettre, ses petits yeux pétillant d'humour et d'appréciation de son propre bien-être et de sa prospérité.

Ses grosses petites mains avaient des doigts courts et trapus, magnifiquement manucurés et couverts d'anneaux, qui brillaient et scintillaient alors qu'il portait un délicat verre vénitien à ses lèvres. Il était vêtu de robes de soie de couleur bordeaux foncé, avec des pantalons vert clair, maintenus ensemble par des boutons dorés et des passants tressés dorés, et était sans aucun doute un gentleman prospère et un dandy en plus.

De l'autre côté du feu, assis bien droit dans une attitude de vive vigilance nerveuse, se trouvait Ho Ming lui-même, un Mandchou grand et décharné, dont les longs doigts minces, avec leurs tendons proéminents, serraient plutôt qu'agrippaient les bras sculptés de sa chaise. . Son sur-vêtement de soie bleu clair cachait à peine sa silhouette atténuée, et son visage était aussi maigre que son corps, avec des lèvres fines et serrées, des yeux profondément enfoncés et un nez proéminent et crochu.

Entre eux et derrière une table en bois noir sculpté, soutenue par des dragons de bois noir, était assis A Tsi, le comprador de Ho Ming, presque caché par les nuages de fumée de tabac qui tournaient autour de lui dans la lumière terne d'une ancienne lanterne de bronze qui se balançait au plafond, et contenait une lumière électrique astucieusement dissimulée. Il était habillé solennellement de soie noire, rehaussé uniquement de boutons dorés. C'était cet homme qui, depuis dix jours, cherchait toute trace des intentions du

Syndicat des Pirates, et qui, avec plusieurs marins cantonais choisis sur les navires de son maître, s'était mêlé, tant à bord de leurs navires que dans les fumeries d'opium et les pensions à terre. , avec toute la population flottante de Hong-Kong.

"Helston et ses navires devraient être ici dans quelques jours", a déclaré Ping Sang, parlant en chinois et remettant la lettre à Ho Ming anxieux ; "Tout va bien jusqu'à présent."

"Maintenant, Tsi, redites-nous ce que vous avez pu découvrir."

"Rien, monsieur, au-delà de ce que j'ai déjà rapporté. Il y a deux grosses jonques d'Amoy au Aberdeen Dock, dont les équipages sont étrangers à Hong-Kong. Deux jours avant leur arrivée, un Anglais est arrivé par un caboteur qui l'avait récupéré. à Amoy, et il séjourne maintenant à l'hôtel Victoria, et un de mes hommes l'a vu monter à bord de ces jonques. D'après ce que j'ai pu découvrir, ils ont un équipage beaucoup plus nombreux que d'habitude.

"Il est très inhabituel que des jonques viennent d'Amoy ici", intervint Ho Ming, regardant attentivement l'un à l'autre, et à peine capable de retenir son impatience devant l'apparente indifférence de Sang ou la froideur de son comprador. "Ces jonques sont probablement pleines d'explosifs, et il serait facile de les faire flotter contre n'importe quel navire d'Helston dans le port et de le faire exploser. Nous devons faire quelque chose, nous le devons ! Eh bien, les navires peuvent être là à tout moment. !"

" Mon cher Ming, " sourit Ping Sang en agitant un gros doigt dépréciateur et en s'installant plus confortablement dans son fauteuil, " nous ne devons pas nous exciter, c'est la seule chose que nous puissions faire pour le moment. Nous n'avons pas la moindre raison de soupçonner. soit l'Anglais, soit ses jonques ; néanmoins, nous pourrons peut-être faire quelque petite chose.

"Je pense qu'il serait peut-être sage, juste par curiosité, de brûler ces débris."

"Mais pensez à la loi, la loi anglaise ; nous ne sommes pas en Chine maintenant. ("Dieu merci", ou l'équivalent en chinois, marmonna pieusement le comprador). Nous ne pouvons pas soudoyer les magistrats ici ; et pensez au risque et la punition."

"Eh bien, eh bien," continua Ping Sang d'une voix apaisante, "nous ne le ferons pas ce soir. Demain, j'essaierai de jeter un œil à cet Anglais. Je le connais peut-être et il se peut qu'il me connaisse. Avez-vous vu lui-même, Tsi ? Il a demandé. "Y a-t-il quelque chose de particulier chez lui ?"

"Non, monsieur; mais l'homme qui l'a vu monter à bord à Aberdeen dit qu'il boitait beaucoup", répondit A Tsi.

"Il boitait ? Eh bien, j'imagine plutôt que je le connaîtrai, et j'imagine plutôt qu'il me connaîtra", dit Ping Sang d'une voix traînante, "même si je ferai bien attention qu'il ne me reconnaisse pas !"

* * * * *

De chaque côté de l'entrée de l'hôtel Victoria se trouvent généralement une rangée hétéroclite de coolies accroupis au bord du trottoir avec leurs plateaux en natte contenant des friandises, des allumettes ou des cannes à sucre à vendre parmi les pousse-pousse qui vont et viennent. Parmi eux, le lendemain matin, il y avait un gros vieillard vêtu d'un pantalon bleu sale, avec une tunique bleue sale nouée autour de ses épaules nues, réclamant à grands cris des acheteurs tout en attisant un essaim de mouches sur ses cannes à sucre avec son large chapeau en natte. . C'était Ping Sang, et pendant tout ce temps, il gardait les yeux rivés sur l'entrée de l'hôtel. Il avait soudoyé un coolie pour qu'il lui cède sa place pour la journée, et il s'y accroupissait dans cette position extrêmement inconfortable. Tout sportif qu'il était, avec tout son amour du luxe, il ne faisait jamais les choses à moitié, et il restait là dans l'espoir de voir l'Anglais boiteux, tandis que la sueur coulait dans son dos et que même le soleil du matin le brûlait.

Bientôt un coolie — et Ping Sang reconnut A Tsi — sortit de l'hôtel et passa sans apparemment le remarquer, mais il avait l'index de la main gauche étendu, tandis que les autres doigts étaient repliés. Cela signifiait que l'Anglais n'était pas à l'hôtel. Un Tsi revint d'un pas nonchalant. Deux doigts de l'autre main étaient cette fois étendus. Cela suffisait au vieux monsieur. L'Anglais s'était rendu à Aberdeen, où étaient ancrées les deux jonques Amoy. Se levant volontiers, Ping Sang étendit ses jambes à l'étroit, jeta ses deux paniers sur ses épaules avec une perche en bambou et trottina dans la rue principale, essayant d'imiter la démarche habituelle d'un vendeur ambulant. Il y avait plusieurs kilomètres jusqu'à Aberdeen, et il ralentit très vite, laissant tomber de temps en temps une canne à sucre pour alléger son chargement, et arriva finalement aux abords de la ville et à la large route qui longe le bord de la mer. . Finalement, il s'accroupit au détour d'un virage serré de cette route, à l'ombre d'un grand arbre, et attendit devant lui avec ses paniers.

Il s'était arrangé pour qu'A Tsi le suive, et bientôt ce précieux comprador arriva rapidement dans un double pousse-pousse délabré, toujours dans sa robe de coolie et avec un gros paquet sous le bras.

Après bien des marchandages avec le pousse-pousse, qui n'appréciait pas le poids supplémentaire du gros petit bonhomme de Ping Sang, le vieux sportif se leva à côté d'A Tsi, et le coolie les entraîna en sueur et en grognant.

Un demi-mille avant leur arrivée à Aberdeen, la petite baie animée, encombrée de navires indigènes, apparut en vue, et A Tsi montra à son compagnon deux très grandes jonques attachées ensemble au milieu du port.

"Ce sont les deux d'Amoy. Ils sont arrivés il y a deux jours et n'ont pas encore déchargé de cargaison. En fait, ils ne semblent pas en avoir", a déclaré A Tsi. "Si vous voulez bien attendre près du débarcadère, j'irai aux jonques sous prétexte de vendre ce paquet de vêtements confectionnés, et j'essaierai d'en savoir plus sur eux."

Ils arrêtèrent le pousse-pousse à quelques centaines de mètres du centre du village, payèrent leur coolie grincheux, puis Ping Sang descendit péniblement jusqu'au débarcadère avec ses paniers de cannes à sucre et s'accroupit au bord de la route, malgré le bruit. regards hostiles des vendeurs déjà présents.

Un Tsi le suivit à quelque distance, monta dans un *sampan* et fut emmené en godille vers les jonques.

Ping Sang le regarda grimper sur les flancs du navire ; mais presque immédiatement après, il remarqua qu'une bagarre avait lieu et vit A Tsi jeté par-dessus bord et, manquant son bateau en dessous, tomber dans un clapotis dans la mer, son paquet et tout. Il a nagé jusqu'au rivage facilement et a grimpé sur la plage avec un visage très triste, au milieu des éclats de rire des coolies du bord de mer, qui s'étaient rassemblés pour voir la fête.

En dépassant Ping Sang, il fit un signe préalablement convenu, signifiant que l'Anglais était à bord, puis il entra dans un restaurant de l'autre côté de la route.

A peine A Tsi avait-il disparu qu'un pousse-pousse arriva en courant, un Chinois en sauta, jeta une pièce d'argent par terre et courut jusqu'au bord de l'eau, monta dans un *sampan* , et exhorta le batelier à se précipiter vers les deux mêmes jonques. . Ping Sang a juste aperçu son visage et il lui semblait familier, mais là où il l'avait vu auparavant, il ne pouvait pas réfléchir. Il le regarda monter à bord des jonques et se demanda s'il subirait lui aussi le même traitement brutal ; mais il ne reparut pas : il leur appartenait évidemment.

Le vieux monsieur se creusait la tête, mais ne parvenait pas, malgré ses efforts, à se souvenir de ce visage.

Une heure passa, la cloche du petit chantier naval sonna, et les ouvriers se précipitèrent vers leur dîner, et Ping Sang, après son exercice inhabituel, eut très faim et désira ardemment son luxueux déjeuner habituel et son cigare de Manille. Il se sentait même ennuyé que lui, l'un des hommes d'affaires les plus intelligents de l'empire chinois, soit un tel échec en tant que colporteur, car personne ne voulait acheter chez lui. En désespoir de cause, la faim a vaincu son dégoût et il a mâché une de ses propres cannes à sucre, souriant sinistrement devant ce repas peu appétissant. Bientôt, la foule fut dispersée par un pousse-pousse double coolie. Les hommes, en uniformes criards, s'arrêtèrent près de lui, et peu après, car il gardait toujours les yeux sur les jonques, il aperçut un Européen en casque blanc descendre dans un bateau à quai et venir vers le rivage.

Le *sampan* craqua contre le rivage, et l'homme blanc sortit et remonta lentement en boitant le débarcadère en pente, scrutant les visages des hommes de chaque côté.

L'hypothèse de Ping Sang était correcte. Il était l'un des trois hommes — l'Anglais des « Trois Mystérieux » — dont il avait parlé dans sa première lettre à Helston — l'aventurier le plus téméraire du groupe.

Ping Sang pensait qu'il y avait peu de chances qu'il soit reconnu, mais il prit la précaution de mettre son large chapeau sur ses yeux et de se pencher sur ses paniers. Il fut également frappé par le fait que ses épaules et son dos n'étaient pas crasseux et noircis par le soleil, et il enfilait précipitamment sa tunique sale par-dessus, lorsqu'on lui toucha lourdement le ventre, son chapeau fut arraché et, debout au-dessus de lui se trouvait le Anglais, éclatant de rire.

"Demandez son permis à cet homme !" » a crié l'Anglais, et un grand policier sikh a fait de même. Ping Sang n'en avait pas – la seule chose qu'il avait oubliée dans son « maquillage » – et il fouilla dans sa ceinture pour se donner le temps de réfléchir. Il sortit deux de ses cigares préférés, enveloppés dans du papier argenté (il les avait gardés pour les fumer sur le chemin du retour, à la tombée de la nuit), et ils valaient plus que ce qu'un colporteur pouvait gagner en un mois.

Il les saisit précipitamment, mais le policier était trop vif pour lui et le releva d'un mouvement impitoyable de sa natte.

"Voleur ! voleur !" » grogna la foule très amusée qui s'était rassemblée autour d'eux.

Le pauvre vieux Ping Sang était abasourdi et, bien que prêt à faire face à la plupart des urgences lorsqu'il était vêtu de ses vêtements habituels, il n'avait plus un mot à dire. En fait, les pensées et les mots ne viennent pas rapidement lorsque votre cuir chevelu est presque arraché à chaque mouvement.

La foule s'écartait tandis que l'énorme Sikh se frayait un chemin, et Ping Sang dut forcément le suivre, essayant en vain de soulager sa natte.

L'Anglais les a accompagnés au poste de police et l'a accusé d'avoir volé les cigares. Avant que Ping Sang ne réalise ce qui s'était passé, on lui a passé des menottes aux poignets et on l'a enfermé dans une pièce. Alors que la porte se refermait derrière lui, il entendit l'Anglais dire au sergent qui commandait :

" C'est un méchant doublement teint, sergent ; j'ai été un de mes serviteurs ; j'ai dû me débarrasser de lui pour avoir piqué mes affaires. Il y en a un autre quelque part dans les environs, et si vous me prêtez quelques-uns de vos hommes, je vous le ferai. ayez-le ici en un rien de temps.

Le cœur du pauvre vieux Ping Sang se serra, car si A Tsi était également attrapé, personne ne saurait ce qu'ils étaient devenus. Ils pourraient être en prison pendant une semaine ou plus avant d'être identifiés, et pendant ce temps, les navires d'Helston arriveraient, et aucun mot d'avertissement ne pourrait leur parvenir, sauf de la part de Ho Ming, qui, il le savait bien, était inutile en cas d'urgence.

Un Tsi, cependant, avait vu tout l'incident depuis une fenêtre supérieure du restaurant, où il avait fait sécher ses vêtements.

L'affaire était évidemment préméditée. Quelqu'un a dû donner des renseignements sur la présence de Ping Sang, et il ne restait aucun doute que cet Européen qui boitait était l'Anglais que Ping Sang, la nuit précédente, avait dit connaître probablement.

Maintenant, le vieil homme était en état d'arrestation, et jusqu'à ce qu'il puisse être identifié et libéré, tout plan d'action serait retardé, et le syndicat des pirates gagnerait ainsi beaucoup de temps.

Il était inutile qu'il se rende au commissariat de police et déclare que ce vieux vendeur ambulant n'était autre que le marchand le plus riche de Chine et le président de l'Association commerciale, car lui-même était un objet sale et d'apparence peu recommandable, et il serait probablement applaudi. en prison pour complicité.

Non; il doit regagner Ho Ming le plus rapidement possible.

Il descendit les escaliers branlants et était sur le point de sortir dans la rue, lorsqu'il aperçut l'Européen accompagné de deux policiers sikhs qui se dirigeaient droit vers la maison, menés par des hommes gesticulants qui l'avaient vu entrer.

Il lui vint à l'esprit que quiconque avait vu Ping Sang les avait vus ensemble, qu'il allait maintenant être pris sous une accusation de tromperie, et il savait très bien que, à moins qu'il ne puisse s'échapper, leur situation difficile ne serait peut-être pas connue avant des semaines.

Il se dirigea vers l'arrière de la maison, mais l'aubergiste, déjà méfiant à son égard, lui barra le passage et il s'enfuit de nouveau par les escaliers non surveillés, cherchant avec impatience un endroit où se cacher, mais les pièces étaient aussi nu comme une grange. Il a ensuite couru vers les vitres arrière pour voir s'il pouvait sauter au sol ; mais même s'il le faisait, il n'y aurait pas d'échappatoire depuis la cour derrière, car deux murs, trop hauts pour être escaladés, remontaient jusqu'à la face de la colline, qui ici était taillée dans une falaise perpendiculaire.

Il entendait déjà le bruit de lourdes bottes dans les escaliers et, désespéré, il était sur le point de sauter et d'escalader les murs, lorsqu'il remarqua soudain qu'à côté de cette maison se trouvait un petit temple ou maison d'encens, et qu'une sculpture grotesque au coin de l'un des avant-toits en saillie dépassait à portée de saut. Une fois sur le toit du temple, il pourrait grimper jusqu'à quelques bâtiments plus bas derrière et trouver éventuellement un endroit où se cacher.

C'était sa seule chance ; alors, sans hésiter, il ôta ses chaussures, grimpa comme un singe sur le toit au-dessus de lui, rampa jusqu'au bord, se balança en vacillant et sauta vers le dragon doré à sept ou huit pieds de lui.

Alors qu'il sautait, il arriva en vue de la rue et entendit un cri de la foule ; mais cela ne fit que lui permettre de s'agripper plus fermement alors qu'il tombait sur le dragon souriant, le bois pourri craquant et craquant alors qu'il se hissait au sommet de la maison d'encens.

Avançant prudemment, il sauta vers les bâtiments les plus bas derrière lui et vit, à sa grande joie, qu'ils étaient construits tout contre les falaises, qui étaient ici beaucoup moins abruptes et pourraient éventuellement fournir un point d'appui. S'il pouvait seulement grimper jusqu'au sommet, il pourrait atteindre Ho Ming à travers la montagne ; ainsi, s'accrochant aux buissons et aux touffes d'herbe, se hissant de rocher en rocher, il gravit péniblement son chemin vers le haut. En regardant par-dessus son épaule, il a vu un policier sikh le suivre. L'homme sauta du toit du restaurant jusqu'au restaurant ; mais le dragon, déjà craquelé, se brisa sous son poids, et il tomba dans la cour en contrebas.

Cela fit sursauter momentanément A Tsi, car ils ne pouvaient désormais monter sur le toit qu'en escaladant les piliers devant la maison des joss, ce qui était une chose difficile à faire.

La foule dans la rue a commencé à lui jeter des pierres et plusieurs l'ont frappé, mais en désespoir de cause, il a grimpé de plus en plus haut, enfonçant ses orteils meurtris dans chaque crevasse qui lui permettrait de prendre pied, tantôt glissant et envoyant une pluie de pierres, tantôt gagnant un mètre. ou deux. Ses mains saignaient et engourdies par la douleur alors qu'il se frayait un chemin, jusqu'à ce que, avec un halètement de soulagement, il se tortilla et se fraya un chemin jusqu'au sommet, et dans un dernier effort se balança par-dessus le bord et roula essoufflé dans des buissons.

Regardant prudemment par-dessus le bord, il vit plusieurs coolies grimper après lui, tandis que l'Anglais et les Sikhs encourageaient leurs efforts d'en bas.

Une fois arrivés au sommet, il savait qu'il serait capturé en un rien de temps, car avec ses pieds nus et son manque d'entraînement, il ne pouvait espérer distancer ces robustes coolies dans une poursuite à flanc de montagne.

Alors qu'il s'agrippait au bord, se demandant quoi faire de mieux, il déloge accidentellement une pierre. Il roulait et faisait hésiter les grimpeurs. Voyant immédiatement l'opportunité, il déchira sauvagement tout ce qu'il pouvait desserrer et le lança sur ses poursuivants. Le premier fut touché à la main et glissa de quelques pieds avant de pouvoir se redresser. Un autre avait les yeux remplis de terre et de sable, puis, avec un grand soulagement, A Tsi les vit tous reculer, glisser et glisser jusqu'au toit de la joss-house, malgré les menaces et les cajoleries de la police.

Puis il vit la foule affluer sur la route et comprit que ses poursuivants monteraient par un autre chemin. Se levant, il commença péniblement à gravir le versant densément boisé des pentes de la montagne. Il était désormais libéré de tout danger immédiat, mais devait rejoindre Ho Ming sans délai. Il n'osait pas descendre sur la route principale, car la police serait sûre de le surveiller, et d'ailleurs il n'osait entrer en ville qu'à la tombée de la nuit, car il saignait de nombreuses coupures et ses vêtements étaient en lambeaux. .

C'était un chemin terriblement long et un travail terriblement dur pour gravir la montagne jusqu'au sommet, mais il devait le faire et attendre la nuit avant de prendre l'une des routes menant à la maison de son maître.

Heure après heure, il grimpait péniblement et lentement, s'orientant grâce au soleil et apercevant parfois le port sous lui.

Bientôt, il arriva dans une grande clairière, traversa la pente devant lui et vit tout le panorama du port en contrebas luisant au soleil, et les sombres chaînes de montagnes du continent se profilant derrière lui. Les minuscules bateaux qui allaient et avançaient étaient les ferry-boats pour Kowloon, et, comme des bateaux-jouets, se trouvaient plusieurs croiseurs anglais.

Alors qu'il restait haletant sous l'effort, la détonation d'un fusil montait d'en bas, puis une autre et une autre à intervalles réguliers. Un salut d'homme de guerre ! Il fouilla le port en contrebas, mais ne vit aucun signe de fumée de poudre. Rapidement, il jeta un coup d'œil vers les eaux étroites du Lyemoon Pass, sachant que les navires de guerre arrivaient habituellement par cette entrée, puis d'un petit objet noir en mouvement sur l'eau, il vit jaillir une petite boule de fumée blanche, et bientôt le rapport lui parvenait doucement. Il en compta dix-neuf, puis vingt et vingt et un, et comprit suffisamment pour savoir qu'il s'agissait d'un navire de guerre étranger saluant le drapeau britannique.

Se jetant sur l'herbe grossière, il regarda le point noir se rapprocher de plus en plus, et alors qu'il émergeait des ombres sombres de la passe de Lyemoon, il vit qu'il était suivi de cinq autres, les trois derniers n'étant que de simples points sur la mer.

Peu à peu, la petite escadre devint plus distincte, et il put distinguer deux croiseurs avec des mâts et des toupies militaires en tête, un navire marchand à cheminée courte et trapue, puis trois destroyers. Enfin, l'escadre de Helston était arrivée, un jour avant l'heure prévue, et, à moins qu'il ne puisse donner un avertissement, les navires courraient le plus grand danger avant la fin de la nuit.

Pas un instant ne devait être perdu, si péniblement il continua, rampant autour des rochers et se frayant un chemin à travers les sous-bois jusqu'à arriver aux abords des villas au sommet du Pic. Se glissant derrière les murs du jardin et les haies épaisses, il se dirigea, sans être vu, jusqu'à la ceinture d'arbres et de buissons qui bordait la route, parmi lesquels il espérait se cacher jusqu'à ce que le crépuscule lui permette de descendre vers la maison de son maître.

La fortune, cependant, lui était favorable, car qui verrait-il vaciller aussi vite que ses grosses petites jambes pouvaient le porter, sinon ce joyeux petit tailleur Hong Sing, avec un gros paquet de vêtements sous le bras. Il le connaissait bien et l'appelait par son nom dès qu'il s'approchait. Le petit homme jeta un regard effrayé autour de lui et se serait enfui si A Tsi ne l'avait saisi par le bras et ne l'avait entraîné dans les buissons.

Une fois calmé, Hong Sing expliqua les choses à la hâte.

Heureusement, le petit homme revenait d'avoir essayé des vêtements pour un client et avait dans son paquet suffisamment de vêtements pour faire de A Tsi un majordome d'apparence respectable. Il n'avait pas de chaussures, mais Hong Sing savait où il pouvait en emprunter une paire dans une maison voisine, et moins d'une demi-heure plus tard, A Tsi marchait hardiment sur la route avec son escorte.

Alors qu'ils approchaient de la résidence de Ho Ming, A Tsi resta en arrière, tandis que Hong Sing continuait en reconnaissance ; mais tout était sain et sauf, et le fidèle comprador avait enfin accompli la première partie de sa tâche.

Ho Ming était déjà revenu de son bureau, mais il était très difficile de le faire agir avec énergie. Comme la plupart des Chinois, il avait la plus grande peur de la loi et de ceux qui l'appliquaient. Il était plus poli et obséquieux envers un sergent de police qu'envers le marchand le plus riche de la colonie, et il fallut longtemps avant qu'A Tsi puisse le persuader de prendre des mesures immédiates pour la libération de Ping Sang. Il n'avait même pas entendu parler de l'arrivée de l'escadron et marchait rapidement dans la pièce en déplorant l'absence de Ping Sang et sa propre impuissance. "Que puis-je faire ? Que puis-je faire ?" C'était tout ce qu'il pouvait dire.

" Allez immédiatement voir le chef de la police et renflouez M. Ping Sang ; ils le feront pour vous. Demandez-leur de télégraphier à Aberdeen pour l'envoyer au quartier général avec une escorte. Écrivez une lettre au capitaine Helston avant allez-y, je le monterai à bord et je l'avertirai du danger.

"Oui, oui, nous devrions le faire", balbutia Ho Ming, déjà tremblant à l'idée d'interroger le chef de la police, et s'assit pour écrire une lettre, tandis qu'A Tsi s'en allait changer ses vêtements de majordome pour certains de ses vêtements. maîtrise.

Avec la lettre dans sa poche, A Tsi loua une chaise avec quatre coolies robustes et fut bientôt transporté jusqu'à Murray Pier, au large duquel la petite escadre était maintenant à l'ancre, et, prenant un *sampan*, se gara le long du *Laird*.

CHAPITRE IX

Capitaine Helston blessé

Ping Sang kidnappé – Cummins donne des conseils – Une évasion de justesse – Les craintes de Helston – Une recherche vaine – Un échange de prisonniers

Le récit est poursuivi par le Dr Fox

Nous sommes arrivés à Hong-Kong dans l'après-midi du 22 décembre, après un voyage sans incident depuis Singapour, et avons reçu l'autorisation de nous amarrer aux bouées de l'Amirauté.

Helston s'attendait à ce que Ping Sang monte à bord immédiatement et était plutôt contrarié qu'il ne se présente pas. Il est encore très nerveux et irritable, et la soirée glaciale l'a amené à se plaindre de nouveau de ses rhumatismes, bien qu'il semble certainement avoir beaucoup amélioré sa santé et son moral depuis qu'il s'est débarrassé des destroyers patagons et qu'il a jusqu'à présent ramené ses navires en sécurité.

Lui et moi fumions dans sa cabine arrière et décidions si nous attendrions Ping Sang plus longtemps ou si nous allions débarquer, dîner au Club, et ensuite essayer de retrouver le vieux monsieur, lorsque Pritchard, l'officier de la montre, rapporta une lettre.

Helston le déchira précipitamment. Je vis tout de suite qu'il contenait de mauvaises nouvelles, mais il me le remit sans dire un mot et sonna le quartier-maître pour faire descendre le messager.

La lettre provenait d'un certain M. Ho Ming, dont nous n'avions jamais entendu parler.

"CHER CAPITAINE HELSTON,

"Je ne sais pas quoi dire. Mon comprador vous apporte ceci et vous pouvez lui faire confiance. Il s'appelle A Tsi. Il sait tout. Vous courez le plus grand danger. M. Ping Sang a été jeté en prison cet après-midi. et il y a une terrible conspiration visant à couler vos navires. Dans une grande hâte et dans une grande détresse,

"Respectueusement votre,

"HO MING."

A peine l'avais-je lu qu'apparut le porteur de la lettre, un Chinois d'aspect honnête, non marqué par la variole. Il paraissait épuisé, avait de nombreuses écorchures au visage et aux mains, et je vis qu'une tache de sang avait imprégné la manche droite de son manteau de soie.

Il raconta son histoire d'une manière très directe et franche, et ne se laissa pas déranger en la racontant, même si Helston ne cessait de lui poser constamment des questions inutiles, voulant connaître la fin de l'histoire avant même d'avoir à peine commencé. Je l'admirais pour son entêtement — même si je déteste généralement les Chinois — et pour son courage, car il était visiblement sur le point de s'effondrer. En fait, ses jambes faillirent céder sous lui à plusieurs reprises, et finalement j'avançai une chaise et le fis asseoir.

Helston parut quelque peu soulagé lorsque l'histoire eut été racontée, car, en fait, il y avait peu de preuves d'un danger immédiat, et l'idée de Ping Sang le sybarite enfermé en prison comme un vulgaire voleur était quelque peu amusante.

Mais à peine avait-il fini que Pritchard descendit de la dunette, suivi d'un indigène qui était l'un des plus grands que j'aie jamais vu, et aussi mince qu'une latte. Il était dans un état extrêmement excité, s'est affalé sur une chaise, a dit qu'il s'appelait Ho Ming et a commencé à se tordre les mains.

« M. Ping Sang a disparu », a-t-il éclaté ; "Parti, personne ne sait où. Je vais voir le chef de la police et je lui dis qui est Ping Sang. Il est parfaitement satisfait si je reste en liberté sous caution. Téléphone au poste de police d'Aberdeen pour qu'il soit envoyé. Ils répondent : "Le maître du " L'homme arrêté cet après-midi a retiré son accusation et l'a emmené. " Que devons-nous faire ? Que devons-nous faire ?

Il était dans un état d'inquiétude très intense, pitoyable à voir, même chez un Chinois.

"Phew!" s'écria Helston, cela rend les choses plus sérieuses. Savaient-ils où il était allé ?

"Je n'attends pas", gémit Ho Ming. "Je viens vers toi rapidement."

Il y eut un silence pendant quelques secondes pendant que Helston et moi nous regardions, car si Ping Sang avait effectivement été kidnappé par ce scélérat d'Anglais, ce serait un événement des plus désastreux pour notre expédition, car il était le chef et le cerveau du Trading. Association, et c'est par son intermédiaire, et grâce à son énorme crédit dans toute la Chine, que les lourdes dépenses de l'escadre durent être couvertes.

Sans lui, il était presque impossible de déménager, car je savais pertinemment que les fonds dont Helston avait été approvisionné au départ étaient presque épuisés.

"Voyez ce que Cummins a à dire à ce sujet !" avons-nous tous deux suggéré, brisant le silence.

Cummins était le commandant du *Laird* et, même au cours des quelques mois où le navire était en service, il était devenu le seul homme sur lequel on pouvait compter en cas d'urgence, que ce soit pour des conseils ou des actions. De petite taille, avec un corps un peu maigre et des épaules très inclinées, sa tête paraissait trop grosse pour son corps et son long nez mince trop gros pour sa tête. Ce n'est que lorsqu'il parlait, ce qu'il faisait rarement, que ses yeux gris rêveurs commençaient à s'illuminer, et ils eurent alors le scintillement le plus humoristique du monde. C'était un grand mathématicien, il avait été lieutenant de torpille et on le prenait pour un philosophe rêveur jusqu'à ce qu'on voie ses yeux scintillants se changer en yeux d'acier et ses lèvres un peu efféminées et indécises se durcir. C'était seulement lorsqu'il avait un gros travail à entreprendre ou une décision importante à prendre.

Il entra, vêtu comme d'habitude, sans se soucier de son apparence, d'une vieille veste de singe mal ajustée, dont les poches étaient grossièrement cousues sur les côtés, car il avait toujours les mains dedans et les usait rapidement. Il mâchait son habituel cure-dent en bois, en mordait de petits morceaux qu'il mettait soigneusement dans sa poche de gauche, tandis qu'il en transportait une réserve de neufs dans celle de droite.

Quand il parlait, il commençait toujours par un petit rire idiot qui était nettement irritant – pour moi en tout cas.

Il parut vaguement amusé de la présence des deux Chinois et des détails de la crise que lui racontait Helston.

"Que conseillez-vous?" » demanda Helston en mordant ses mots, comme il le fait toujours lorsqu'il est excité. "Quoi que nous fassions, nous devons le faire rapidement."

« Heugh ! heugh ! heugh ! gloussa Cummins, sortant un nouveau cure-dent de sa poche, "Je devrais d'abord donner du cognac à cette crique", désignant A Tsi, qui avait l'air plutôt malade, et il nous sourit doucement, s'éloigna vers un coin de la cabine. où Helston gardait ses cigares et en allumait un, tandis qu'un domestique apportait la boisson et allumait la lumière électrique, car à ce moment-là il faisait nuit.

De temps en temps, il laissait échapper un rire irritant, comme s'il était immensément amusé par toute cette histoire, tandis qu'Helston l'observait avec une impatience mal dissimulée, sachant qu'il était inutile de le presser.

Puis, se retournant brusquement, il donna son conseil :

"Communiquez avec la police, monsieur, et faites retrouver Ping Sang. Obtenez des mandats de perquisition et fouillez toutes les ordures quittant Hong-Kong cette nuit. Cet Anglais a un long départ, mais il n'y a pas de vent à proprement parler, et si s'il essaie de l'emmener sur le continent, nous pourrions l'attraper si vous envoyiez les destroyers immédiatement. Cet homme – celui avec le cognac – reconnaîtrait peut-être la jonque. Envoyez-le avec Parker (« n° 3 ») ; il est le plus intelligent des trois et s'enfuira probablement le premier. Je monterai et ferai les signaux nécessaires, et je ferai envoyer leurs projecteurs depuis le *Sylvia*. Ils pourront peut-être s'enfuir dans une heure.

Sans attendre le « Très bien, Cummins, continuez » de Helston, il monta sur le pont d'un pas nonchalant et nous l'entendîmes chanter pour le signaleur ; puis , baissant la tête par la lucarne, il rit ; " Heugh ! heugh ! heugh ! Ne vous inquiétez pas pour votre ami chinois, monsieur ; ils ne lui feront pas mal à un cheveu de la tête. Ils voudront l'échanger contre ce coquin de Hopkins. "

"Bénis mon âme, je n'y avais jamais pensé !" s'écria Helston, très soulagé ; "Je n'ai jamais pensé à ça!"

La cuisine du capitaine étant rappelée, lui et moi débarquâmes, emmenant Ho Ming avec nous.

Nous avons atterri à Murray Pier et avons dû traverser une foule de Chinois curieux.

Helston me saisit le bras et murmura avec enthousiasme : « Il y a certaines de ces brutes qui m'ont suivi à Londres. Sortez vite de là, mon vieux ! Je pensais qu'il se trompait probablement et j'attribuais cela à sa nervosité, mais lorsque nous sommes montés dans des pousse-pousse et avons été conduits rapidement dans la rue, je pourrais jurer que plusieurs se sont détachés de la foule et nous ont suivis dans l'ombre sombre des arbres. de chaque côté.

Cependant, il n'y avait aucune trace d'eux lorsque nous atteignîmes la route principale.

Par chance, nous avons trouvé le chef de la police au quartier général et il a téléphoné à Aberdeen pour plus d'informations.

Ping Sang avait été déchargé depuis deux heures et embarqué à bord des jonques Amoy, dont l'une était alors en train de naviguer.

Il écoutait avec impatience pendant que le chef de la police parlait au téléphone.

"A-t-elle quitté le port ?" ... "Eh bien, tu ne peux pas la suivre ?" ... "Et le bateau à vapeur ?" ...

« Elle est déjà hors du port, » dit-il en se tournant vers nous et en branchant le combiné téléphonique, « et leur bateau à vapeur est en réparation et ils ne peuvent pas l'arrêter. J'enverrai d'ici un de nos patrouilleurs. pour lui couper la parole.

"Mes destroyers doivent être prêts à ce moment-là", intervint Helston, "et si vous établissez des mandats de perquisition, je l'attraperai avant qu'il ne puisse traverser le continent."

"Les mandats prendraient du temps", répondit le fonctionnaire, "et je devrais voir le gouverneur. Le patrouilleur doit s'éloigner immédiatement."

Mais pour une fois, Helston se décida. « Avec ou sans mandat, je fouillerai toutes les jonques en route ce soir », dit-il avant de sortir de la pièce avec impatience.

« Je me fiche de ce que vous faites, en dehors des limites du port », me dit le chef de la police tandis que je suivais Helston ; "et c'est une nuit très sombre, et personne n'en saura rien."

Ho Ming nous accompagnant, nous descendîmes à l'hôtel Victoria et, après quelques difficultés (car tout ce que nous savions de l'Anglais, c'était qu'il boitait), nous constatâmes qu'il n'était pas revenu à temps pour le dîner, comme c'était son habitude.

En revenant de l'hôtel, j'ai cru à plusieurs reprises entendre le crépitement de pieds doux derrière moi, alors que je ne voyais personne. Cependant, pour atteindre Murray Pier, nous avons dû contourner le terrain de cricket et, alors que nous passions devant celui-ci, j'ai vu deux silhouettes sombres se précipiter vers les arbres qui bordaient la route sur le côté, et je me suis immédiatement rendu compte que : s'ils voulaient faire du mal, ils pourraient nous y conduire.

Avec une inspiration soudaine, j'ai chanté à Helston, qui était devant moi : « Faites la course jusqu'à la jetée pour un dollar, mon vieux ! et j'ai appelé mon coolie : "Fi tee, fi tee ! Tu l'as battu, camarade lickshaw, une demi-dollah peut le faire."

Cela suffisait aux coolies sportifs, et ils couraient comme des fous au coin de la rue et sur la route sombre.

C'était une chance que nous allions aussi vite, car lorsque nous arrivâmes devant l'unique lumière électrique sur la route, deux coups de pistolet retentirent dans l'ombre sous les arbres, puis un troisième. L'un d'eux s'est brisé à travers les boiseries du pousse-pousse d'Helston, et nos deux coolies de pousse-pousse, avec un cri d'effroi, ont laissé tomber leurs poignées et se sont enfuis pour sauver leur vie. Helston tomba la tête la première sur la route lors de cet arrêt brusque, même si je parvins à peine à me sauver, et en me retournant, j'aperçus un Chinois à deux mètres de moi pointant un pistolet directement sur Helston. Je l'ai frappé avec mon lourd bâton de malacca et je l'ai attrapé au poignet au moment où il tirait de nouveau, le pistolet roulant dans la boue.

JE L'AI FRAPPÉ AVEC MON LOURD BÂTON DE MALACCA

Je l'ai saisi et le Chinois s'est enfui dans l'ombre.

Helston se remit debout et nous sautâmes tous les deux derrière les arbres, le policier de service sur le quai se précipitant vers nous avec son revolver à la main et sifflant vigoureusement.

Ho Ming, que le conducteur du pousse-pousse l'avait laissé tomber vingt mètres derrière, a rampé derrière un autre arbre, et bientôt nous avons eu toute une armée de policiers accourant de différentes directions, l'un d'eux entraînant mon misérable coolie après lui dans la lumière électrique.

Puis sont arrivés certains membres de l'équipage de notre bateau, les civières du bateau à la main, et juste au moment où ils nous atteignaient, Helston tomba soudainement en tas sur la route.

Ils transportèrent Helston jusqu'à la jetée, où il reprit conscience et se releva péniblement. J'ai vu que son bras gauche était cassé. Je l'ai soutenu jusqu'au bateau, je l'ai fait monter à bord en toute sécurité et j'ai arraché ses vêtements pour l'examiner. « J'ai vraiment honte de moi, mon vieux, répétait-il, mais ils m'ont aussi pris dans la poitrine.

L'os a été brisé à cinq pouces au-dessus du coude. La balle aplatie avait alors creusé une profonde rainure dans les muscles de sa poitrine et il avait perdu une grande quantité de sang. Son poignet et son avant-bras étaient également paralysés, donc c'était un très mauvais travail, et il nous a fallu, à moi et à mon chirurgien, le jeune Richardson, une heure et demie avant de le remettre en forme.

Nous aurions dû lui donner du chloroforme et essayer de recoudre le nerf endommagé, mais il ne voulait pas en entendre parler, parce qu'il avait hâte de faire partir les destroyers et de s'occuper de cent détails, après que Cummins eut annoncé leur départ ; et pendant tout le temps que nous étions occupés avec lui, à lui mettre des attelles et à recoudre la blessure dans sa poitrine, les messagers et les signaleurs allaient et venaient sans cesse. Il craignait que l'une ou l'autre des jonques dérive et explose, et se retrouva dans une immense excitation lorsque le *Strong Arm* tarda à signaler "toutes les portes étanches étaient fermées". Alors il pensa qu'il serait bon que les bateaux à vapeur des deux navires patrouillent en rond jusqu'au jour, et il leur fallut beaucoup de temps pour s'embuer, ce qui l'excita encore davantage.

Bien sûr, je savais que Cummins «continuerait» parfaitement sans lui, et je suis certain qu'il le savait aussi, et cette connaissance ne faisait que le rendre encore plus déterminé à tout superviser personnellement.

Finalement, il voulut monter à bord du *Strong Arm* pour constater par lui-même qu'il était prêt à faire face à toute urgence ; mais c'en était trop pour moi, et il se contenta finalement d'envoyer chercher son capitaine, Hunter, pour qu'il fasse son rapport personnellement.

Je lui ai fait dîner – il n'avait rien mangé depuis l'heure du déjeuner – et je l'ai encouragé à prendre un somnifère. Même pas un peu. Il allait rester sur le pont jusqu'au lever du soleil. "Je ne suis pas un bébé, mon vieux ; tout va bien, maintenant tu as réglé le problème ;" et il fit placer une chaise sur le gaillard d'arrière et s'y assit. Cependant, j'ai mis un demi-grain d'opium dans sa tasse de café, et avec cela et avec la tension des dernières heures, il s'est vite endormi profondément, et nous l'avons déplacé, chaise et tout, dans la cabine du navigateur, beaucoup plus au grand soulagement de tout le monde, et particulièrement de Cummins.

Personnellement, je ne croyais pas à la théorie de l'explosion et je ne ressentais aucun intérêt intense ni pour le sort du vieux Ping Sang ni pour les effets que sa disparition aurait sur l'expédition. En fait, toute cette affaire m'ennuyait vraiment et j'aurais volontiers "laché" sans mon copain Helston. Je me suis retourné et j'ai bien dormi, comme, Dieu merci ! Je le fais généralement.

Comme je l'avais supposé, rien ne s'était produit pendant la nuit et, au point du jour, les destroyers n'étaient pas revenus.

Helston avait assez bien dormi, mais, avec la douleur dans son bras et sa poitrine, un violent mal de tête dû aux effets de l'opium et la déception de ne pas avoir récupéré Ping Sang, c'était presque insupportable.

Il avait un grand nombre de visites officielles à effectuer à terre et était également très désireux de « continuer » à bord de ses navires, mais je devais enfin m'entendre définitivement avec lui et lui dire très clairement – et il le savait. Je le pensais sincèrement : je ne resterais plus à bord du navire à moins qu'il ne soit inscrit sur la liste des malades et qu'il ne fasse exactement ce qu'on lui a dit de faire. S'il continuait à faire l'imbécile, j'ai juré que je me rendrais invalide et, peut-être l'argument le plus puissant de tous, même si je crois qu'il ne m'aurait pas laissé l'abandonner pour rien au monde, je lui ai assuré que s'il persistait à refuser si je suivais mes conseils, sa santé se détériorerait très certainement, il serait obligé d'abandonner le commandement, et alors quel espoir aurait-il un jour de gagner cette inconstante petite Jade Milly.

Finalement, nous l'avons mis au lit - j'ai été horrifié de voir à quel point il était devenu maigre - et je lui ai donné un autre somnifère, j'ai assombri sa cabine, j'ai attaché une corde à la dunette pour éviter que les pieds ne lui piétinent la tête, et bientôt il je me rendormis, dormant profondément jusqu'à l'après-midi.

Il avait l'air beaucoup moins hagard à son réveil, mais je l'ai gardé au lit.

"Combien de temps vas-tu me garder ici, mon vieux ?" » demanda-t-il piteusement.

"Encore deux jours au minimum", lui dis-je.

Les destroyers étaient revenus dans l'après-midi sans avoir réussi leurs recherches.

Au cours des jours suivants, la police fouilla, sans résultat, toutes les ordures du port et tous les endroits où l'Anglais aurait pu se cacher ou cacher Ping Sang. La deuxième jonque Amoy s'est avérée ne contenir aucune cargaison suspecte, mais, pour autant, elle a été soigneusement surveillée, pour donner un avertissement précoce de toute tentative de trahison, car Cummins doutait toujours à son sujet et n'a relâché aucune précaution pendant ces de longues nuits.

Le jour de Noël passa et Helston put se promener dans les mess décorés de façon criarde, dirigé par notre groupe amateur jouant ces airs atroces, "The Roast Beef of Old England" et "For he's a jolly good camarade", et tout le monde se sont gavés comme d'habitude au déjeuner et ont ensuite dormi comme des boa constricteurs dans leurs cabines.

Je suppose que je suis trop vieux pour la vie marine, car les soi-disant festivités de Noël à bord du navire m'ennuient jusqu'à la distraction. La nuit, les aspirants avaient ce qu'ils appelaient un chant dans la salle d'armes, à laquelle la salle d'armes *du Strong Arm avait été invitée*. Ils ont fait le bruit le plus dégoûtant – cela me met en colère d'y penser même maintenant – et ont eu la confondante impudence de m'inviter à descendre, car ils voulaient tous boire à ma santé.

On en avait parlé à ce sujet, mais pour moi, Helston aurait été tué.

Pourriture parfaite ! mais c'était là ; et le sous-marin et l'aspirant principal sont venus dans ma cabine après que je me sois retourné et m'ont pressé de descendre, même pendant cinq minutes.

Je lisais un chapitre préféré de *Sartor Resartus de Carlyle* – quel cynique mordant cet homme était ! – et je détestais être dérangé, alors je leur ai dit d'aller à Jéricho et j'aurais aimé avoir le pouvoir de les y envoyer, tout le sac de trucs.

Aucune nouvelle de Ping Sang n'était arrivée, et même si Helston s'inquiétait naturellement, Cummins était toujours convaincu que, comme il avait été kidnappé uniquement pour être échangé contre Hopkins, nous entendrions bientôt parler de lui.

Et c'est ce qui s'est passé, car une lettre est arrivée un matin, apparemment écrite par l'Anglais boiteux et postée de Macao, la ville portugaise à l'embouchure du fleuve de l'Ouest.

Il s'est signé Chas. R. Hamilton, et suggère un échange de prisonniers. Je cite un extrait de sa lettre comme démontrant son impudence sans limite et sa connaissance évidente du fait que nous étions pieds et poings liés alors que Ping Sang était en son pouvoir.

"... En menant la guerre contre le gouvernement chinois à Pékin (guerre, comme il l'appelait, pas piraterie !), nous n'imaginions pas que nous aurions

l'honneur de rencontrer des navires pilotés par mes propres compatriotes...
Ping Sang, vous pourriez être heureux de l'entendre, est en bonne santé, mais
a hâte de revenir vers vous car, si je comprends bien, la suite de vos
démarches dépend pratiquement de son aide financière.

"Comme il est d'une si grande importance, je suis naturellement réticent à me
séparer de lui ; mais malheureusement j'ai entendu dire que vous avez à bord
de votre navire un vieil ami à moi, Reginald Hopkins, et si vous pouviez vous
priver de sa société, nous pourrions, en bref, échangeons nos deux invités
malgré eux...

"En organisant les détails d'un tel échange, je dois d'abord vous demander
de me donner votre parole d'honneur que vous ne tenterez aucune trahison
pendant le transfert, ni n'essaierez, une fois l'échange effectué, de suivre ou
d'interférer avec Hopkins.

"Je vous suggère d'envoyer un destroyer à Macao avec votre réponse. A son
arrivée, un homme donnant mon nom montera à bord et recevra la lettre. Si
cela vous est favorable, je vous écrirai alors de nouveau et je regrette
seulement que mon éloignement de Macao puisse causer beaucoup de retard.

"A défaut de réponse, je conserverai bien entendu Ping Sang..."

Nous avons eu un conseil de guerre après le dîner ce soir-là, c'est-à-dire
Cummins et Helston, car moi-même je me contentais de m'asseoir près du
feu et de fumer, et refusais de donner aucun conseil même lorsqu'ils me le
demandaient.

Je suis payé pour participer à cette escapade idiote en tant que médecin, et je
les verrai d'abord pendus avant d'interférer avec leur travail. Je ne les laisserais
certainement pas se mêler du mien. S'ils suivaient un conseil que je leur
donnais et qu'il échouait, je n'en entendrais jamais la fin, ou, si par hasard ils
réussissaient, ils se féliciteraient mutuellement et prétendraient et croiraient
aussi que c'était leur planifier tout au long ; il valait donc bien mieux fumer
ma pipe et garder pour moi mes propres idées.

Finalement, ils décidèrent d'organiser l'échange, bien que Cummins semblait
personnellement opposé à une telle procédure, estimant qu'il était bien au-
dessous de notre dignité de traiter avec un tel homme.

CHAPITRE X

Le destroyer « n° 1 » rencontre son destin

Pour libérer Ping Sang – Piégé – « N° 1 » désactivé – Un acte de bravoure – Naufrage – Le pauvre « N° 1 » disparaît

Le récit de M. Glover se poursuit maintenant

Les trois jours qui ont suivi l'assassinat du capitaine Helston (son barreur m'a dit qu'il aurait probablement été tué sans le Dr Fox) ont été des plus excitants. Puis les choses se sont calmées et sont devenues plutôt monotones. Cependant, nous n'étions pas autorisés à débarquer après le coucher du soleil. Le capitaine Helston ne voulait pas qu'il nous arrive quoi que ce soit à nous, les aspirants, et c'était une nuisance, car nous manquions beaucoup de divertissements – danses et autres.

Nos gens de la salle d'armes ont joué dans la salle d'armes *de Strong Arm* à Socker dans la Happy Valley et leur ont fait tomber « la peau et les cheveux » ; et c'était une certaine consolation, car ils avaient été plutôt optimistes. Nous avons également fait un pique-nique dans la pinasse à voile jusqu'à Deep Bay, ce qui était très amusant, même si nous étions tous mouillés en revenant, et cet idiot de Dumpling a laissé tomber le pain dans l'eau pendant qu'il pataugeait à terre avec.

J'avais été renvoyé au *Laird* du "No. 3" et à Tommy Foote (Toddles) du "No. 1", et la veille du Nouvel An, nous faisions une petite fête dans la salle d'armes - nous avions demandé pour une demi-heure de lumières supplémentaires, lorsque Jeffreys, notre sous-lieutenant, fut appelé par le commandant.

Nous pensions que c'était à cause de la dispute que nous faisions, mais il est revenu et a dit à Tommy de préparer ses affaires et de se tenir prêt à monter à bord du "No. 1" à l'aube.

"No. 1" a sonné le matin, mais est revenu à temps pour le thé aux sept cloches. Tommy n'avait pas grand-chose à dire. Ils s'étaient précipités vers Macao et M. Pattison, le capitaine, avait remis une lettre à un Chinois qui était arrivé dès leur mouillage.

C'était tout, et il ne s'est rien passé de plus pendant sept ou huit jours, pendant que nous devions travailler à l'école, les mathématiques et la pourriture théorique des torpilles et d'autres choses.

Mais ensuite les rumeurs se sont multipliées, et un jour nous avons appris que tout le matériel de Hopkins était en train d'être emballé – vous vous souvenez de lui, le secrétaire yankee qui était en état d'arrestation depuis qu'il avait quitté Colombo – nous nous sommes souvent demandé pourquoi.

Tommy Foote fut de nouveau envoyé au « n° 1 » et lorsque le lendemain matin, M. Pattison monta à bord pour prendre les dernières commandes, il devait évidemment emmener Hopkins avec lui.

Vous pariez votre vie que j'avais très envie d'aller avec Tommy et de voir le plaisir, car il y avait évidemment quelque chose dans le vent ; alors j'ai demandé à M. Pattison de m'emmener aussi. Vous voyez, j'avais plutôt une certaine attirance pour lui, car il était très gentil avec ma cousine Milly ; alors il a demandé au commandant et je suis parti.

Nous avons traversé le canal Ouest, et Tommy et moi pensions que nous allions à nouveau vers Macao, mais nous avions tort, et il s'est avéré que notre destination était une petite île à environ soixante milles de là, du moins je devrais penser que c'était cette distance. car nous roulions à une quinzaine de nœuds, et il nous fallut quatre heures avant de déboucher sur un petit port étroit entre de hautes falaises, ancrant une dizaine de câbles du rivage.

Il n'y avait aucun signe d'être vivant, et nous avons attendu et attendu, pendant que M. Pattison continuait de regarder sa montre. Il nous a alors dit que nous allions échanger Hopkins contre le vieux monsieur chinois qui avait été kidnappé.

"Pourquoi ! Hopkins est-il l'un des pirates ?" avons-nous tous les deux demandé, quelque peu déçus, car il ne correspondait pas du tout à notre idée d'un pirate, et nous l'aimions plutôt, il était tellement amusant.

"Je ne l'ai su que ce matin", nous a dit M. Pattison.

Eh bien, à ce moment-là, un *sampan* est sorti en se tortillant de derrière un petit promontoire, et quand il est arrivé à côté, il y avait un gros petit homme assis dedans, magnifiquement habillé.

Je ne vous ai pas dit que nous avions amené avec nous un homme nommé A Tsi ; mais cet homme l'a immédiatement reconnu comme étant Ping Sang. Le gros vieux grimpa prestement par-dessus le bord et serra la main de tout le monde, tellement il était heureux d'être à nouveau en sécurité.

Hopkins a été amené sur le pont, et apparemment lui et Ping Sang se connaissaient, même s'ils ne se regardaient que comme deux chats, et il est descendu dans le *sampan* , M. Pattison ne faisant aucune attention à lui.

Cependant, Tommy et moi nous sommes avancés et lui avons serré la main. Je ne sais pas trop pourquoi, mais je suppose que c'était parce que nous voulions dire que nous avions serré la main d'un vrai pirate. Il semblait plutôt content.

Ses sacs et ses cartons étaient si nombreux que le *sampan* dut faire deux voyages, ce qui nous retarda de près d'une heure, M. Pattison fulminant d'impatience et de la vapeur s'échappant des tuyaux d'évacuation.

Dès que le *sampan* a été reparti avec son dernier chargement, nous avons levé et sécurisé l'ancre et sommes repartis vers Hong-Kong.

Nous pensions que notre travail était terminé pour la journée, mais nous nous trompâmes lourdement, car alors que nous arrivions à l'embouchure du port, là, à notre grande consternation, naviguant doucement vers nous, se trouvaient les trois destroyers Patagoniens, et derrière eux un croiseur peint en noir. vert de la tête de mât à la ligne de flottaison, très semblable au *Strong Arm*, mais pas si grand. Et ils étaient tous entre nous et Hong-Kong.

Je n'ai jamais eu aussi peur de ma vie. Tommy est devenu blanc comme un drap, et même M. Pattison est devenu un peu jaune.

Il jura terriblement et les traita de chiens traîtres – c'était à peu près le piège le plus soigné que vous ayez jamais vu de votre vie – et ordonna de mettre le gouvernail à bâbord.

Nous avons fait le tour, loin de l'embouchure du port, et nous sommes dirigés vers le sud comme si nous allions nous enfuir ; mais si les Patagons pensaient que nous allions le faire, ils se trompaient complètement ; il s'agissait seulement de nous lever à toute vitesse et de nous mettre en quartiers, ce que nous avons fait en quelques secousses, les hommes aussi vifs que la moutarde.

Tommy a dû descendre sur le pont et prendre en charge les deux avant-6 livres, mais M. Pattison m'a ordonné de rester sur le pont avec lui. Le gouvernail fut mis en étoile, nous tournâmes comme une toupie et nous nous dirigeâmes droit vers eux.

Les destroyers semblèrent d'abord se diriger droit sur nous aussi, mais presque aussitôt ils virèrent sur tribord et se dirigèrent vers le petit port que nous venions de quitter. Le signaleur a chanté, tandis qu'ils nous montraient leurs flancs, qu'ils n'avaient pas d'armes à bord, ce qui expliquait donc leur fuite.

Nous nous précipitions maintenant sur le croiseur, à une vingtaine de nœuds, et nous nous demandions s'il allait ouvrir le feu. Nous ne restâmes pas longtemps dans le doute, car nous n'étions pas à plus de huit cents mètres d'elle lorsque nous vîmes deux petits jets de flammes sous sa proue, puis encore davantage depuis sa proue, et les petits obus sifflèrent et éclatèrent. la mer derrière nous.

Je sais que j'ai baissé la tête et j'ai plutôt pensé que M. Pattison l'avait fait aussi.

Ensuite, nous avons commencé à tirer avec les canons de 12 livres sur le pont et avec les canons de 6 livres de Tommy aussi vite que possible, et avec le bruit des canons qui partaient si près de moi et le sifflement des obus ennemis, je me suis senti assez abasourdi. , et cela ne servait à rien de bouger ou de se baisser, car l'air semblait plein d'eux.

M. Pattison m'a de nouveau fait sursauter en m'envoyant à l'arrière avec un message au sous-marin. Tandis que je descendais l'échelle, deux trous apparurent soudain dans la cheminée arrière, et un nuage de fumée éclata avec un rugissement près du bouclier de direction arrière. Je dois avouer que j'ai arrêté de courir, complètement en colère, et que mes jambes me retenaient à peine. Mais ce n'était qu'une seconde et j'ai couru vers l'arrière aussi vite que possible. Le pare-brise était tout plié et tordu, et devant lui se trouvaient deux membres de l'équipage du canon arrière de 6 livres couchés sur le visage, et du sang suintait sous eux et coulait le long du pont. J'ai juste réussi à transmettre le message au Sub, qui était penché sur eux, et puis j'ai été horriblement malade.

Je ne me souviens pas comment je suis revenu au pont, mais juste au moment où je le faisais - et maintenant nous n'étions plus à cent mètres du croiseur - un obus éclata sur le gaillard d'avant près de l'ancre bâbord, et des morceaux vint déchirant la toile qui entourait le pont avec un horrible bruit hurlant. En baissant les yeux, j'ai vu qu'une des chaînes de fixation avait été brisée et que l'ancre était maintenant à moitié sur le côté, suspendue par une petite chaîne.

M. Pattison l'a vu aussi et est tombé vers le gaillard d'avant en me criant : « Gardez-la telle qu'elle est et courez le long de son côté tribord aussi près que possible.

Je savais ce qu'il allait faire. Si cette dernière chaîne de sécurité était emportée, l'ancre passerait par-dessus bord, et même si le câble tenait au bouchon et ne s'éteignait pas, nous pourrions faire un écart par-dessus la proue du croiseur et être coupés en deux.

Nous étions maintenant tout près d'elle, et à travers ses hublots d'arbalète, je pouvais voir les hommes autour des petits canons à tir rapide, mais le simple fait d'avoir un travail à accomplir m'empêchait d'avoir peur. Encore une seconde et nous étions à côté de son gaillard d'avant-garde, à moins de vingt pieds de distance, et leurs petits canons nous ont tiré dessus à bout portant alors que nous nous précipitions à ses côtés. Je me souviens avoir vaguement remarqué M. Pattison allongé sur le ventre sur le gaillard d'avant, attachant l'ancre pour sauver sa vie. Mes oreilles bourdonnaient et me faisaient mal, ma tête semblait se fendre, mais il me restait assez de bon sens pour voir que la poupe du croiseur semblait se balancer vers nous.

Elle a dû renverser son gouvernail et avait l'intention de nous écraser tandis que sa poupe se retournait.

J'ai crié au quartier-maître à la barre de « tout à tribord », car il nous attaquerait avant que nous puissions le dégager. Je pouvais juste voir son visage alors qu'il se tenait sur la plate-forme de pilotage en contrebas, et il m'a entendu, mais il a secoué la tête d'un air sombre et a mis la barre sur bâbord. Nos étraves survolaient déjà la dunette, et je vis immédiatement qu'il avait raison et que j'avais tort, car notre poupe commença immédiatement à faire un écart vers l'extérieur.

Ce fut un moment terrible, car elle se dirigeait vers nous plus vite que nous ne nous éloignions d'elle.

Elle devait nous frapper et je pensais que tout était fini, et je me suis agrippé aux rails du pont, attendant la bosse.

Encore une seconde : il y a eu un crash ! Nous avons gîté jusqu'à bâbord jusqu'à ce que je voie le plat-bord sous le vent, et, oh horreurs ! les deux hommes allongés sur le pont arrière glissèrent par-dessus bord avec des cris d'agonie et de peur. J'ai vu notre poupe se froisser comme du papier de soie. Nous nous sommes séparés, nous nous sommes redressés et nous nous sommes envolés.

M. Pattison a sauté sur la passerelle en criant « au milieu du gouvernail », mais elle n'a pas voulu bouger et s'est retrouvée coincée.

Tous les hommes à l'arrière avaient été renversés, et je les vis se relever à nouveau tandis que M. Pattison se précipitait vers l'arrière, et tous se pressaient autour de la poupe froissée.

Nous naviguions maintenant en cercle, et notre bordée était exposée au croiseur, qui recommença à tirer très rapidement.

Puis j'ai vu les hommes à l'arrière sauter hors de la chaîne du gouvernail, le gouvernail a basculé au milieu du navire et, Dieu merci ! nous nous sommes enfuis ; mais quelque chose a dû arriver aux moteurs, car nous n'allions pas aussi vite.

Cela a pris beaucoup de temps à écrire, mais n'a probablement pas duré cinquante secondes. Cela semblait toute une vie.

Dès que nous avons été clairs, M. Pattison est venu vers nous et a pris les commandes.

Ils avaient détaché la chaîne de gouvernail, m'a-t-il dit, et le gouvernail avait basculé au milieu du navire. L'hélice tribord avait été brisée lors de la collision et, avec seule la vis bâbord fonctionnant et la barre presque inutile, nous avons lutté de manière très erratique, nos étraves tournant tantôt vers tribord, tantôt tombant vers bâbord.

Les obus hurlaient tout autour de nous, mais ils se déchaînaient, probablement parce que nous évitions tellement d'un côté à l'autre.

Pour éviter d'exposer les hommes, M. Pattison a ordonné à tous ceux qui étaient sur le pont de se réfugier sous le gaillard d'avant, ne laissant que lui-même sur la passerelle et le quartier-maître à la barre.

J'ai été envoyé avec les ordres nécessaires et j'ai remarqué pour la première fois Ping Sang et A Tsi se tenant sur le pont près du tube lance-torpilles avant, sans aucune inquiétude ; mais je les ai poussés en avant, et tout le monde, même le sous-marin, Tommy et moi, avons dû nous rassembler en bas et n'avons pas vu ce qui s'est passé pendant les cinq minutes suivantes, bien qu'ils tiraient évidemment mieux, car nous avons entendu plusieurs petites explosions là où des obus ont dû frapper.

Tout à coup, il y eut un rugissement sourd et le sifflement de la vapeur qui s'échappait.

Nous avons tous trois sauté sur le pont et avons vu un grand trou dans le pont près de la base de l'entonnoir le plus avancé, et des nuages de vapeur et de fumée s'en échappaient.

Nous avons ouvert le couvercle du trou d'homme donnant sur le compartiment avant de la chaudière, encore de la vapeur et de la fumée sont sorties, et au milieu est sorti un chauffeur, le visage et les bras terriblement échaudés. Il a juste réussi à s'en sortir et, criant de douleur, il se serait jeté par-dessus bord si le sous-marin ne l'avait pas attrapé et jeté sur le pont, où il gisait se tordant et hurlant.

Tommy et moi avons regardé par la bouche d'égout pour voir si quelqu'un d'autre était en vie, mais le sous-marin nous a poussés de côté et, avec une ligne d'attrape attachée autour de lui et tenant une vieille toile cirée devant son visage, il a rampé vers le bas. Il s'appelait Harrington — je dois vous le dire, car c'était la chose la plus courageuse que Tommy et moi ayons jamais vue.

Nous avons pris en charge la ligne d'attrape, et il a trébuché ou s'est abaissé dans la vapeur.

Lorsqu'il descendit de l'échelle et mit les pieds dans l'eau, on entendit des bruissements, il poussa un grand cri de douleur - il devait être presque bouillant - mais il n'hésita pas, et nous le voyions vaguement tâtonner sur l'eau. plaques inférieures, et pouvait également voir que l'eau montait rapidement et arrivait rapidement au-dessus de ses genoux.

Il appela d'une voix grinçante une autre corde et l'attacha à quelque chose que nous deux et quelques hommes venus aider à hisser.

C'était un autre chauffeur, mais un spectacle que je n'oublierai jamais. Il était complètement mort, et la moitié de la chair était arrachée d'une épaule et d'un côté du visage.

Alors que nous le transportions sur le pont, sa peau semblait se détacher avec ses vêtements partout où nous le touchions.

Oh, c'était un spectacle des plus effrayants !

Tommy et moi avons été brutalement repoussés par un vieux maître et le corps a été recouvert d'une bâche.

Nous ne pouvions pas détourner nos yeux de ce tas, et nous aurions dû nous évanouir une seconde de plus si Harrington lui-même n'était pas apparu hors de la bouche d'égout avec son visage comme du bœuf et ensanglanté, et ses mains comme des griffes de dinde.

Il est tombé sur le pont et, alors que je m'agenouillais, il a dit d'une voix rauque : "Mes pieds, mes pieds ! Pour l'amour de Dieu, défaits mes bottes !"

Nous les avons délacés, et oh ! quelle douleur terrible cela lui a été de les enlever ! et bien que nous ayons coupé ses chaussettes avec un couteau, toute la peau s'est détachée avec. Il s'était évanoui à ce moment-là.

Puis j'ai entendu la voix de M. Pattison, et Tommy s'est précipité vers l'arrière et a apporté du cognac et un oreiller, et nous lui avons relevé la tête et lui avons versé un peu de cognac dans la gorge, même si c'était difficile à faire, car sa langue était si enflée.

Ils l'ont couvert d'une couverture, mais c'était un homme énorme et ses deux pieds bruts dépassaient au bout. Je ne les oublierai jamais.

Pendant tout ce temps terrible, je n'avais rien remarqué d'autre, mais maintenant, en regardant par-dessus bord, je vis que le destroyer avançait seulement très lentement et qu'il y avait un grand trou à la ligne de flottaison, là où le dernier obus était arrivé à bord. et l'eau affluait.

Aucun obus ne semblait arriver vers nous maintenant, et en regardant vers l'île, j'ai vu le croiseur s'éloigner de nous sans tirer, et, hourra ! Hourra! deux grandes éclaboussures d'eau jaillirent l'une après l'autre près de la poupe, et boum ! boom! vinrent les rapports faisant état d'armes lourdes venant du nord.

"Hourra ! Hourra !" a crié Tommy, "voilà le *bras fort*."

Vous pouvez imaginer quel soulagement cela a été et ce que nous avons ressenti.

Nous avons crié et crié comme des fous, et même Harrington avait assez de force pour lever la tête et agiter le bras, même s'il ne pouvait pas faire autant de bruit qu'une souris.

C'était en effet le *Strong Arm* qui tirait avec ses canons les plus avancés et faisait un grand signe d'étrave alors qu'il se dirigeait vers nous.

« Hortez le tapis de collision ! » » a crié M. Pattison, et l'ordre a été crié sur le poste de pilotage et tout le monde est sorti en courant, a passé une ligne autour du fond du destroyer, s'est amarré au tapis de collision et l'a hissé par-dessus la grande déchirure du côté.

Cela prenait trois ou quatre minutes pour le faire, et à ce moment-là, le pont semblait assez proche de l'eau et la poupe semblait encore plus basse. Le *Bras Fort* se rapprochait maintenant rapidement.

Ensuite, j'ai été envoyé avec quelques hommes pour visser les panneaux d'écoutille menant à la cabine de M. Pattison et au carré des officiers, et au moment où nous l'avons fait, le pont était complètement lavé.

Le moteur tribord s'était arrêté à présent, et nous restions vautrés dans un horrible mouvement saccadé semblable à celui d'une bûche pendant que les hommes essayaient de mettre une bâche par-dessus le trou de la poupe, mais cela ne semblait rien faire.

Les bateaux furent ensuite mis à l'eau. Ils étaient pleins de trous, mais en enfonçant leurs sauteurs dans les trous de tir du baleinier et en écopant fort, ils ont juste réussi à le maintenir à flot. Les bateaux pliables Berthon étaient tout à fait inutiles, percés à une demi-douzaine d'endroits, et le canot a été réduit en miettes.

Il n'y avait que la baleinière pour cinquante hommes. Cela signifiait que la plupart d'entre nous devraient tenter leur chance en s'accrochant à une rame ou à une grille en bois jusqu'à ce que le *Bras Fort* puisse nous relever.

Au moment où nous avions abaissé M. Harrington (le sous-marin) et les chauffeurs échaudés dans le baleinier, notre poupe était complètement sous l'eau, et nous nous mettions à tribord, jusqu'à ce que les ferrures, non fixées au pont, commencent à glisser vers le bas, et la mer est venue au pied de nos chandeliers de pont. Nous pouvions réellement sentir le pauvre vieux « N° 1 » sombrer sous nous – une sensation horrible.

« Montez sur le pont, les garçons ! Tout vient d'en bas ! » a été crié dans la salle des machines et dans les écoutilles de chauffage, et tout le monde a commencé à enlever ses bottes et ses pulls.

Cela m'a donné un sentiment très effrayant.

De la vapeur jaillissait du tuyau d'évacuation et nous regardions tous avec inquiétude d'abord M. Pattison, attendant qu'il donne l'ordre de sauter, puis vers le *Strong Arm* , souhaitant qu'il vienne plus vite.

M. Pattison s'accrochait aux rails du pont – le pont avait une inclinaison énorme – pour se maintenir droit, et le signaleur a levé le signal indiquant que nous étions en train de couler.

Le *Strong Arm* s'est précipité vers nous, tirant rapidement avec ses canons à arc, et pendant une horrible seconde, j'ai cru qu'il ne verrait pas notre signal dans l'excitation de poursuivre le croiseur.

Tommy et moi étions accrochés au tube lance-torpilles à l'arrière, les pieds dans l'eau, et je l'ai entendu haleter, le visage très blanc : « Elle continue » ; mais un instant plus tard, nous avons vu les équipages de ses bateaux grimper sur les filets pour monter dans leurs bateaux, et nous avons poussé de grandes acclamations de soulagement alors qu'elle ralentissait à notre hauteur. Ses bateaux ont été abaissés avec un bruit et un clapotis, et sont venus vers nous aussi fort que les hommes pouvaient tirer, et lorsqu'ils sont arrivés à côté, nos hommes ont reçu l'ordre de grimper à bord.

Nous nous sommes disputés pour savoir qui devait sauter le premier, car Tommy disait qu'il *appartenait* au contre-torpilleur et que je n'étais qu'un passager, de sorte qu'il devait être le dernier à partir ; mais je lui dis que, comme j'étais son aîné — j'étais deux places au-dessus de lui en quittant le *Britannia* —, j'étais de mon devoir de le voir monter dans le bateau le premier.

Nous avons dû nous accrocher au tube lance-torpilles pour discuter, car le pont était maintenant si raide que nous ne pouvions pas nous y tenir.

"Montez dans les bateaux, jeunes idiots !" » a crié M. Pattison. "Pourquoi faites-vous attendre les bateaux, fils de Cham aux oreilles tombantes ?"

Nous avons donc réglé le problème en sautant tous les deux en même temps. J'étais très heureux de ne pas l'avoir laissé faire ce qu'il voulait.

Juste au moment où nous avions tous repoussé, M. Pattison étant le test pour partir, nous avons entendu un bruit de craquement - une cloison avait dû céder - "N° 1" s'est presque redressée - ses étraves sont sorties de l'eau et ont pointé plus haut. et plus haut, jusqu'à ce qu'ils soient presque debout. Elle est restée là pendant qu'on aurait pu en compter quinze ou seize, puis elle a lentement glissé hors de vue.

Il y eut juste un petit bruissement lorsque la mer se précipita pour la couvrir, deux de ses barres de cabestan sortirent de l'eau et le pauvre vieux "N°1" avait disparu. Je me sentais plutôt étouffé et je savais que Tommy aussi. Nous étions bientôt à bord du *Strong Arm* , et dans la salle d'armes, ils se sont tous rassemblés et ont posé des questions. Ce n'est qu'à ce moment-là que je découvris que ma casquette manquait et que mes cheveux étaient tous emmêlés de sang.

Tommy chercha et trouva une coupure d'environ un pouce de long, et se sentit plutôt ennuyé, je pense, de n'avoir lui-même rien à montrer.

Vous pouvez imaginer que j'étais très fier d'avoir été blessé, même si cela préférait enlever la dorure au pain d'épices de ne pas l'avoir su à ce moment-là. C'est probablement un morceau de l'obus qui a brisé la chaîne de fixation de l'ancre.

Cela a dû retarder le *Strong Arm* de près d'une heure pour arrêter ses moteurs à côté du "No. 1" et nous faire tous monter à bord, et à ce moment-là, le croiseur pirate n'était plus qu'un nuage de fumée noire à l'horizon, avec les trois de petits destroyers qui étaient de nouveau sortis de la baie et couraient après elle à toute vitesse.

CHAPITRE XI

L'action de Sin Ling

L'action commence : pertes

Le rapport soumis par le commandant Richard Hunter, RN,
capitaine du « Strong Arm ».

Le rapport des débats que le commandant Richard Hunter, RN, capitaine du *Strong Arm* , soumit par la suite au capitaine Helston, est si concis et pourtant si graphique qu'il est inséré ici.

* * * * *

"HIMS *Bras Fort* ,

"Hong-Kong, le 9 janvier.

"MONSIEUR,

"J'ai l'honneur de vous signaler que, conformément à votre signal reçu à 8h30 le 8 janvier, j'ai immédiatement fait monter de la vapeur dans quinze chaudières. Une heure plus tard, j'ai pu glisser de la bouée et je me suis dirigé vers le sud jusqu'au rendez-vous indiqué. dans vos commandes.

"À 10 heures du matin, je faisais quatorze nœuds, et à 11 heures, presque dix-neuf, vitesse qui fut progressivement augmentée jusqu'à vingt à mesure que le reste de mes chaudières augmentait la vapeur.

"A 12h35, l'île étant alors en vue, la vigie en tête de mât aperçut un croiseur et trois destroyers se dirigeant vers elle depuis l'ouest, et presque immédiatement après aperçut le destroyer "No. 1" quittant l'île.

"Le croiseur se dirigeait apparemment vers le "N°1", tandis que les trois destroyers disparaissaient sous la terre.

"Nous avons alors vu le 'No. 1' se diriger droit vers le croiseur, qui a alors ouvert un feu vigoureux avec ses petits canons. Le 'No. 1' a disparu derrière lui et a apparemment encrassé sa poupe, car il est reparti en fumant mais lentement et en se dirigeant vers l'arrière. d'une manière très erratique.

"Elle était maintenant sous un incendie très violent, et une explosion considérable s'est produite presque au milieu du navire à 12h45.

"Étant maintenant à 10 000 mètres du croiseur, j'ai ouvert le feu sur lui avec mes canons les plus avancés et, en quelques minutes, je l'ai fait cesser de tirer sur le destroyer paralysé et je me suis dirigé vers le sud. À cette distance, je ne l'ai pas touché.

"Je l'ai suivi à toute vitesse et je me rapprochais rapidement, mais comme le "N° 1" a signalé qu'il était incapable de se maintenir à flot, je me suis arrêté à ses côtés et j'ai retiré son équipage. J'ai le regret de vous annoncer qu'il a coulé immédiatement après.

« Je regrette également que cinq hommes de son équipage soient portés disparus, dont deux blessés tombés par-dessus bord, et que dix soient blessés : le sous-lieutenant Harrington, souffrant de graves brûlures et échaudures, l'aspirant Glover, légèrement blessé, et un homme grièvement brûlé. (mort depuis).

"Après avoir remonté mes bateaux, j'ai repris la poursuite, et à 14 heures je le remettais rapidement en état. Pendant ce temps, les trois destroyers s'étaient dispersés et je les ai ignorés.

"À 3 h 25, nous avons parcouru 6 000 mètres au télémètre, et j'ai de nouveau ouvert le feu depuis mon gaillard d'avant de 6 pouces et les deux ponts supérieurs les plus avancés de 6 pouces.

" L'ennemi répondit vigoureusement avec deux ou trois canons et poursuivit sa fuite.

"Bien que nous ayons touché un ou deux coups à cette distance, ce n'est que lorsque nous nous sommes rapprochés à moins de 4 000 mètres que notre tir est devenu bon, et à 4 h 32, l'île de Sin Ling étant à cinq milles sous le vent, il a pris feu derrière. a dirigé sauvagement et a exposé ses flancs.

"Nous l'avons frappé à maintes reprises, et son tir est devenu lent et très imprécis.

"À 4 h 56, elle a hissé son drapeau (les couleurs impériales chinoises, avec un dragon et une boule noirs au lieu de rouges) et a cessé de tirer.

«Moi aussi, j'ai arrêté de tirer et je me suis posé à environ 2 000 mètres de distance, ne voulant pas m'approcher des torpilles. J'ai alors ordonné à mon premier lieutenant (CW Smith) de monter à bord et je lui ai donné soixante hommes pour former un équipage de prise et le conduire jusqu'à Hong-Kong.

"Quand mes bateaux étaient à mi-chemin, il a soudainement ouvert le feu sur eux, s'est rapproché et s'est dirigé vers moi avec l'intention évidente de percuter, une évolution que j'ai réussi à éviter en allant à toute vapeur vers l'arrière.

"Elle a également tiré une torpille en passant, qui m'a frappé sur la proue bâbord et, bien que n'ayant pas explosé, a fait exploser une plaque. Un peu d'eau est entrée par les trous des rivets.

"Au même moment, elle a ouvert un feu très rapide et soutenu, qui a fait de nombreuses victimes sur le pont découvert, où les hommes s'étaient rassemblés pour la voir.

" Sur ce, j'ai repris l'action, j'ai rapidement dégagé ses ouvrages supérieurs et j'ai maîtrisé son feu, mes obus de 6 pouces causant des destructions très évidentes.

"Il a été décortiqué à plusieurs reprises, des flammes ont éclaté à plusieurs endroits et, à 5 h 15, il s'est dirigé vers Sin Ling à toute vitesse, s'échouant dans un état de naufrage à 5 h 42.

"La lumière du jour diminuait désormais.

"J'ai emmené le *Strong Arm* aussi loin que possible vers la côte, après avoir récupéré les équipages de mes bateaux (ils avaient essuyé des tirs de la manière la plus gratuite), et je l'ai bombardé à bout portant. En dix minutes, j'ai eu la satisfaction de voyant une grande explosion à l'arrière ; un grand espace s'est formé sur son côté, il s'est incliné sur bâbord jusqu'à ce que l'eau atteigne la base de ses entonnoirs, et la moitié de son pont a été submergée. Il était évidemment trop gravement endommagé pour pouvoir flotter.

" Ceci étant fait, je rentre à Hong-Kong et m'amarre à ma bouée à 21h25.

"Très peu de dégâts ont été subis par ce navire, et il peut être réparé sans aide du rivage.

"Je regrette cependant de signaler les victimes suivantes : -

"Tués : un maître et cinq hommes.

« Blessés : trois officiers, deux sous-officiers et trente-cinq hommes.

"J'ai l'honneur d'être, etc.,

"RICHARD HUNTER, commandant de bord,

"Capitaine du HIMS *Strong Arm* ."

CHAPITRE XII

Un conseil de guerre

Le « Bras Fort » revient – Embarquement sur le « *Hai Yen* » – Jenkins – Le Conseil de Guerre – Tableau de Ping Sang – Cummins a un plan – Ping Sang se souvient

Le capitaine Helston, avec son bras gauche bandé sur le côté et une manche vide de sa veste de singe flottant au vent, était sur le pont pour voir le « No. 1 » glisser de sa bouée et commencer son voyage fatal. A peine sa coque sombre avait-elle disparu dans la brume matinale qu'il commença à regretter de l'avoir envoyée. Un accès de son ancienne irrésolution revint, et il l'aurait rappelée si elle avait été à portée de signal.

Il a fait venir Cummins, un objet grotesque tôt le matin, mal rasé et portant une énorme paire de bottes de mer.

"Vous savez, Cummins", commença-t-il, "j'ai le sentiment que quelque chose va lui arriver. Il n'y a aucun moyen de savoir qu'elle va se mettre le nez dans des ennuis. Qu'est-ce qui m'a poussé à faire confiance à leur parole d'honneur, je ne le sais pas. Je ne sais pas, et cela pourrait simplement être un piège pour reprendre Hopkins.

"Hahaha!" gloussa Cummins en mâchant son cure-dent, "il est trop tard maintenant, monsieur ; nous ne pouvons pas communiquer avec elle."

"Eh bien, tu ne penses pas qu'il serait peut-être judicieux de prendre de la vitesse et de la suivre."

"Je n'y arrive pas, monsieur. Ils sont en train de remettre en place le segment de piston basse pression tribord, et il ne sera pas prêt avant vingt-quatre heures. Vous pourriez cependant envoyer le *Strong Arm* . J'ai toujours été réticent à faire confiance à la parole de cet Anglais.

Helston, à vrai dire, était quelque peu agacé par l'influence de Cummins à bord et par ses manières quelque peu arbitraires, et le «je vous l'avais bien dit» implicite l'irritait dans une certaine mesure. Alors, disant sèchement : « Très bien, nous la laisserons partir seule », il descendit prendre son petit déjeuner.

Mais dix minutes plus tard, il changea encore d'avis et fit un signal qui entraîna le départ rapide *du Strong Arm* .

Il s'attendait à ce que les deux navires soient de retour au plus tard à quatre heures, et comme les heures passaient et qu'il n'y avait aucun signe de l'un ou l'autre, il devint extrêmement nerveux et agité, arpentant sa cabine arrière tout l'après-midi. Au dîner, il ne toucha presque rien et était sur le point de sortir lui-même à bord du "No. 2" ou du "No. 3", lorsque l'aspirant aux transmissions rapporta que le *Strong Arm* entrait dans le port et faisait son numéro.

Il a couru sur le pont pour voir par lui-même, et rapidement un signal a clignoté à travers la lampe frontale du mât *du Strong Arm* indiquant qu'elle avait conduit un étrange croiseur à terre et avait sauvé l'équipage du "No. 1", qui avait été coulé.

La nouvelle s'est précipitée comme une traînée de poudre autour du navire, et les officiers et les hommes se sont rassemblés sur le pont pour le voir ramper lentement vers sa bouée et faire signe de recevoir une assistance médicale.

Helston monta immédiatement à bord, et le Dr Fox et les autres médecins de l'escadron travaillèrent toute la nuit avec les blessés, dont beaucoup durent être envoyés à l'hôpital naval le lendemain matin, y compris Harrington, dont l'état était très grave.

Helston a obtenu un rapport rapide des événements de la journée de Hunter et a félicité Ping Sang pour son évasion.

L'identité de l'étrange croiseur était inconnue, et même Ping Sang, qui possédait plus d'informations que quiconque sur les ressources des pirates, n'avait pas pu la reconnaître. Cependant, c'était un grand exploit d'avoir détruit un navire aussi puissant au prix d'un seul destroyer, même si les pertes en vies humaines étaient très regrettables.

"On ne peut pas faire une omelette sans casser des œufs, je crois", fut le commentaire de Ping Sang, tout en fumant calmement son cigare sur le gaillard d'arrière sacré.

La perte de vies humaines ne l'a évidemment pas inquiété le moins du monde.

Helston se montra très sévère envers Pattison car, tout en louant son intrépidité et son comportement personnel, il le censura fortement pour sa manœuvre du « n° 1 ».

" Qu'est-ce qui vous a poussé à courir droit sur elle au lieu de vous enfuir et de vous enfuir, je n'arrive pas à le penser, et quitter la passerelle sous la garde d'un aspirant au moment le plus critique me semble montrer un grand manque de jugement. Vous aviez pas de torpilles à bord, et il vous était impossible de l'endommager.

Sans le fait que son action ait retardé le croiseur et finalement conduit à sa destruction, Helston l'aurait renvoyé chez lui immédiatement.

Il ne s'agissait pas là d'un jugement hâtif, car il n'avait fait aucune remarque à ce moment-là, mais il a été rendu deux jours plus tard, après que toutes les circonstances eurent été examinées de plus près. En fait, Harrington, le sous-marin, qui avait été si grièvement blessé en tentant de sauver les gens du foyer, était le seul membre du « n° 1 » à recevoir des éloges, et il était trop malade à l'hôpital pour apprécier. il.

Cette opinion était générale dans toute l'escadre, et le pauvre Pattison, qui fut envoyé sur le *Sylvia* pour y prendre son service, plus ou moins en disgrâce, la ressentit très vivement.

"J'ai fait la première chose qui m'est venue à l'esprit", a-t-il déclaré, "et ce n'est que lorsque nous étions juste au-dessus d'elle que je me suis rappelé que nous n'avions pas de torpilles à bord."

Le matin après le retour du *Strong Arm* , ce navire, avec Helston à bord et les deux destroyers restants en compagnie, se dirigea vers l'île de Sin Ling.

L'étrange croiseur a été retrouvé toujours posé sur les rochers, un objet à l'air mélancolique. Son chargeur arrière avait manifestement explosé, et il était une épave totale à l'arrière de son grand mât – une masse de plaques et de poutres de pont déformées et tordues.

Sur sa poupe tordue était inscrit son nom *Hai Yen* en caractères chinois, la dorure roussie par le feu ; mais ce nom ne l'identifiait pas, et son origine et son histoire restaient encore un mystère.

On ne pouvait se plaindre des capitaines de canon *du Strong Arm* , car leur tir avait été merveilleusement efficace, et ses ouvrages supérieurs étaient criblés de trous d'obus. Deux canons avaient été démontés, et ses entonnoirs étaient percés en cent endroits.

Helston et Hunter étaient arrivés à la conclusion qu'il avait escorté les trois destroyers depuis le sud, principalement du fait qu'ils n'avaient ni canons ni tubes lance-torpilles à bord lorsqu'ils furent vus pour la première fois par le « N° 1 ». Ces tubes et canons de rechange pourraient encore se trouver à bord du *Hai Yen* . Une fouille minutieuse fut donc faite dans tout le navire et, bien qu'aucune de ces choses n'ait été trouvée, on découvrit que le navire avait été assez complètement dépouillé de tout ce qui pouvait être mobile et que le pont supérieur était couvert de poussière de charbon. Le charbon a dû être remonté après l'action, car il couvrait par endroits de grandes taches de sang, et la seule conclusion était que les trois destroyers avaient vidé leurs bunkers pendant la nuit, enlevé tous leurs provisions portables restantes, même les petits navires rapides. -les tireurs avaient disparu et avaient également emmené son équipage à leur bord.

Pour s'assurer que l'équipage n'était pas encore sur l'île, Helston débarqua deux cents hommes et l'explora à fond. Ce n'était qu'un petit affleurement rocheux de la côte chinoise, long d'à peine un mile, mais au moment où cela fut fait, la lumière du jour commençait à décliner. Aucune trace de l'équipage n'a été découverte.

Pendant ce temps, les aspirants avaient été autorisés à inspecter le navire et, bien entendu, ils étaient revenus avec beaucoup de butin. L'un d'eux avait un chronomètre en bon état, un autre avait effectivement retiré le volant du kiosque, deux d'entre eux abaissaient la cloche du navire dans leur cotre, tandis qu'un jeune audacieux se précipitait vers la tête du mât de misaine et attachait sa girouette dorée. .

Ils étaient tous extrêmement satisfaits d'eux-mêmes et de leurs trophées.

Tout le monde étant de nouveau à bord, le *Strong Arm* se dirigea vers le nord et, en passant devant l'île où le « n° 1 » avait échangé Hopkins contre Ping Sang, envoya les deux destroyers à terre en reconnaissance ; mais bien qu'ils entrèrent dans la petite baie où le « n° 1 » avait été si soigneusement piégé, et qu'ils explorèrent toute la côte avec leurs projecteurs, aucun signe d'un navire ou d'une jonque ne put être trouvé.

Les trois navires revinrent ensuite à Hong-Kong, Helston ramenant Ping Sang au *Laird* avec lui.

Ping Sang et le Dr Fox ont dîné ce soir-là avec Helston, et ce joyeux vieux gentleman chinois, très heureux d'être à nouveau assis devant un bon dîner, était extrêmement amusant.

Il faisait sourire même le Docteur bourru à ses aventures, et les descriptions de lui-même en sueur le long de la route principale vers Aberdeen chargé de cannes à sucre étaient très drôles (« Des trucs bestiaux ! Je ne comprends pas pourquoi ils en mangent. Je n'ai jamais su quoi »). c'était pour gagner sa vie avec dix centimes par jour"); d'avoir été traîné par sa natte à travers une foule malodorante de ses compatriotes jusqu'au commissariat de police (« Je ne savais pas que je les détestais auparavant, jusqu'à ce qu'ils commencent à me donner des coups de pied dans le dos ») ; de ses luttes et de ses protestations lorsque l'Anglais a retiré l'accusation et l'a ramené à la jonque ; de son voyage vers l'île, arrêté en bas dans la cale puante (« Ils n'ont pas traversé cette nuit-là, mais se sont cachés au coin de la rue jusqu'au lendemain »), et de son emprisonnement sur l'île, où il était l'hôte de le même Anglais (« Cet homme est un précieux coquin, je vous le dis, et sa nourriture était pire ; mais il m'a donné des vêtements décents, je dirai ça pour lui »).

Le seul qui ne souriait pas était Jenkins, le domestique de Helston, qui avait persisté à accompagner son maître ; mais cela était dû, comme le Dr Fox le savait bien, au fait qu'il était à terre cet après-midi-là et qu'il prenait maintenant un air d'une extrême sobriété qui ne s'expliquait que par une consommation trop généreuse de bière.

C'était un homme extraordinaire, ce vieux soldat. Il ne descendait jamais à terre sans en ressortir à moitié ivre et, comme Helston le disait souvent, "il est toujours plus ivre quand il est le plus sobre", et ce n'était que par sa solennité surnaturelle, ou en remarquant qu'il portait occasionnellement les plats autour de la table. du coup, on savait qu'il s'était fait une brute à terre.

À maintes reprises, Helston l'avait congédié et l'avait envoyé rejoindre le détachement des Marines, mais toujours, le lendemain matin, il rampait furtivement dans la cabine de Helston, pliant et brossant ses vêtements, et le réveillant exactement en même temps avec " Six cloches viennent de sonner, monsieur", et "Voici votre tasse de thé".

Il avait déjà réussi à se débarrasser de lui en lui donnant "une cellule de cinq jours", mais avant d'avoir terminé cette punition, les cheveux de Helston devaient être coupés. Personne ne pouvait faire cela aussi bien, alors il fut amené à l'arrière pour le faire, et, le travail étant terminé de manière satisfaisante, Helston lui donna un de ses cigares et vingt minutes pour le fumer, avant qu'il ne soit de nouveau enfermé.

Le sixième matin, c'était "Six cloches, monsieur, je viens de partir, monsieur, et voici votre tasse de thé", et il était désormais une institution permanente autant que la cloche du navire ou le chat du navire.

Ping Sang avait obtenu beaucoup d'informations intéressantes mais aucune valeur de la part de l'Anglais.

"Hamilton est son nom. Je l'ai bien connu il y a plusieurs années, avant sa disparition, et il préparait toujours je ne sais quel diable. S'il ne parvenait pas à travailler pour gagner sa vie, il pourrait certainement vivre de son intelligence.

"Il m'a donné un récit très intéressant de l'ensemble de son projet. Lui, Hopkins et l'Allemand Schmidt - les "Trois Mystérieux" de Tientsin - avaient investi cinquante mille dollars chacun, et de nombreux Chinois fortunés avaient souscrit des sommes très importantes dans ce projet. il a appelé "notre entreprise". "Nous avons plutôt bien réussi. Nous avons une petite flotte tout à fait respectable et avons capturé des navires et des cargaisons d'une valeur de trente millions de dollars, sans parler des rançons que certains de nos prisonniers ont payées pour leur liberté. Nous avons des amis dans tout le pays et nos prisonniers savent que s'ils parlent trop à leur retour, ils se feront trancher la gorge un beau soir. Nous avons déjà dû le faire à plusieurs, juste en guise d'avertissement.

"Je lui ai demandé s'il ne craignait pas d'être capturé.

"'Capturer!' » rit-il, très amusé. « Vous ne reverrez plus jamais aucun d'entre nous, à moins que vous ne veniez en tant qu'invités payants. Hopkins s'est ridiculisé, mais il ne sera plus surpris en train de faire une sieste, et dix fois votre petite flotte n'a pas pu entrez dans notre île.

"Je lui ai demandé ce qu'étaient devenus tous les équipages des nombreux navires qu'il avait capturés. Les avait-il pendus ?

"'Les pendre ? Plutôt pas !' m'a-t-il dit. "Un ou deux des premiers, peut-être, mais depuis, dès qu'ils voient quelle belle vie nous menons là-bas, ils se portent volontaires pour nous rejoindre et font de splendides recrues."

"As-tu découvert comment il allait retourner sur sa précieuse île ?" demanda Helston.

"Non, je ne l'ai pas fait. Je lui ai demandé plusieurs fois, et j'ai gardé les yeux et les oreilles ouverts, mais je n'ai rien pu découvrir. Il n'avait rien là-bas à part les débris, autant que je pouvais voir, et ils m'ont laissé toute liberté. parcourir l'île autant que je le souhaitais.

"Comment as-tu passé ton temps?" » a demandé le Dr Fox.

"Jouer aux cartes avec lui, comme un imbécile", a déclaré Ping Sang, entouré de sourires ; " et j'ai perdu près de dix mille dollars, et j'ai promis de les envoyer à terre dès que nous atteindrons son île. Il va leur envoyer une jonque dès que nous y arriverons, et il a eu le culot, aussi, de me demander de le faire. évoquer toutes les choses qu'il avait laissées derrière lui à l'hôtel Victoria.

"Oh oui, j'ai promis", a ri Ping Sang ; "Il m'a tellement amusé que je n'ai pas pu m'empêcher de lui promettre."

Le dîner étant terminé, Hunter et le capitaine du *Sylvia* , le commandant Bannerman, se rencontrèrent dans leurs galères, et eux et Cummins du *Laird* rejoignirent un conseil de guerre pour déterminer le futur plan d'opérations.

Ce soir-là, ce fut une petite scène curieusement impressionnante dans la cabine avant du capitaine Helston : la table polie jonchée de documents et éclairée par les lampes électriques suspendues aux abat-jour pourpres ; les nuages gris de fumée de tabac tourbillonnant parmi les poutres de pont en acier au-dessus et s'enroulant à travers les sabords arrière des canons de 12 livres ; l'éclat des cuivres polis des supports de canons, un de chaque côté de la cabine, un sombre rappel de la guerre ; et les visages sérieux et enthousiastes d'Helston et de ses trois commandants alors qu'ils se penchaient sur les différents journaux et débattaient de leurs plans et propositions.

La dernière fois qu'ils s'étaient tous réunis autour de cette table, ils avaient saoulé le succès de l'escadre et espéraient gaiement que les pirates leur donneraient une chance de « faire quelque chose ».

Maintenant, ils avaient fait quelque chose : l'un de leurs trois destroyers était au fond, et cinq de ses hommes étaient tombés avec lui ; neuf des hommes *du Strong Arm* étaient morts (trois étaient morts de leurs blessures), et trente ou plus étaient blessés - et bien qu'ils aient détruit un croiseur, elle n'était toujours pas entrée dans leurs calculs auparavant, et son apparition sur les lieux interférait brutalement. avec leurs projets et leurs attentes de ne rencontrer que de vieux navires de guerre chinois à moitié réparés. Il pourrait y en avoir d'autres comme elle, acquis secrètement, et avec le souvenir de ces neuf corps attendant d'être enterrés dans le cimetière tranquille de Happy Valley le lendemain matin, et la force inconnue de l'ennemi qu'ils allaient maintenant rencontrer, le conseil prit leurs places autour de la table de Helston avec une certaine solennité.

Le capitaine Helston lui-même, maigre et maigre, était assis à la tête, son visage long et maigre hagard par la lumière électrique, sa main droite tripotant nerveusement quelques papiers devant lui, et son bras gauche toujours bandé sur le côté, sa manche vide. cousu sur sa poitrine.

À l'autre bout de la table était assis le Chasseur au *Bras Fort*, un homme au grand visage rouge et aux grandes mains rouges, un géant à l'air maladroit, plus affligé de la perte de ses hommes que ravi de la destruction du croiseur pirate. C'était un marin typique, bluffeur et bon cœur, non dénué d'intelligence, mais rarement soucieux de s'en servir. Le voir dans une « mêlée » de football et entendre ses vigoureux rugissements d'encouragement à ses côtés faisait du bien, et on savait immédiatement quel genre d'homme il était.

Utilisez son cerveau ! Pourquoi? Dieu lui avait donné un grand corps qui n'a jamais connu la fatigue, un esprit qui n'a jamais connu la peur, et il était l'un de ceux qui "montent à côté et font sauter le mendiant hors de l'eau et si- il ne coulera pas, l'école d'officier de marine.

Il était peut-être archaïque dans ses idées, mais il était possédé, comme la plupart des hommes comme lui, d'un énorme magnétisme personnel, et chaque homme de son équipe le suivrait jusqu'à la mort.

À la droite de Helston était assis Ping Sang, débordant de détails humoristiques sur son escapade, le visage rouge, les yeux pétillants d'appréciation pour son bon dîner. Comme il était magnifiquement vêtu de sa couleur préférée, la soie bordeaux foncé, et qu'il portait sur la tête une calotte à boutons dorés de la même couleur, sa tenue gaie contrastait étrangement avec les vestes de mess plus sobres des autres.

Comme d'habitude, il fumait un cigare et avait devant lui une grande boîte d'expédition d'où il tirait des rouleaux de papiers qu'il étalait devant lui avec le sentiment de leur importance.

Personne qui l'avait vu la veille à bord du « N° 1 », se tenant calmement près de la cheminée arrière sous un feu nourri, ne pouvait s'empêcher de louer son mépris du danger ; mais sa première remarque lorsqu'il fut emmené dans le canot *du Strong Arm* et vit le destroyer glisser sous la mer fut : « Voilà quatre cent mille dollars », et lorsqu'on découvrit qu'il avait emporté trois hommes avec lui, en plus aux deux qui avaient été jetés par-dessus bord, tout ce qu'il dit était : « Des hommes très bon marché ; il y en a bien d'autres pour les remplacer ».

Il était évident que tout lui était précieux, sauf la vie des gens qu'il payait pour risquer leur vie pour la protection de son vaste commerce. Helston et les autres avaient déjà perdu une partie de leur première admiration pour ce petit homme bon enfant et courageux, et ne pouvaient pas éprouver de sympathie pour une nature si complètement indifférente à la mort et à la souffrance. Pourtant, il n'était pas européen et il fallait tenir compte du stoïcisme et de l'insensibilité du Céleste.

À côté de lui était assis Cummins, un petit personnage étrange, la cravate autour des oreilles, fumant une vieille pipe rassis et riant intérieurement alors qu'une fantaisie humoristique traversait son cerveau actif. Rien, aussi solennel ou tragique soit-il, n'avait pour lui un côté amusant.

En face de lui, et à la gauche de Helston, se trouvait Bannerman du *Sylvia* , un homme grand et agité, aux cheveux fauve clair et à la barbe bien taillée. Il avait utilisé toute son influence sociale et militaire pour être nommé dans l'escadre de Helston, et avait toujours eu un grief selon lequel le *Sylvia* n'était qu'un navire-magasin. Les autres commandants le taquinaient sans pitié à propos de ses quatre petits canons de 12 livres – les seuls fusils qu'elle portait – et lui demander combien de charbon il avait pour eux était toujours suffisant pour lui faire « monter ».

Il n'était pas populaire et, lorsqu'il était de mauvaise humeur, harcelait ses officiers et ses hommes jusqu'à ce qu'ils soient à leur tour chauffés à blanc par une rage silencieuse. C'était toujours avec lui : "Mon navire s'est amarré très intelligemment ce matin, Cummins", ou "Je t'ai battu hier en démarrant, Hunter", ou une autre des deux ou trois évolutions auxquelles le navire-magasin pouvait participer.

Il n'a pas caché qu'il savait que si quelque chose arrivait à Cummins ou à Hunter, il obtiendrait le poste vacant, et, bien qu'il ne l'ait naturellement jamais dit en termes aussi explicites, il était clair qu'il attendait avec impatience qu'un tel événement se produise.

Sa seule idée était la promotion, et il ne reculerait devant rien pour l'obtenir, ne se souciant pas du tout de ceux qui souffriraient dans le processus.

Le Dr Fox était là aussi, lisant le *Hong-Kong Evening Mail* dans un fauteuil près du feu, et faisant de temps en temps quelques remarques caustiques.

Il s'agissait d'un étrange petit groupe de combattants : Helston, de santé brisée, et désireux seulement d'obtenir une promotion parce que la promotion signifiait son mariage avec la petite Miss Milly ; Bannerman en a envie pour la puissance qu'il porte ; Hunter au grand cœur ne s'en soucie pas du tout, tant qu'il a beaucoup de combats ; et le petit Cummins, qui ne se souciait guère de rien, tant qu'il pouvait élaborer pratiquement ses théories scientifiques sur la guerre moderne.

L'île occupée par les pirates s'appelait Hong Lu, simple point sur la carte de l'Amirauté, située au milieu du détroit de Formose, à mi-chemin entre les Pescadores et Amoy. Ping Sang avait fait faire des copies de l'ébauche de carte dessinée par le capitaine marchand anglais il y a un an et les avait fait circuler.

Il en ressortait que Hong Lu mesurait environ cinq milles de long, avait la forme d'un fer à cheval et que le port, à l'intérieur de la boucle, était relié à la mer par un passage étroit entre de hautes falaises, formé par les extrémités recourbées. de l'île.

À l'extrémité de la boucle, il y avait aussi un autre débouché sur la mer, encore plus étroit que le premier.

Le capitaine anglais avait grossièrement marqué les endroits, de chaque côté de l'entrée, où il les avait vu monter des canons, et Ping Sang savait que, parmi les cargaisons des trois paquebots capturés près de Nagasaki il y a dix-huit mois, il y en avait six de 6 pouces. des armes modernes et de nombreux petits fusils à tir rapide. Comme ceux-ci étaient destinés à un nouveau fort chinois sur la rivière Min, et que tous leurs affûts et munitions se trouvaient également à bord, il serait facile de les monter efficacement.

"Ils vont nous causer des ennuis", sourit Hunter, frottant joyeusement ses grosses mains rouges; "Prenez n'importe quelle quantité de coups de marteau si les mendiants les combattent correctement."

"J'espère seulement qu'ils ne le feront pas", marmonna le Dr Fox depuis son fauteuil. "Nous avons déjà eu assez de pauvres gens tués, et je ne veux plus de travail pour panser les blessés."

"Et voici la liste des navires", a poursuivi Ping Sang.

C'était la liste des navires de guerre chinois qui avaient été débarqués après la bataille du Yalu et qui avaient apparemment été sauvés par certains Européens – les « Trois Mystérieux ».

Il comprenait le *Yao Yuen* et le *Mao Yuen* , navires jumeaux, âgés de dix ans et d'environ trois mille tonnes. Chacun transportait deux canons Krupp de 8 pouces et six canons de 4,7 pouces. Puis il y avait le *Tu Ping* , un peu plus grand et encore plus ancien, portant un Krupp de 10 pouces à la proue et neuf de 6 pouces en plus, tous des canons à l'ancienne.

Ce sont probablement les trois aperçus par la canonnière anglaise lors d'une croisière dans l'archipel de Chusan quelques mois auparavant.

Par ailleurs, deux ou trois corvettes appartenant autrefois à l'escadre du Yangtsé avaient disparu. Cependant, ceux-ci ne pourraient jamais être rendus utilisables contre les navires modernes.

« Ce petit lot ne devrait pas nous causer beaucoup d'ennuis, » dit Hunter assez tristement ; "Ils n'osent pas sortir et nous combattre à découvert."

"Ils ont dix ou douze torpilleurs", intervint Cummins, qui croyait fermement aux possibilités de la torpille, "et si ces trois destroyers, qui ont dû être remis par le gouvernement patagonien depuis que nous les avons laissés à Colombo, Si nous atteignons leur précieuse île, ils nous causeront des ennuis sans fin."

"Oui, peut-être qu'ils le feront", dit joyeusement Hunter. "Cela va ajouter à l'excitation, n'est-ce pas ? Faire un jeu plus niveau, hein ? "N°2" et "N°3" devraient être assez occupés avec ce petit lot. J'aurais presque aimé en commander un. moi-même."

"Je pense que cela rendrait le jeu plus équilibré", disait satiriquement le journal du Dr Fox - "beaucoup plus égal".

"Eh bien, qu'allons-nous faire ?" demanda Helston. "Ces trois destroyers ont au moins douze heures d'avance sur nous, et je ne pense pas qu'il sera possible de les rattraper, car, bien sûr, nous ne pouvons partir qu'après les funérailles de vos hommes, Hunter. Directement les funérailles Une fois de retour, nous peserons et nous dirigerons vers le nord.

"Certainement, monsieur, nous serons prêts", répondirent Bannerman et Hunter, ce dernier ajoutant: "Bien sûr, monsieur, je ne pourrais pas partir avant d'avoir enterré mes hommes."

"Excusez-moi, monsieur", intervint Cummins, riant de son air nerveux; "Ces destroyers ne pouvaient pas prendre tout l'équipage du *Hai Yen* et ses approvisionnements sans être inaptes à la navigation. Ils devaient y avoir un autre navire, et si elle avait été un navire de guerre, nous aurions dû voir quelque chose de lui. Don' Ne pensez-vous pas que cela devait être ainsi, monsieur ? »

"Certainement ; je m'en doutais à moitié moi-même."

"Eh bien, monsieur, ils devaient avoir un bateau à vapeur marchand, et un assez petit en plus, sinon ils n'auraient pas pu l'approcher assez près pour transférer tous ces magasins en une nuit, l'eau est si peu profonde."

"Certainement, certainement", acquiescèrent les autres.

"Par conséquent, s'il était petit, il n'y aurait que peu de bateaux à vapeur capables de naviguer à plus de dix nœuds, et c'est cette vitesse, ou plus probablement moins, qui sera sa vitesse vers Hong Lu, et les destroyers seraient presque certains de le convoyer, et pour que nous puissions les attraper aussi.

"Tu veux qu'on commence immédiatement ?" demanda Helston.

"Certainement, monsieur, et à votre vitesse la plus élevée, en envoyant les "N° 2" et "N° 3" en avant, si possible, et avec un peu de chance, nous pourrions les attraper ainsi que Hopkins, et le boiteux Anglais en plus."

"Mais", intervint Bannerman, "tout votre plan est basé sur de simples conjectures, Cummins, et vous devez vous rappeler que mon navire ne peut pas lui-même naviguer plus vite que dix nœuds."

"Vous pourrez venir après", répondit Cummins, ajoutant malicieusement, car il aimait aiguillonner Bannerman, "Vous n'aurez pas besoin d'escorte, je suppose. Haugh! Haugh! Haugh!"

"Eh bien, eh bien", intervint Helston, voyant que Bannerman s'énervait rapidement, "la conjecture peut s'avérer incorrecte, mais il vaut mieux agir en conséquence que sur rien du tout."

« À quelle heure pouvez-vous à nouveau organiser vos funérailles, Hunter ?

"Pas avant midi, monsieur ; leurs camarades de mess ne me le pardonneraient jamais s'ils ne pouvaient pas faire cela."

"Quand je relève la pointe des pieds", a déclaré Bannerman d'un ton vif, "ce qui m'arrive ne me dérange pas ; ils peuvent me jeter par-dessus bord s'ils le souhaitent."

"Eh bien, mon vieux," répondit Hunter, "quand mon tour viendra, j'aimerais savoir que mes propres hommes ont pris soin de moi."

"Très bien, messieurs", a conclu Helston. "Le *Strong Arm* suivra l'escadre, dont le reste partira à l'aube."

Avant que Hunter ne retourne au *Strong Arm,* il prit le capitaine Helston à part et dit un bon mot pour Pattison du malheureux « n°1 », mais ce dernier secoua la tête : « Courageux, bien sûr, il l'était, mais un L'homme aux commandes d'un destroyer a besoin de plus que de l'arrachage : du cerveau et du bon sens. »

"Ces deux aspirants, monsieur Glover et Foote, se sont comportés avec beaucoup de sang-froid pour les jeunes sous le feu des critiques pour la première fois, et Harrington, qui, d'après ce que j'ai entendu, se porte bien à l'hôpital, s'en est magnifiquement sorti.

"Pourriez-vous réussir à envoyer Foote au 'N°3', monsieur ? Les deux garçons sont de très bons amis et il mérite une autre chance."

"Très bien, Hunter, je ne l'oublierai pas ; bonne nuit."

Serrant la main d'Helston, le petit conseil de guerre se sépara, les commandants retournèrent à leurs navires, le laissant seul avec le Dr Fox. Ping Sang était à ce moment-là profondément endormi, incapable de résister à l'influence de son bon dîner, alors ils le laissèrent là où il était assis, et les deux vieux amis burent une dernière pipe ensemble avant de se coucher. Retraversant la cabine avant avant de dire "Bonne nuit", ils réveillèrent Ping Sang, qui dormait encore, la tête sur la table.

Il se redressa en sursaut et, avec un cri de triomphe, frappa la table jusqu'à ce que les gobelets tremblent.

"Le majordome de Ho Ming, le majordome lui-même, je lui arracherai le foie si jamais je parviens à le faire traverser le continent !"

"Qu'est-ce qu'il y a ?" » demandèrent-ils tous les deux, pensant que son dîner avait eu trop d'effet sur lui.

"C'est cette brute qui m'a trahi auprès du boiteux Anglais Hamilton. J'étais sûr d'avoir déjà vu quelque part l'homme qui est monté si précipitamment à bord de ces jonques, et c'est cet homme, le majordome de Ho Ming, le scélérat au foie blanc !"

Il était dans une rage effrénée et voulait descendre immédiatement à terre et le dire à Ho Ming ; mais le capitaine Helston et le docteur Fox réussirent finalement à le calmer et à l'inciter à se coucher.

CHAPITRE XIII

La vengeance du destructeur "n°1"

En poursuite – Horriblement mal de mer – Une course au coude à coude – Commencez à tirer ! – Courir en danger – « N° 1 » vengé – Le canot chavire – Le courageux petit Ogston

Le récit est continué par M. Glover

Nous avons passé une très bonne journée sur l'île de Sin Ling, et M. Parker m'a laissé monter à bord du *Hai Yen* avec les autres aspirants, et nous avons passé un bon moment à nous battre autour de lui. J'ai ramené un chat décharné, idiot je crois, car il se promenait la tête de côté de la manière la plus drôle possible, « miaulant » du matin au soir. Sa fourrure était brûlée sur un côté, mais nous avons récupéré de la pommade dans la pharmacie à l'arrière, et avec quelques bandages, nous lui avons donné la forme d'un navire – un spectacle comique, je peux vous le dire.

Nous n'avons pas beaucoup dormi cette nuit-là, car, après notre retour, nous avons dû faire à nouveau le plein de charbon, nous ravitailler, puis faire venir nos torpilles du *Sylvia* . Ce n'est qu'à trois heures que je me glissai dans la couchette du Gunner (il était de garde) et que je dormis quelques heures.

Ensuite, nous avons tous débarqué, et pendant que j'étais occupé à veiller à ce que tout soit sécurisé à l'arrière, qui devrait nous accoster sinon Tommy Toddles dans l'un des cotres *du Laird* . Il était extrêmement excité, je pouvais le voir, et, après s'être présenté à M. Parker, il est venu en dansant le long du pont et m'a dit que le capitaine Helston l'avait envoyé rejoindre le « n° 3 ». Nous avons sorti son coffre du bateau, mais il y avait très peu de place pour le placer, et M. Parker, qui a juré très fort en le voyant, lui a fait sortir les choses qu'il désirait le plus et l'a ensuite renvoyé au *Laird* .

"Vous deux jeunes, vous devrez partager le même coffre", dit-il. Mais cela ne nous dérangeait pas du tout, c'était tellement joyeux d'avoir Tommy.

Eh bien, "No. 2" et nous avons repoussé et laissé le *Strong Arm* derrière nous, l'air très désespéré dans la pénombre du jour avec son enseigne en berne. Cela semblait également assez étrange sans le numéro 1 et, alors que nous passions devant le *Sylvia* , nous avons vu M. Pattison sur le pont, l'air, pensions-nous, très malchanceux.

Dès que nous étions hors de Hong Kong et que nous étions sur notre bonne route, nous avons été envoyés en avant à toute vitesse, et nous n'avons alors pas eu beaucoup de temps pour penser à autre chose, car il y avait une grosse mer agitée et une forte brise sur notre avant tribord. .

Nous roulions à vingt-cinq nœuds et commençons à devenir très vifs.

Je pensais que rien ne me donnerait jamais le mal de mer, mais ce fut le cas, et comme je n'avais rien à faire sur le pont et que ni Tommy ni moi ne voulions parler, je me glissai de nouveau dans la couchette du Gunner ; mais le sous-marin est descendu quelques minutes après chercher ses cirés et m'a trouvé là-bas. Il m'a fait sortir, m'a ordonné de monter sur le pont et m'a fait prendre le volant des mains du quartier-maître et diriger.

Nous tanguions énormément, nos arcs s'enfonçant jusqu'au kiosque. Ils descendaient, descendaient jusqu'à ce que je pense, avec un sentiment terriblement vide en moi, qu'ils ne s'arrêteraient jamais. Ils revenaient, des tonnes d'eau s'écoulaient d'eux, et la vague qui l'attrapait au milieu du navire la faisait basculer sous le vent.

Rouler! Eh bien, à plusieurs reprises, j'ai cru qu'elle allait passer par-dessus, et une ou deux fois, pendant que nous gîteions, je me suis agrippé au bord du pont pour me stabiliser ; mais Collins me surveillait tout le temps et me maudissait assez durement.

"Laisse-la là-dedans, jeune connard ! Ne la laisse pas payer comme ça", dit-il. Et une autre fois : « Si vous la laissez encore s'écarter de plus de deux points de sa trajectoire, je vous en donnerai une demi-douzaine sur la table du carré.

Je faisais de mon mieux et je remettais le gouvernail pour le stabiliser, me sentant horriblement malade et terriblement misérable, car j'étais complètement mouillé et très froid.

M. Parker s'approcha aussitôt dans ses outres pour soulager Collins, fumant une pipe, dont la simple vue me fit sentir vert, et après avoir regardé joyeusement le "N° 2", qui était sur notre poutre, et avoir aussi mal une fois comme nous, dit-il, le corps solidement coincé entre la table à cartes et le 12 livres ; "Nous briserons le dos de la vieille fille si nous continuons ainsi plus longtemps, Collins. Donnez-moi un vieux type léger; toutes mes allumettes sont mouillées."

J'aurais sincèrement souhaité qu'elle se casse le dos et j'ai regardé vers l'arrière pour voir s'il y avait le moindre signe d'une telle chance.

Nous avons ralenti peu après et sommes retombés sur le *Laird* ; mais il devait faire près de vingt nœuds, et même s'il nous a donné un peu de vent, nous avons passé un moment horrible.

M. Parker m'a envoyé en bas, et j'ai dû m'accrocher assez fort pour arriver en toute sécurité à l'arrière, et j'ai trouvé le pauvre Tommy allongé sur les grilles arrière de 6 livres dans un état encore pire que moi.

Cela m'a un peu remonté le moral.

La nuit était presque aussi mauvaise, et même si j'étais mort de fatigue et mouillé jusqu'aux os et que j'avais envie de mourir, il était impossible de m'allonger sur une couchette. J'ai été éjecté de la couchette du sous-marin à deux reprises - vous voyez, il n'y avait pas assez de couchettes pour tout le monde, j'ai donc dû utiliser celle de l'homme de quart - et j'ai passé la majeure partie de la nuit sur le pont du carré des officiers, accroché aux pieds de la table du carré, jusqu'à ce que même ceux-ci cèdent dans une embardée très lourde. Nous sommes allés sous le vent et avons réveillé l'ingénieur, qui m'a mis dehors et a voulu savoir "Qu'est-ce que je voulais dire en choisissant cette heure de la nuit pour jouer aux chaises musicales ?"

Puis je me suis glissé sur le pont et je me suis accroché au poste de direction arrière, vraiment trop effrayé pour redescendre, tant nous roulions horriblement. Je vous raconte tout cela juste pour vous faire savoir ce que c'est que de se retrouver pour la première fois à bord d'un destroyer par gros temps. Les gens voient les destroyers entrer et sortir du port et se demandent quelle vie joyeuse cela doit être à bord ; et il en est ainsi aussi, une fois qu'on y est habitué et qu'on a appris qu'ils peuvent se tenir sur la tête un instant, rouler jusqu'à ce que la mer arrive à mi-hauteur de leurs entonnoirs l'instant d'après, et ne s'en porter pas plus mal. .

Mais n'a-t-il pas besoin de s'accrocher beaucoup ?

Tommy m'a rejoint derrière le paravent, et nous étions un misérable couple, je peux vous le dire, et nous avons souhaité revenir dans le *Laird* , nous balançant dans nos hamacs.

Au milieu du quart, Jones, l'un de nos sous-officiers et capitaine du 12 livres, est venu à l'arrière pour prendre le journal et nous y a trouvés.

"'Eh bien, monsieur ! que faites-vous là, vous deux, jeunes messieurs ?" il a dit.

Nous avons dégluti que nous avions trop peur pour descendre et que nous nous sentions mieux au grand air.

Il leva sa lanterne vacillante. "Eh ! vous avez le mal de mer, n'est-ce pas ?" il a dit. "Eh bien, vous avez l'air d'un vert puissant et vous êtes aussi mouillés que l'eau. Venez avec moi, je vais vous ranger hors de vos bras."

Il nous fit monter dans le canot, qui était dans ses béquilles au milieu du navire, nous dit de nous allonger sur des rouleaux de cordage et de vieilles toiles de pont, et nous couvrit d'une bâche.

Nous nous sommes blottis les uns contre les autres et nous nous sommes réchauffés à nouveau, et une fois que nous étions chauds et humides, nous nous sommes rapidement endormis.

Dix minutes plus tard, nous étions brutalement secoués par les épaules et Jones était de nouveau là.

« Sortez, jeunes messieurs ; montrez simplement une jambe. Il a sonné sept cloches (sept heures et demie), et il est temps de vous lever.

"Vous avez l'air mieux maintenant, vous l'êtes", dit-il, alors que nous sortions précipitamment de sous la bâche, nous sentant partout raides mais le mal de mer disparu; "et voici une goutte de chocolat chaud pour vous et un peu de biscuit de bateau - faites de vous encore des hommes."

La mer avait considérablement baissé et il faisait grand jour, le soleil brillait fort et Jones nous souriait d'une manière paternelle, avec quelques biscuits de bateau dans une main et un bol de cacao fumant dans l'autre.

Eh bien, je n'aurais jamais dû croire que cela était possible. Quelques heures auparavant, je pensais que je ne devrais plus jamais vouloir toucher à un peu de nourriture, et maintenant nous nous sentions tous les deux affamés et aurions avalé tout ce qui nous séparait, mais Jones nous a fait manger d'abord un peu de biscuit dur, puis un sandwich. dans un peu de cacao, et ainsi de suite jusqu'à ce qu'il n'en reste plus.

"Non, il n'y en a plus", dit Jones, "et le capitaine, il veut vous voir tous les deux dès que vous vous serez rendus respectables."

Il était sur le pont ; et après nous être affrontés, nous sommes allés de l'avant, nous sentant terriblement bon marché et peu recommandables.

"Maintenant, vous deux, les jeunes, devez comprendre", commença-t-il. "Je vais te laisser partir cette fois, mais ne me laisse plus jamais surprendre en train de fuir ton travail, que tu aies le mal de mer ou non. Maintenant, va en bas (je crois avoir vu une étincelle dans ses yeux) et récupère " Un peu de petit-déjeuner. Le *Laird* a repéré ces destroyers pirates et nous les poursuivons, mais je n'aurai besoin d'aucun de vous pendant une demi-heure, alors profitez au maximum de votre temps. "

« Où sont-ils, monsieur ? avons-nous demandé avec impatience.

"Juste devant, mais nous ne pouvons pas encore les voir. Ils viennent juste de les apercevoir depuis le *Laird* ."

La portée de vue d'un destroyer est très limitée, et c'est la vigie en tête de mât *du Laird qui les avait découverts.*

« Ne pourrions-nous pas rester, monsieur ? avons-nous demandé, oubliant notre faim dans l'excitation.

"Non. Descendez en bas, et vous ne remonterez pas avant une demi-heure."

Même avec notre enthousiasme, nous avons réussi à nous raccommoder assez bien quand enfin le cuisinier des officiers nous a envoyé quelque chose à manger - des œufs et du bacon - de la cuisine, et nous avons fait paraître une miche de pain et un pot de confiture précieux petits. avant que nous ayons fini.

Nous avons attendu avec impatience les trente minutes qui s'écoulaient, puis avons couru vers le pont et, à ce moment-là, nous avons pu apercevoir un nuage de fumée à l'horizon devant nous.

Nous avancions avec vengeance, le "No. 2" venant à l'arrière et le *Laird* plusieurs milles derrière nous.

C'était une belle matinée, car le vent d'hier s'était dissipé, et la mer était maintenant d'un beau vert scintillant, avec une longue et tranquille houle, couronnée ici et là de "chevaux blancs", qui de temps en temps se précipitaient contre nos arcs sautèrent en l'air et tombèrent en milliers de gouttes étincelantes sur le gaillard d'avant.

"Le numéro 2" a continué à monter progressivement, et finalement, en faisant ce que nous pouvions, elle a atteint le niveau, et nous avons couru au coude à coude, à moins de cinquante mètres l'un de l'autre.

Tommy et moi parvenions à peine à rester immobiles sous l'effet de l'excitation et j'avais l'impression de picoter partout. Ni M. Parker ni M. Lang du « N° 2 » n'avaient encore été sous le feu des critiques, et c'était maintenant leur chance de venger le pauvre « N° 1 » ; et ils y parviendraient aussi, si seulement les moteurs faisaient de leur mieux.

Et ils ont magnifiquement tourné en rond, et nous allions encore plus vite que lorsque nous avions pourchassé le destroyer à l'extérieur de Colombo.

Nous pouvions maintenant voir qu'il y avait un petit bateau à vapeur marchand avec les pirates, presque caché dans la fumée, mais il semblait être à la traîne, et bientôt nous vîmes que les destroyers s'éloignaient de lui.

"Ils la laissent à son sort", a déclaré M. Parker, et une demi-heure plus tard, nous l'avons rattrapée et nous sommes passés assez près pour voir un homme à l'air impassible sur son pont nous regardant solennellement. Ce n'était qu'un vieux baquet de marchand, très profond dans l'eau, se vautrant comme un marsouin, et montrant ses fesses couvertes de balanes et de verdure en roulant.

"Elle a probablement l'équipage du *Hai Yen* à son bord", nous a dit M. Parker, "et le *Laird* la rattrapera dans une heure."

Nous l'avons laissé comme s'il avait été au mouillage, le "No. 2" avançant un peu, tandis que M. Lang hurlait des remarques insultantes à M. Parker à travers le mégaphone, et que le sous-marin faisait pendre le bout de son aussière en herbe au-dessus de la poupe et nous a demandé si nous voulions un remorquage - l'insulte la plus mortelle qu'ils pouvaient faire.

Nous arrivions maintenant aux trois pirates, dont l'un semblait incapable de suivre les autres et reculait rapidement, tandis que les deux autres, tels d'immenses marsouins, s'élançaient.

À ce moment-là, nous étions rentrés dans nos quartiers et nous étions debout près de nos canons. Tommy a dû faire du chien avec M. Parker et envoyer des messages ; Je devais m'occuper des canons de 6 livres de l'avant, un de chaque côté sous le pont.

Les hommes ôtèrent leurs bottes pour pouvoir agripper plus fermement le pont avec leurs pieds nus, ôtèrent leurs pulls et se tinrent debout devant leurs fusils, attendant avec impatience, avec des rangées de cartouches dans les râteliers derrière eux.

Là où je me trouvais, avec le « n° 2 » juste devant moi, je ne pouvais pas voir les pirates, mais presque immédiatement le signaleur au-dessus de moi a crié : « Ils ont tiré, monsieur ! et en un clin d'œil, un obus, auquel il manquait le numéro 2, tomba dans l'eau juste sous nos étraves et, éclatant, couvrit d'embruns l'équipage d'un canon.

"Ma mère m'a dit de ne jamais me mouiller", a déclaré le drôle d'homme de l'équipage en se secouant tristement.

"Lève tes grands pieds, alors, et ne les enlève pas, Bill", a crié l'un d'eux, et "Enlève tes pieds, cela fera grandir ton air", a crié un autre.

« Allons-nous charger, monsieur ? » » demanda le capitaine du canon, un petit homme aux yeux gris nommé Clarke.

Je lui ai dit d'attendre les ordres, alors nous avons tenu bon, et alors que de nombreux obus sifflaient, les hommes sont devenus plutôt agités, les numéros de munitions ramassant les cartouches et attendant le signal du chargement.

L'ordre a semblé extrêmement long à venir, mais le "N° 2", passant devant notre proue vers bâbord, nous a donné une bonne vue du pirate et a commencé à tirer sur lui-même.

Finalement, Tommy, passant la tête par-dessus le paravent du pont, cria : "Attendre!" "Fermer!" J'ai crié aux équipages des deux canons, et les capitaines des canons, avec leurs mentonnières serrées entre leurs dents, ont sauté sur leurs épaulettes, se sont bien enfoncés, ont rivé les yeux sur les viseurs et, les pieds écartés , se tenaient prêts, gardant le regard sur le destroyer.

Les blocs de culasse descendirent en un clin d'œil, les cartouches s'ébranlèrent, les blocs remontèrent de nouveau, et "Prêt !" criaient les numéros de culasse.

"Portée 1 500 mètres !" » a crié Tommy depuis le pont au-dessus d'une voix drôle, grinçante et excitée, et juste après j'ai entendu M. Parker donner l'ordre « Commencez ! à Jones du canon de 12 livres.

Tommy nous a transmis l'ordre et, avec un cri de joie, les hommes ont sauté aux armes.

Ma tante, quelle bagarre !

Le destroyer "No. 2" était maintenant bien devant nous, et à mesure qu'il se rapprochait progressivement du destroyer pirate, il disposa de quatre canons - le 12 livres sur le pont, le 6 livres juste en dessous sur tribord, le 6 livres sur la poutre au milieu du navire et le 6 livres sur la plate-forme à l'arrière.

Nous pouvions voir les petits jets de flammes féroces jaillir et nous pensions qu'elle avait frappé le pirate à plusieurs reprises.

Nous aussi tirions très vite et essayions de ratisser sa poupe, dans l'espoir de pouvoir faire tomber une partie de son gouvernail.

Le pirate partageait son attention entre nous, mais tirait très sauvagement et ne pouvait pas nous toucher ; et ce n'est pas étonnant, car à l'heure actuelle, le "N° 2" s'était même avancé devant lui, et nous pouvions voir de temps en temps des obus éclater contre ses entonnoirs, ses capots et sous son pont. Nous avons tous crié de joie.

Ses tirs devenaient très faibles et nous pouvions voir les équipes de tir tenter de se faufiler en contrebas ; mais un grand homme, avec une grande barbe noire, et habillé en officier, continuait à les repousser, s'exposant avec une grande bravoure.

C'était merveilleux qu'il n'ait pas été touché, et vraiment, si nous avions été superstitieux, nous aurions pensé qu'il menait une vie enchantée. Mais maintenant, le « N° 2 » avait pris de l'avance et s'installait derrière les deux autres destroyers, nous laissant entièrement celui-ci.

N'était-ce pas une attitude courtoise de la part de M. Lang ?

Maintenant qu'ils n'étaient plus sous le feu croisé, les pirates reprirent courage et leurs obus se mirent à siffler par dizaines. Nous avons travaillé dur avec nos armes, je peux vous le dire, et l'avons frappé à plusieurs reprises, mais nous n'avons jamais semblé capables d'atteindre un point vital, car nous plongions et tremblaient dans la longue houle, et il était terriblement difficile de maintenir notre visée stable. .

À ce moment-là, il y eut une légère acclamation de la part du pirate, et nous pouvions voir ceux qui restaient sur le pont agitant les bras et pointant vers l'avant.

Tommy est descendu de l'échelle dans un état d'excitation formidable.

" L'île de Hong Lu est en vue ", dit-il, " et un croiseur vient à leur secours. M. Parker dit que nous ne pouvons pas continuer plus de dix minutes, et il va naviguer plus loin. de près. Vous devez tirer sur sa conduite d'eau entre ses entonnoirs et essayer de désactiver ses chaudières.

Tous nos canons étaient tournés de ce côté, et nous nous approchâmes peu à peu jusqu'à ce que nous ne soyons plus à cinquante mètres ; mais encouragés à redoubler d'efforts par la chance d'un sauvetage, ils tirèrent encore plus vigoureusement, et à cette distance ne purent s'empêcher de nous frapper. Un obus éclata presque au milieu du navire, blessa deux hommes qui se tenaient là, un autre perça notre entonnoir le plus avancé, le déchirant d'une grande déchirure, et un troisième éclata contre la tourelle, à moins de dix pieds de l'endroit où je me tenais, et bien qu'il nous assommât pendant toute la durée du combat. moment, nous a étouffés de fumée, et de petits morceaux ont volé en rond, personne n'a été touché.

C'était à peu près leur dernier coup, car ils ne pouvaient plus supporter de punition. Dix ou douze avaient déjà été renversés, et nous les voyions entassés en tas sur le pont. Les autres se réfugièrent en contrebas, se pressant le long des petites écoutilles, jusqu'à ce que nous ne puissions voir personne d'autre que le grand officier.

"Ce croiseur se rapproche à grands pas", a déclaré Tommy, qui avait été envoyé pour voir les dégâts causés par le dernier obus, "et le 'No. 2' revient aussi vite qu'il le peut."

Je pouvais juste voir le gros croiseur arriver sous un épais nuage de fumée, à pas plus de 6 000 mètres, tirant sur le "N° 2" alors qu'il revenait vers nous.

Je pensais que M. Lang en avait assez et s'enfuyait, et je me demandais comment M. Parker osait continuer, mais pas du tout. Le "N° 2" est arrivé et, tournant autour de notre poupe, il s'est posté juste à l'arrière du destroyer pirate, sur son autre quart, le branchant de toutes ses forces, puis j'ai vu que nous étions tous les deux en sécurité pour le prochain. quelques minutes.

Vous voyez, nous étions tous les trois en groupe, et le croiseur ne pouvait tirer sans risquer de heurter son propre destroyer.

Nous avons couru ainsi, lui tirant dessus aussi fort que possible – nous d'un côté, le « n°2 » de l'autre – et maintenant nos tirs ont commencé à faire effet. Le pirate commença à ralentir ; nous pouvions voir de larges déchirures sur son côté et de l'eau affluer.

« Continuez ainsi, mes amis, encore une minute », a crié M. Parker, et nous avons déversé un flot régulier d'obus.

Un ou deux d'entre eux ont juste fait l'affaire (nous n'avons jamais su qui a tiré, mais Jones l'a réclamé pour son 12 livres, et le "N°2" était également certain que c'était son coup), car tout à coup un grand volume de fumée s'est dégagé. et de la vapeur s'échappa de son pont, son mât et son entonnoir avant passèrent par-dessus le côté, et son pont s'ouvrit dans une grande brèche, comme s'il s'était cassé le dos.

Nous avons applaudi chaleureusement et avons également entendu le "N°2" applaudir sauvagement.

Il était temps, car le croiseur n'était plus qu'à deux mille mètres de nous et commença à tirer sur nous, sans se soucier apparemment de savoir s'il heurterait ou non son propre destroyer, maintenant qu'il ne pouvait plus s'enfuir.

Un obus est tombé dans l'eau juste entre nous et a ricoché avec un grand sifflement.

Il fallut la quitter, et vite aussi ; nous nous sommes donc retournés pour reprendre le *Laird*, qui était maintenant hors de vue, en tirant une bordée qui s'est séparée, ce qui a fait crier M. Parker : « Cessez de tirer, hommes, cessez de tirer ; il en a assez, il coule ! »

Le croiseur ne nous l'a-t-il pas donné alors ! Des gros bonnets passaient tout autour de nous avec un bruit de train express, et des petits passaient avec un bruit de "retournement". Comment se fait-il que nous n'ayons jamais été touchés, je ne peux pas l'imaginer encore aujourd'hui, car elle s'est vraiment entraînée magnifiquement au cours des cinq premières minutes, et je ne pense pas m'être jamais sentie aussi déprimée depuis, car, voyez-vous, si seulement un de ces gros obus était tombé à bord, cela aurait été la mort pour tout le monde, et nous aurions coulé avant de pouvoir dire « Jack Robinson ».

Mais notre grande vitesse nous a rapidement mis hors de portée précise, et nous étions alors pratiquement en sécurité, sauf en cas de tir fortuit.

Le croiseur a dû voir le *Laird* avant nous, car il abandonna bientôt la poursuite et nous laissa seuls ; et très heureux que nous l'ayons été aussi, je peux vous le dire, et que nous sommes allés "nettoyer les armes" et nettoyer le pont. Il était jonché de douilles vides, malgré beaucoup d'entre elles qui avaient roulé ou été jetées par-dessus bord. Les deux blessés avaient été soignés bien avant, mais ils n'avaient rien de très grave, juste des blessures à la chair causées par de petits fragments d'obus.

En regardant en arrière, nous avons vu que les deux autres destroyers étaient revenus et se tenaient à côté de celui que nous avions paralysé ; mais ils ne purent la sauver, car soudain elle se transforma en tortue et disparut, nos hommes éclatant de nouveau en applaudissements.

"J'espère qu'ils ont réussi à sauver ce grand type", a déclaré Tommy, et M. Parker, l'entendant, a ajouté : "Je l'espère aussi ; j'aimerais bien serrer la main de cet homme."

Nous sommes retournés sains et saufs au *Laird* et l'avons trouvé debout près du petit bateau à vapeur marchand, qui roulait lourdement dans la longue houle, avait une grande gîte sur bâbord et était apparemment en train de couler.

Nous n'avions entendu aucun coup de feu, nous ne pouvions donc pas comprendre exactement ce qui s'était passé ; mais le *Laird* était évidemment monté à bord du paquebot, car, alors que nous l'avions en vue, il hissait ses deux canots de sauvetage (couteaux), et il s'est avéré que dès qu'il avait entendu le bruit des canons lourds dans notre direction, il avait rappelé les bateaux qu'elle avait fait traverser et venait à notre secours, jugeant que nous avions été attaqués par quelque chose de plus gros qu'un destroyer.

Nous nous sommes approchés du *Laird* autant que possible et avons envoyé les deux hommes blessés, bien contre leur volonté, je dois le dire, car ils pensaient qu'une fois envoyés au *Laird,* ils n'auraient jamais la chance de rejoindre le "N° 3". ", et tout le monde s'attendait à ce que les destroyers assistent à la majeure partie des combats.

Tommy les a pris en charge dans le baleinier, et alors qu'il approchait de l'échelle de logement *du Laird* , son équipage s'est rassemblé sur le côté et a poussé trois acclamations, car à ce moment-là, ils avaient appris que nous avions coulé l'un des pirates.

Pendant que Tommy était absent, le petit bateau à vapeur fit une ou deux lourdes embardées sur bâbord, sortit sa proue de l'eau, comme s'il eût été vivant, et luttait pour garder la tête haute, puis coula.

Pauvre petite chose! Elle avait probablement sillonné la côte chinoise pendant des années avant de tomber entre les mains des pirates, et on ne pouvait s'empêcher de se sentir désolé pour elle.

À ce moment-là, le *Laird* avait de nouveau abaissé ses bateaux, et ils se sont arrêtés là où nous pouvions voir beaucoup de têtes se balancer dans l'eau, et essayaient de toute évidence de sauver quelques-uns des misérables en difficulté.

Un signal nous a été envoyé par sémaphore, et nous avons dû sortir de notre canot et aller également à leur secours. Je suis parti en charge avec un équipage volontaire, composé de Jones, notre officier marinier et d'un autre homme, et il a fallu travailler dur dans ce bateau maladroit, presque aussi large que long, pour traverser jusqu'à l'endroit où le paquebot avait coulé.

Nous ne pouvions rien faire de bon non plus, car les Chinois ne nous laissaient pas les sauver, et c'était un travail dangereux dans ce bateau grincheux de les attraper avec une gaffe et d'essayer de les hisser par-dessus le plat-bord contre leur gré. Ils pensaient sans doute qu'il fallait les torturer, et préféraient une mort rapide par noyade à la mutilation, dont un Chinois a une terrible crainte.

Nous en avions presque traîné un à bord, et nous le tirions tous les trois, lorsqu'une vague déferla sur le plat-bord. Nous nous sommes remplis d'eau, et avant de réaliser ce qui s'était passé, nous nous débattions tous dans l'eau, agrippant toujours le misérable Chinois.

« Lâchez la brute ! » J'ai crié dès que j'ai sorti la tête de l'eau, et nous avons nagé jusqu'au canot et nous nous sommes accrochés à sa quille. C'était une position agréablement inconfortable, car l'eau était très froide et les vagues continuaient de nous submerger, et c'était un travail extrêmement dur de s'accrocher à ces trois pouces de quille en bois.

Avec tous mes vêtements, et mes bottes aussi, j'avais l'air de peser une tonne, et si Jones ne m'avait attrapé de temps en temps à chaque fois qu'une vague arrivait, j'aurais dû être emporté.

Nous ne restâmes pas là longtemps, cependant, car l'un des cotres *du Laird* était tout près et s'approcha, descendant du vent, Mellins - ce bon vieux Mellins - avec un sourire de joie, se levant à l'arrière et prenant soin de ce qui se passait. nous n'avons pas été frappés par les rames.

Ils nous ont hissés à bord, puis nous avons attrapé le peintre du canot et l'avons remorqué jusqu'au « n° 3 ». Mellins, étant un de mes amis et un très bon gars, a d'abord chassé et pêché toutes ses planches de fond, ses godilles et sa gaffe hors de l'eau, car je n'ose pas y retourner sans eux, parce que M. Parker aurait été tellement en colère.

Nous avions tous horriblement froid au moment où nous avons escaladé le côté du « n° 3 » et, ne pensant à rien d'autre qu'à enfiler des vêtements secs, j'allais plonger en bas, lorsque M. Parker a crié vers moi. moi; "Lève ton bateau tout de suite, jeune idiot ! Je vais t'apprendre à faire chavirer mon canot !"

Nous l'avons immédiatement mis à bord, travaillant sur le petit treuil du derrick jusqu'à ce que nous soyons presque à nouveau chauds, puis j'ai couru vers la cabine de M. Parker pour signaler "tout est correct". "Il devrait vraiment être plutôt content", pensai-je, car nous n'avions rien perdu de l'équipement du bateau ; mais j'avais oublié que j'étais encore ruisselant d'eau, et partout où je me trouvais, une flaque d'eau se formait immédiatement.

M. Parker, voyant le désordre que je faisais sur le pont de sa cabine, est entré dans une grande colère et m'a ordonné de monter sur le pont, d'enlever toutes mes affaires, puis de lui faire rapport. "Qu'est-ce que tu veux dire en mettant ma cabane dans un tel état ?"

Il ne me fallut pas une minute pour enlever tous mes vêtements négligés, et je redescendis sans rien d'autre que ma casquette, qui d'une manière ou d'une autre était restée collée sur ma tête tout le temps que j'étais dans l'eau.

"Tu as tout perdu d'elle, je suppose ?" dit-il avec colère, même s'il semblait plutôt amusé par mon apparence. "Ici, je t'envoie chercher des gens, et tu as le culot de faire chavirer mon bateau et de faire de toi et du 'N°3' la risée !"

"Je suis vraiment désolé, monsieur", lui dis-je, "mais ils ont vraiment lutté, et nous n'avons rien perdu, monsieur, pas même sa grille arrière; nous les avons tous récupérés."

"Très bien, Glover, ne recommence plus."

Vous pouvez imaginer que, debout là, grelottant, ma casquette à la main et pas un seul morceau de vêtement, je n'avais pas très envie de répéter l'expérience.

"Je n'avais pas l'intention que tu me fasses un rapport comme ça," ajouta-t-il en souriant à nouveau. "Maintenant, sèche-toi," et il me lança une de ses grandes serviettes de bain, "et quand tu seras sec, monte sur ma couchette et réchauffe-toi."

Il est monté sur le pont, et c'était merveilleux de me sécher jusqu'à ce que ma peau brille, et Tommy est descendu avec mon pyjama et un seau de soupe aux pois brûlante qu'il avait récupéré dans la cuisine des hommes.

Il ne fallut pas longtemps avant que je me retrouve bien au chaud sous les couvertures de M. Parker, puis Tommy me raconta une chose très courageuse qui s'était produite. Ils lui en avaient parlé lorsqu'il était monté à bord du *Laird* avec nos blessés.

Il semble que lorsque le *Laird* eut révisé le paquebot, de nombreux membres de l'équipage sautèrent par-dessus bord et se noyèrent, et il n'arrêtera pas ses moteurs tant que le *Laird* n'aura pas envoyé un coup de feu sur sa proue, puis un autre sur son pont.

Cela l'a amenée à, et deux bateaux, avec leurs équipages armés, ont été envoyés pour la prendre en charge.

Ils découvrirent, comme on l'avait imaginé, que l'équipage du *Hai Yen* était à bord, mais ils n'opposèrent aucune résistance et nos hommes firent signe à des chauffeurs et à des ouvriers de la salle des machines de faire fonctionner les moteurs.

Le petit Ogston, l'assistant ingénieur (je vous ai déjà dit combien il est joyeux et intelligent) s'en chargea, et au moment où ils montèrent à bord, quelque chose n'allait manifestement pas avec le paquebot, car il semblait être en train de couler.

Ils ont constaté que le capitaine chinois avait ouvert toutes ses vannes d'inondation et ses ouvertures sous-marines, et que la salle des machines et la chaufferie étaient à moitié pleines d'eau.

Ils ne pouvaient pas les fermer, car les raccords étaient maintenant sous l'eau, mais le petit Ogston a demandé à l'un des chauffeurs chinois de lui montrer plus ou moins où se trouvaient les mécanismes d'ouverture et de fermeture, et que faisait-il sinon enlever ses affaires et plonger sous l'eau. l'eau, qui était maintenant montée presque aussi haut que les cylindres, et se dirigeait vers les autres compartiments du navire, à l'avant et à l'arrière.

La salle des machines était assez sombre, m'a dit Tommy, et il y avait quinze pieds d'eau qui tourbillonnait parmi les machines alors qu'elles titubaient d'un côté à l'autre, et toute la graisse et la saleté des cales flottaient dedans.

Imaginez-vous avoir le courage de plonger là-dedans dans le noir, sachant que ce n'était qu'une question de quelques minutes avant que le navire ne coule !

Bien sûr, cela ne servait à rien, et Ogston était bel et bien épuisé après avoir fait trois tentatives. Ils ont dû le porter sur le pont et faire l'esquive de la respiration artificielle avant qu'il ne revienne.

Il a ensuite demandé que l'appareil de plongée soit envoyé du *Laird* , et il serait redescendu en tenue de plongeur s'ils n'avaient pas tous été rappelés au *Laird* . C'est à ce moment-là qu'elle a entendu les canons lourds du croiseur pirate, qu'elle a deviné que nous allions nous heurter à quelque chose de gros et qu'elle nous poursuivait.

"Alors vous voyez," termina tristement Tommy, "ils ont dû quitter le bateau à vapeur, qui était rempli de provisions, de munitions et de petits canons *du Hai Yen* , et maintenant tout est allé au fond. Mais n'est-ce pas joyeux courageux de la part d'Ogston ? Ils sont terriblement fiers de lui dans la salle d'armes, et vont lui offrir un dîner régimentaire ce soir et une chanson après. Ne souhaites-tu pas que nous puissions y aller ?

"Plutôt!" J'ai dit; mais il s'est avéré qu'il y avait quelque chose à faire ce soir-là bien plus excitant qu'une chanson.

CHAPITRE XIV

Opérations de nuit

Cooky a un grognement – Une jonque de pirate – « Hup, Hoff et Hout of it » – Rampant vers la côte – Quatre torpilleurs pirates – Un travail dangereux – Un piège rusé – Le quatrième torpilleur

Raconté par Pat Jones, maître de première classe, capitaine du destroyer de 12 livres "No. 3"

Je ne suis pas un érudit épanoui, et écrire n'est pas grand-chose dans mon domaine.

J'écris à ma vieille femme une fois d'une certaine manière, et aux enfants quand approche leur anniversaire, après avoir obtenu une liste de tous écrite à l'intérieur du couvercle de ma "boîte à chansonnette" [#], parce que je Je ne m'en souviens jamais, mais c'est tout ce que j'écris, sauf écrire le gros journal quand je suis de garde. Et parfois, quand j'ai un peu d'argent, je leur envoie une bibelots, car la vieille femme se contente d'arracher des objets à partir de fourrures et les montre à tous les copains du village qui vivent là-bas. À la manière de Dorchester, elle le fait. Je l'ai vue se gonfler comme une poule, c'est quoi le plus beau groupe de poussins dans la cour de la ferme, juste parce que je lui donne un vrai dollar chinois quand je rentre de cette gare il y a trois ans. à la prochaine Saint-Michel, et ils l'examinent tous, le manipulent et disent "Je suis béni ! Je suis foutu ! Eh bien, mon jamais ! et ces 'savids païens-là ont fait ça tout le temps eux-mêmes", et je m'amuse à le faire. moi-même (et pour ce qui est de me sortir la pipe de la bouche, je m'amuse tellement), car depuis le début, j'ai su que c'était fabriqué à Birmingham, à la menthe là-bas. Mais c'est comme les gens de Wimmin, ils sont si simples dans certaines choses, même si vous ne pouvez pas les contourner dans d'autres.

[#] " *Ditty-box* ", petite boîte en bois dans laquelle les hommes rangent leurs lettres et petits effets personnels.

Mais cela n'a rien à voir avec cette histoire d'avant, alors je vais commencer tout de suite.

Nous passions un moment assez difficile à frapper depuis Ong-Kong, puis à nous battre la majeure partie de la matinée avec ces pirates, ce qui n'était qu'un petit pique-nique et nous fait tous le plus « terreux » pour nos repas et nos pipes o'baccy.

M. Parker a dit : "C'est votre coup qui a fait l'affaire", il a dit, quand le pirate dont nous nous inquiétions toute la matinée, comme mon petit pote à certains, inquiète les rats jusqu'au maïs du fermier Gilroy. poubelles, bustes; mais je ne m'en attribue pas tout le mérite, parce que "No. 2" tirait furieusement tout le temps, et peut-être qu'elle l'a fait, cependant, remarquez, mon 12 livres ne fait pas de mauvais tir quand nous je ne saute pas dans une mer de tête.

Ensuite, nous retournons au navire amiral, et je dois partir en canot et essayer de sauver certains de ces sauvages chinois. Nous sommes bouleversés, et cet aspirant, M. Glover, n'est pas très doué pour continuer, et je dois regarder après, je suis assez proche.

C'est un être rare, aussi gai et brillant qu'un nègre qui se prélasse sur la plage de corail, avec le soleil qui brille dans le ciel brumeux au-dessus de lui et les bernarnas qui poussent tout autour. je suis en abondance.

Cela fait du bien de voir son visage joyeux, et nous tous sur le pont inférieur venons de décider de le regarder, quoi qu'il arrive.

Quand vous avez laissé tomber votre dernière pipe par-dessus bord, et qu'il n'y a plus de patates à annoncer, ou qu'il n'y a pas de terbacco, ni d'allumettes si vous 'annoncez, et qu'il n'y a plus d'endroit sec nulle part, et tout est tout simplement pénible, il arrive aussi joyeux qu'un grillon en fleurs, et ça fait du bien à votre cœur rien que de le voir.

Nous le disons tous lorsqu'ils envoient M. Foote ("Toddles", les Orficers l'appellent) au "N° 3" : "Maintenant, ces deux jeunes hommes seront "appy", car, voyez-vous, ils soyez de bons amis, et avant lui est arrivé M. Glover et personne avec qui se battre.

Eh bien, je dois me dépêcher avec ce fil. Nous arrivons à l'île des pirates vers six heures (trois heures) de l'après-midi, après avoir fait une pause tranquille après le dîner et quitté la terre, ou quarante clins d'œil, comme vous l'appelez à terre.

Nous avancions facilement à l'arrière du *Laird*, le "No. 2" étant juste devant, et le *Sylvia* venant du sud, cinquante milles derrière à ce moment-là, et je me tenais dehors. Dans la cuisine, je passais le temps avec Cooky, qui séchait mes affaires mouillées et celles de M. Glover, les choses que nous portions sur nous lorsque le canot a chaviré, et grommelait comme mon vieux Harry qu'un obus avait éclaté. dans sa cuisine et a fait du ole dans sa meilleure casserole et a brisé beaucoup de vaisselle des Orficers. « Comment puis-je me rendre justice », dit-il, « avec tout cela qui est en panne. Je fais de mon mieux, je m'aide, pour ces officiers, mais, là, ils râlent toujours – les patates. n'est pas cuit, ou l'entray est froid, ou l'aigs en fleurs est trop bouilli ou n'est pas assez bouilli. Et le pont inférieur est tout aussi mauvais. Bill Williams du mess n ° 3 arrive en courant avec une viande. -une tarte aussi grosse qu'une maison, recouverte de morceaux de pâte tordus, et bien qu'il n'y ait pas de place au-dessus de la cuisine pour une tasse à café, je la mets sur autre chose ; et Chicard Hewitt du numéro 5 - ces chauffeurs sont toujours les plus particulaires - arrive et il veut que les morceaux de viande du désordre soient rôtis; et, je m'aime, avec un gars qui les veut se tenir debout, et un autre rôti, un " Un autre chante aussi joyeusement que si le vieux navire était une galère, " Bouilli pour nous, Cooky ", " Old Fatty ", ou " Carrots ", ou certaines de leurs " impertinences qui font monter l'air, eh bien, me frappent en rose. il y a à peine de la place pour cuire un sparrah en fleurs, et ils me demandent tous de continuer à arroser avec l'un et à tourner un joint avec un autre, et à remuer un plat avec un autre, et à attiser le feu, et lancer des charbons et aller chercher de l'eau dans le même souffle ; et avant que tu viennes et que tu me remplisses la maison de poupée de tes vêtements dégoulinants.

"Est-ce étonnant," continua Cooky en essuyant son tablier, "que mon visage ne soit pas toujours souriant comme un laurier vert, ou ne sautillant pas comme un jeune bélier ; maintenant, n'est-ce pas, Je te le demande ? »

Cooky était un homme très religieux,. secrétaire de la Naval Temperance Society à bord de nous, et il jouait de l'armonium à l'église le dimanche.

"Tant que nous ne nous battons pas quand la cuisine est pleine de bouffe d'hommes en train de cuisiner, j'en sortirai vainqueur", dit-il d'un air patient ; "et quand je jouerai de l'armonium, ils se joindront aux hymnes plus terreux et signeront peut-être l'engagement.

« J'ai un grand projet, » continua-t-il, « pour leur faire signer l'engagement. Je sais exactement combien d'hommes dans chaque mess sont des hommes de tempérance, et d'autant plus qu'ils ont signé dans un mess donné. De plus, je regarde après que la nourriture du désordre soit bien cuite, et, comme vous voyez, ils signeront tous avant la fin de cette commission, juste pour que leur nourriture soit à leur goût. J'ai essayé ce plan dans le vieux *Thunderer*.

"Mais tu t'es attiré des ennuis", dis-je en plaisantant.

"Eh bien, j'ai vu mon congé interrompu pendant six semaines une fois, et j'ai perdu un insigne une autre fois, mais tout cela s'est déroulé dans la bonne humeur. Nous avons tous nos fardeaux à porter, Jones."

Et il dit : "Je regardais votre tir sur votre 12 livres ce matin, Pat Jones, et je me dis : " Ce n'est pas un mauvais garçon, c'est Jones, un ' si vous faisiez des économies [#] pour 'c'est du rhum', vous pourriez 'c'est ce que vous visiez - parfois'".

[#] Les hommes qui ne veulent pas de leur rhum ont droit à un peu plus que la valeur réelle de celui-ci. C'est ce qu'on appelle « faire de l'épargne ».

"Ne vous souciez pas de mes 12 livres, Monsieur Cooky. Je ne viens pas ici pour vous dire comment cuisiner", lui dis-je, et j'allais le dire beaucoup plus clairement, car il m'énerve. , est-ce que Cooky, quand arrive le domestique des Orficers qui chante : "'Avez-vous pas d'eau pour le thé de l'après-midi des Orficers ?" et Cooky, grognant "'Il ne peut pas faire de miracles de floraison,' il ne peut pas", s'en va puiser de l'eau, qu'est-ce qu'il aurait pu faire tout le temps qu'il me mordillait, alors je m'en vais d'un pas nonchalant. avec eux des vêtements, qui sont presque secs à cette époque.

Eh bien, nous n'avançons pas grand-chose avec ce fil, mais nous étions arrivés à l'île que nous avions fait tout ce chemin pour voir, un morceau de terre de taille moyenne, et en nous rapprochant, d'après Au signal du navire amiral, nous apercevons un petit canal qui s'étend au milieu de celui-ci, entre de hautes falaises de chaque côté. C'était une côte d'apparence désagréable, comme toujours, sans aucune plage où l'on pouvait aborder confortablement, mais d'horribles et gros rochers noirs qui dépassaient tout autour, sur lesquels la grande mer se déchirait en morceaux. "S'il doit y avoir des travaux de bateau ici, faites attention aux ennuis, Pat Jones", me dis-je.

Nous nous sommes rapprochés, comme un roux, et avons aperçu une lourde jonque qui naviguait maladroitement vers nous, et quand elle se rapproche, nous la voyons arborer le drapeau blanc au sommet de sa grande voile faite de nattes ; et puis, frappe-moi en rose ! si elle ne hissait pas les drapeaux « souhait de communiquer » en tête de mât. Si un ours polaire s'approchait de vous dans la rue de Portsmouth et vous disait : "Je vous demande pardon, mais pouvez-vous me dire où je peux trouver une glace", vous n'auriez pas été plus surpris que nous de voir cela. des signaux sales et indésirables sont tous réguliers.

"Bénis mes haillons", j'ai entendu M. Parker dire, "mais cela prend le biscuit aux groseilles pour joue;" et après avoir fouillé un peu dans le carnet de signaux, nous avons hissé "Envoyez un bateau", et ils ont répondu depuis la jonque et nous ont envoyé un bateau, un baleinier de guerre qu'ils avaient amarré à l'arrière, avec un équipage de Chinois habillés en vestes bleues – des voyous à l'air impassible, eux aussi, alors qu'ils nous regardaient de leurs petits yeux méchants. Ils ont apporté une lettre pour Monsieur Ping Sang, le gros vieux monsieur qui, me disent-ils, débourse les dollars pour que ce spectacle continue, et qui est venu avec le capitaine Helston pour voir la fête.

De retour, nous retournons au *Laird*, et M. Parker le fait traverser dans le canot et revient, à moitié plaisantant et à moitié jurant, avec quelques gros bagages et dix sacs de dollars scellés, et tout aussi lourd que vous. je pourrais les fabriquer.

Nous retournons à ces ordures et les lui livrons partout ; mais tout cela était un mystère pour moi jusqu'à ce que M. Glover me dise plus tard que le gros monsieur chinois "jouait aux cartes avec le chef des pirates quand il était retenu prisonnier et perdait tout cet argent", et "avait été assez de caïds pour promettre de payer et d'apporter dans les bagages ce que l'Anglais qui l'a attrapé avait laissé derrière lui à Ong-Kong.

Blister mes talons ! si cela ne m'a pas vraiment mis KO ! Et cette jonque vient de monter le bateau à bord et de repartir avec tous ces dollars, l'équipage peut-être en train de nous regarder par-dessus la poupe.

Et juste au moment où sa grande voile disparaît sous ces falaises, ce serait bienheureux si les pirates ne nous tiraient pas dessus avec un gros canon du haut d'eux, même si nous étions à cinq milles si nous étions à un mètre. Il ne s'est pas avancé de quelques centaines de mètres, mais il a plongé dans la mer et s'est précipité au-dessus de lui, jouant aux canards et aux drakes à un mile de l'autre côté.

Quand ils voient que l'un manque, ils en tirent un autre, et le signaleur chante qu'il vient droit sur nous et se couche sur son ventre ; il n'a jamais fait cela depuis – nous l'avons plaisanté avec tant d'impatience – et bon nombre de jeunes auraient fait la même chose s'ils avaient eu le courage moral, ce qu'ils n'avaient pas.

Il s'est approché très près et a heurté l'eau à moins de cinquante mètres de là, bourdonnant à nouveau comme une ruche d'abeilles en train de s'aérer.

Eh bien, vous pariez que nous n'avons plus attendu ces "demandes aimables et" comment allez-vous ", mais nous étions hup, hoff, et hors de portée, hors de portée.

"N° 2" est arrivé plus doucement après nous, car rien de moins qu'un mec fou ne ferait bouger M. Lang "précipitamment à moins qu'il ne veuille faire des particules, et, bénissez mon cœur !" Il ne se serait pas précipité hors de portée des pirates, même si le *Laird* s'est rapproché du navire amiral et a tiré avec un petit pistolet pour lui faire prêter attention.

Et tout le temps que nous les regardions atteindre leur portée et lâcher des obus, d'abord d'un côté puis de l'autre, d'abord devant puis derrière, en retenant notre souffle, parfois ils s'approchaient si près, même s'ils ne touchaient jamais. je suis.

Lorsqu'il s'est mis hors de portée et qu'ils ont cessé de tirer, nous avons plutôt eu l'impression de nous enfuir si vite.

"Je ne prends aucun risque", j'ai entendu M. Parker dire au sous-locataire, alors qu'il garde un œil sur "No. 2" avec de grands jets d'eau éclaboussant tout autour d'elle, et p'raps. J'avais raison.

Il faisait assez sombre avant notre retour au *Laird* , et M. Parker et M. Lang ont dû monter à bord pour d'autres commandes, pendant que nous allions souper.

Cooky était dans un très bon état d'esprit. "Ce deuxième coup", dit-il en sortant la tête, "arrivait droit sur ma galère. Si le pirate qui l'a tiré avait abaissé son viseur et s'était montré un homme de temp'rance , tout aurait été UP avec votre eau de thé fleurie, et il n'y aurait plus eu de cuisine à bord de cet ancien navire, et plus de Cooky pour cuisiner des viandes et jouer de l'armonium.

Le Skipper revient du *Laird* , et elle et la *Sylvia* s'éloignent lentement dans l'obscurité, sans montrer une seule lumière, bien que nous puissions les suivre sur environ un mile, quand elles semblent disparaître, nous laissant seuls pour le moment. nuit, on se sent seul.

M. Glover est venu voir tous les écoutilles le long des côtés fermés et les feux morts vissés, de sorte qu'aucune lumière ne soit visible, et même le feu de la cuisine du Cooky a dû être ratissé, car il faisait une belle lueur au milieu du navire.

Il s'avère que le capitaine Helston s'attendait à ce que les torpilleurs pirates sortent pendant la nuit, et nous et le « n° 2 » devions nous rapprocher, de chaque côté de l'entrée, et essayer d'en couper quelques-uns. houf.

Nous avions perdu de vue le "No. 2" à ce moment-là, alors qu'il s'éloignait dans l'obscurité pour prendre sa station, et, à mesure que les lumières s'éteignaient à bord, même les passerelles de la salle des machines étaient recouvertes. , cela semblait rendre la nuit de plus en plus sombre, jusqu'à ce qu'elle soit comme de la poix, et nous mettions nos pieds devant pour sentir où nous allions, et parlions à voix basse.

Il faisait froid aussi, et M. Parker me dépasse en se dirigeant vers le pont avec sa capote boutonnée autour du cou. "Encore du travail ce soir, Jones. Assurez-vous que vos viseurs nocturnes sont en bon état et procurez-vous beaucoup de munitions", dit-il, et je réponds: "Très bien, monsieur", et je pars réviser l'arme. vitesse, et j'entends le gong de la salle des machines sonner en bas et les moteurs, avec un bruit de grincement sourd comme un ronflement géant, avancent lentement, et, bien que nous ne puissions pas voir cinq pieds devant nous, je sais au clapotis de l'eau contre nos étraves que nous avançons lentement sous ces gros canons à terre.

"S'ils ont des projecteurs à terre, ils nous repéreront et nous le signaleront", a déclaré l'un des jeunes de l'équipage de mon canon en chuchotant comme un imbécile.

"Quand on vous demande votre avis, vous le donnez simplement", dis-je, parlant de ma voix naturelle, qui est plutôt forte, et en lui donnant des coups de pied pas trop doux, car tous ces chuchotements vous font plutôt sursauter.

Nous étions une foule plutôt froide sur le pont, debout comme nerveux autour du 12 livres et regardant devant nous dans l'obscurité. Joe Smith (le signaleur) et M. Parker avaient leurs lunettes de nuit collées aux yeux, et nous avions tous l'impression de sentir les rochers craquer et grincer sous nos étraves à chaque minute. Et pas un bruit, à part le bruit des grilles dans la salle des machines, qui semblait engloutir tout le reste, et nous pensions à peine que ces Dagos de pirates pourraient s'empêcher de l'entendre s'ils avaient les oreilles bien attachées.

Puis quelqu'un murmure : « Écoutez ça, Bill », et bientôt nous pouvons « entendre le grondement de la houle se briser sur les rochers ; et M. Parker, nous nous tournons vers le télégraphe de la salle des machines et nous arrêtons nos moteurs, et le bruit de grincement s'est arrêté tout d'un coup et nous a laissés tous plus seuls que jamais, jusqu'à ce que les gémissements et les rugissements sur les rochers devant nous nous sommes devenus plus bruyants et nous avons semblé un spectacle joyeux, trop près pour être à l'aise. Le vent était tombé à ce moment-là, et la longue houle s'est glissée sous nous et s'est éloignée dans la nuit, tandis que nous l'écoutions se briser avec un fracas et un rugissement. Il semblait qu'il n'y avait pas deux cents mètres de nous.

Il n'y avait rien à faire, c'était le pire. M. Parker nous ordonne à tous d'être en bas, sauf lui-même, le sous-locataire et le quartier-maître, dont c'était la garde, alors je leur ai fait manger un peu de quelque chose que nous avions laissé de nos dîners, et nous j'ai sorti des cornichons et des sardines de la cantine et je me suis senti mieux ; mais, soyez bénis ! nous ne pouvions pas dormir, avec l'excitation et le bruit de ces briseurs, que nous pouvions entendre encore plus fort en bas, car cela semblait monter jusqu'à ses fesses. Nous avions également beaucoup d'eau de mer en bas – nous l'avions absorbée lorsque nous pénétrions dans ces mers à l'extérieur d'Ong-Kong – et cette guerre sur le pont-mitraille n'est pas la l'endroit le plus confortable cette nuit-là ; et, comme personne ne pouvait attraper un clin d'œil béni de sommeil, j'ai juste dit aux hommes d'allumer leurs pipes, ce qui était très réconfortant, même si, en passant, c'était strictement contraire aux ordres, et j'ai reçu une perruque de M. Parker ensuite pour l'avoir fait.

Ensuite, j'ai entendu dire que Cooky avait dit à certains jeunes : "Ils étaient tous prêts à mourir subitement, si c'était nécessaire et ils ont reçu l'appel".

Alors je lui ai dit de les laisser dormir, de faire d'abord ce qui leur appartient et de leur rapporter du cacao du bateau.

« Comment puis-je faire des briques sans paille », dit-il d'un air triste, et il m'a attiré là-dessus, car, bien sûr, le feu de la galère était éteint.

J'avais le quart du milieu cette nuit-là, de minuit à quatre heures du matin, comme on dirait à terre, et rien ne s'est passé pendant les deux premières heures, sauf que M. Parker et moi-même avons regardé à tour de rôle. le verre de nuit vers l'endroit où nous savions que se trouvait l'île, et nous piétinions de haut en bas pour nous garder au chaud, car la nuit était des plus froides, et une ou deux fois nous avons dû déplacer les moteurs pour l'empêcher de s'approcher trop près d'eux. rochers.

Puis la fête a commencé. Il faisait toujours noir comme de l'encre, rappelez-vous, et nous étions censés nous trouver juste à côté du chenal étroit qui zigzaguait entre les rochers jusqu'au grand mouillage à l'intérieur de l'île, nous étant d'un côté et "N° 2" de l'autre. autre, même si nous ne pouvions pas la voir et ne pouvions que deviner qu'elle était là.

"Si leurs torpilleurs ou destroyers sortent", a déclaré M. Parker, "ils ne pourraient pas plus trouver le *Laird* par une nuit comme celle-ci qu'une aiguille dans une pile, alors nous pouvons faire exactement ce que nous voulons : suivre". et essayez de les couler dans le noir, ou attendez qu'ils reviennent le matin et coupez-les à ce moment-là.

Eh bien, nous regardions et clignions des yeux comme des hiboux à travers nos lunettes, quand soudain, au bord de l'eau, deux petites lumières blanches ont clignoté, à une certaine distance l'une de l'autre, et stables comme tout.

"Ils allument la chaîne", dit précipitamment M. Parker; "quelque chose va sortir directement. Mettez les hommes sur le pont."

Ils se sont précipités en un rien de temps, et au moment où je suis revenu au pont, les moteurs nous faisaient tourner avec nos proues pointées vers la mer.

M. Parker se contentait de rire intérieurement : « J'ai un plan, Jones, un plan d'arnaque. S'ils sortent, ils ne reviendront pas ce soir », a-t-il dit.

Puis nous avons arrêté de parler, car, pendant que nous regardions, quelque chose de sombre s'est glissé devant la lumière la plus éloignée et l'a éteinte pendant une demi-minute. Puis il brillait à nouveau, et une autre chose sombre l'éteignait, et ainsi de suite jusqu'à ce qu'il disparaisse quatre fois, puis il brûlait à nouveau avec éclat.

"Quatre d'entre eux", marmonna M. Parker, et "sa voix sonnait comme un tremblement de terre en pleine expansion, nous étions tous si immobiles, silencieux et excités".

Cela ne sert à rien de me dire que vous pouvez juger des distances la nuit, car vous ne le pouvez pas, et même si nous pensions que nous n'étions qu'à quelques centaines de mètres de la plage, elle devait être plus près d'un demi-mile. , car nous n'avons plus rien vu pendant, peut-être, trois ou quatre minutes, lorsque quelqu'un sur le pont a sifflé "Ah", et en regardant vers le rivage, nous avons vu des étincelles jaillir. Vous ne pouvez pas imaginer à quoi ressemblait cette excitation ; C'est d'autant plus grave que nous n'osons pas faire de bruit et que nous entendons nos oreilles cogner à l'intérieur de nous.

Encore une minute et nous pouvions entendre le bruit de leurs moteurs tout doucement, lentement. « « Ici, nous y sommes », disaient-ils, mais devenant de plus en plus agités, et, tout d'un coup, avec un éclaboussement blanc. sous sa proue, un long torpilleur noir vient de passer devant nous, puis un autre, puis un autre, puis un quatrième, et s'engouffre vers le large, ne laissant qu'une fumée huileuse qui nous revient au visage.

Ils ne nous avaient pas vus, cela semblait à peu près certain, mais "N°2" les avait repérés, car de l'autre côté du canal nous avons vu un torrent d'étincelles voler dans l'obscurité, et nous savions qu'elle les poursuivait.

« M. Lang les poursuit, monsieur ; devons-nous les poursuivre ? » demanda le sous-locataire.

Mais pas du tout.

« Tout à tribord, lentement en avant à tribord, à mi-vitesse en arrière sur bâbord », furent les ordres de M. Parker, et nous nous tournâmes de nouveau vers la petite lumière à l'entrée.

J'ai entendu M. Parker dire au sous-locataire : « Si vous aviez vu ces lumières quand je les ai vues, toutes deux allumées simultanément, vous seriez presque sûr qu'elles doivent être électriques et sur le même circuit aussi. ... Ils ont probablement un câble qui relie ces rochers extérieurs, et je veux que vous ameniez le baleinier à terre avec une équipe de « destruction » et que vous essayiez de couper le câble ou de briser les lampes.

Alors j'ai compris ce que nous allions faire, et si nous leur aspergions leur lueur, ces torpilleurs ne pourraient jamais revenir avant le lever du jour, et nous pourrions en faire de la viande hachée.

Rien ne semblait bouger sur le rivage, aucune autre lumière n'était visible, juste ces deux petites lumières au bord de l'eau.

La houle descendait rapidement aussi, alors nous avons abaissé le baleinier, et le sous-marin a choisi les cinq hommes les plus forts à bord pour le tirer, et cela ne m'a pas laissé à bord, vous pouvez parier que votre dernier dollar, et nous avons pris un instructeur de torpilles, des grappins et des haches et nous sommes partis dans l'obscurité, la houle nous soulevant vers ces lumières.

Nous avons perdu de vue "N° 3" en quelques secousses, la dernière chose que j'ai vue étant M. Glover, l'air triste et triste pour une fois, parce que M. Parker ne voulait pas le laisser partir avec nous.

Étions-nous seuls ? Eh bien, je ne me suis jamais senti aussi seul de toute ma vie ; pas un bruit si ce n'est le craquement des rames et le grondement de la mer devant nous.

"Avirons ! Retenez l'eau, les hommes", murmura le sous-marin, et nous avons pris le temps de regarder autour de nous, et nous étions là, juste entre les deux petites lumières scintillantes. Ils étaient également électriques, comme M. Parker l'avait deviné, et ils étaient juste assez légers pour que les rochers sur lesquels ils étaient fixés paraissent plus sombres que la nuit elle-même, et avec juste une lueur dans la mer qui bouillonnait contre eux en dessous. .

Il était impossible de s'approcher d'eux pour prendre le vent, c'était simple comme un bâton, et après avoir regardé les deux, en poussant notre nez aussi près que nous l'osions, le sous-marin a essayé ce que nous pouvions faire derrière eux. , sous le vent, là où la houle ne nous dérangerait pas autant.

Tout se passait peut-être bien en plein jour, mais c'était tout simplement le travail le plus horrible que j'aie jamais entrepris.

Nous nous sommes approchés une fois, et l'archer, le petit garçon aussi courageux qu'on ait jamais inventé, s'est emparé du bateau avec son hameçon, mais un tourbillon bruissant est venu de la houle, nous soulevant et brisant une rame, et Alors que nous nous lancions à nouveau et essayions de garder le bateau à l'écart, il a perdu son vieux, car ce n'était que des algues qu'il avait regardées dans son bateau.

« Reculez fort, les hommes, reculez fort ! » est venu du sous-marin, et nous avons tous reculé comme si le diable était après nous, et avons gratté notre quille le long d'un autre morceau de rocher laid, étant simplement soulevés par-dessus et non enfoncés par la prochaine houle qui est venue.

Mon! mais c'était un grincement serré, je peux vous le dire, et nous n'avons pas respiré librement jusqu'à ce que nous ayons reculé une fois de plus entre les deux lumières.

Nous n'y étions pas allés une minute avant d'entendre des tirs, très loin au large. "C'est le numéro 2", a déclaré le sous-marin, "et nous devrons être rapides dans ce travail avant qu'il ne ramène ces torpilleurs chez eux."

Ensuite, nous avons essayé de nous rapprocher le plus possible et de lancer un grappin sur le rocher, mais ce n'était pas vieux, et nous ne pouvions pas non plus nous approcher de la lumière avec, et une ou deux fois, nous étions presque enfoncés et presque submergés par la fin.

« Cela ne sert à rien, mes amis », dit le sous-locataire lorsque nous eûmes reculé pour la dernière fois ; "Je ne vais plus courir de risque. Il faut essayer de mettre la main sur le câble qui passe entre ces deux rochers."

Cela signifiait que nous devions ramper pour y parvenir en traînant le grappin le long du fond entre les deux rochers, un travail très lent au mieux, et très pénible la nuit. Il n'y avait aucune aide pour cela, alors nous avons laissé tomber le grappin au fond, avec une bonne corde solide attachée dessus, et avons lentement reculé le baleinier entre les deux lumières.

De temps en temps, il attrapait quelque chose, et nous entrions dans un état de « simple joie » et nous nous y attelions, mais, plus offensant qu'autrement, ce n'était qu'un morceau d'algue, ou il venait d'attraper un rocher - vous on pouvait le dire à la façon soudaine dont il s'était effondré. Nous y sommes allés, en tirant le grappin là où le câble pourrait se trouver, puis en prenant la mer et en reculant de nouveau, pendant peut-être une demi-heure.

Rogers, l'instructeur des torpilles, était en train de manipuler la ligne de grappin, pour le sous-marin, il lui dit : "Tu as plus d'expérience dans la recherche de torpilles perdues, alors prends-le, Rogers", ce qui nous a fait rire, sur le calme, comme c'est le petit homme plutôt ardent, il est très ennuyé par tout ce qui ne va pas avec ses torpilles.

Il n'y avait pas un bruit venant du rivage, et nous ne pouvions voir aucune autre lumière. C'était assez inquiétant, avec de temps en temps le bruit des canons qui tiraient vers la mer, et nous allions et avancions jusqu'à en avoir presque marre, et à chaque instant nous pensions qu'un ou tous ces torpilleurs allaient venez en courant et nous abattrez probablement.

Juste au moment où nous étions sur le point de lancer l'affaire, Rogers chante doucement qu'il était devenu « vieux de quelque chose », et bien sûr, alors qu'un autre homme frappait sur la corde du grappin, celle-ci est entrée avec une traction constante, et Rogers, se penchant au-dessus, avec son bras jusqu'à l'épaule, alors qu'il remonte à la surface, dit d'une voix étouffée : « Je l'ai, monsieur ; c'est vrai, monsieur.

Nous avons dépassé le grappin vers l'arrière. Le sous-marin a attaché une corde autour du câble et l'a passé par-dessus la poupe, Rogers s'est avancé avec précaution entre nous pour le couper en deux, et nous pouvions juste voir que je levais sa hache, elle est tombée et les deux sont sortis. lumières.

Nous ne pouvions rien faire d'autre que rire intérieurement ; nous n'osons pas faire de bruit, et ça fait un peu mal.

Le sous-locataire avait une extrémité dans la main, et il s'y est accroché comme une mort sinistre, et il s'est éloigné jusqu'à ce qu'il ait eu quelques brasses à bord, et Rogers a coupé cette hoff, et nous avons laissé tomber le reste du bateau. dans l'eau.

"Retour au 'No. 3'", chante le Sub, et nous nous éloignons aussi joyeusement que des alouettes de boue, puis est venu le 'unt pour elle.

Nous avions une lanterne de signalisation dans le bateau et nous étions sur le point de l'allumer, lorsque le sous-locataire l'aperçut et la souffla doucement.

Nous étions à bord en un tournemain et avons fait remonter le baleinier, tout le monde nous tapotant dans le dos.

Ils avaient également préparé du cacao dans le fourneau et nous en servaient partout, ce dont nous avions vraiment besoin.

Il y eut encore des coups de feu à peu près à ce moment-là, et lorsque nous remontâmes sur le pont, après notre « ot cacao », nous nous précipitions dans cette direction. Mais nous n'étions pas prêts à aider le "N°2", loin s'en faut, car M. Parker ou le sous-locataire, ou les deux, ont une autre idée (vraiment artistique aussi, je l'ai appelée), et il s'arrête, et nous sortons les deux bateaux pliables et le baleinier, et nous voyons bientôt ce qu'est ce petit gibier, car il attache une lanterne dans chacun des petits bateaux et renvoie le sous-marin vers la côte. Nous étions encore, voyez-vous, tout près des rochers, mais un peu plus loin.

"Prenez des barres coupe-feu pour les amarrer et laissez-les aussi près que possible", a-t-il dit au sous-marin. "Allumez les lanternes et revenez aussi vite que possible."

Mon! n'était-ce pas un joli petit jeu ? et ces torpilleurs n'allaient-ils pas avoir une surprise ?

Cela prenait près d'une heure pour faire cela, et de temps en temps nous pouvions entendre des coups de feu, parfois plus proches et parfois apparemment plus éloignés ; mais enfin les lampes s'éteignirent, et même si elles semblaient un peu instables dans la houle, elles étaient néanmoins assez bonnes pour tromper les Chinois.

Une fois le sous-marin revenu, nous sommes allés là où nous avions entendu les tirs.

Il faisait moins sombre maintenant, et quelques étoiles apparaissaient, et quelques minutes plus tard, une longue chose sombre, avec des flammes jaillissant des entonnoirs, passa devant nous – un des Chinois qui rentrait – et un autre suivit. elle, et nous nous sommes simplement couchés et les avons laissés partir, riant intérieurement et pensant au piège que nous leur avions tendu.

Le "N° 2" s'était maintenant emparé de quelque chose avec vengeance, car il tirait assez vite, et, tandis que nous nous précipitions vers lui, nous pouvions voir les flammes de ses canons et parfois l'éclair d'un obus éclatant ; venant vers nous aussi, elle l'était.

Nous avons fait éteindre notre projecteur, et quand nous étions tout près, nous avons trouvé le « N° 2 » accroché à un pauvre torpilleur malheureux et qui lui frappait dessus ; nous nous sommes donc contentés de contourner sa poupe et d'orienter nos phares vers ce misérable engin – un vieux torpilleur qui se débattait à environ douze nœuds – pour en faire une cible respectable.

Cela a juste fait l'affaire, car il a été touché par l'un des 12 livres du "N° 2", probablement dans la chaudière, et a semblé se plier en deux, s'ouvrir au milieu du navire et se glisser en dessous.

Le naufrage du torpilleur pirate.

Pauvres misérables ! et nous n'avons pas le cœur à applaudir ; c'était un spectacle tellement unilatéral.

Nous nous sommes arrêtés et avons essayé de récupérer certains de ses hommes, et avons sauvé quelques Chinois, plus morts que vivants de peur. Ils se sont révélés très utiles, comme vous le comprendrez plus tard.

"Le numéro 2" n'avait pas vu le quatrième bateau, alors nous avons poussé jusqu'à l'entrée pour le chercher au cas où il tenterait de monter à bord. Les deux lumières qui nous restaient étaient toujours allumées, mais nous ne pouvions pas voir quoi. qu'étaient devenus les deux torpilleurs qui nous avaient dépassés.

Les gens à terre ont dû entendre que le torpilleur explosait, car maintenant deux projecteurs jaillirent de quelque part en haut de la falaise près de l'entrée et commencèrent à fouiller pour voir de quoi il s'agissait.

Il se trouve que l'endroit où nous avions amarré les bateaux se trouvait un peu au coin et hors de vue des projecteurs, alors nous sommes restés à leur hauteur et avons regardé les deux faisceaux se déplacer d'un côté à l'autre, et avons bientôt vu la torpille manquante. - Un bateau arrive en douce. Il a dû faire le tour de l'île.

M. Lang s'est précipité hors de notre coin sûr et a essayé de la faire voler avant qu'elle ne puisse se mettre en sécurité, et nous l'avons suivi et avons essayé quelques tirs lointains du 12 livres ; mais même moi, je ne pouvais rien faire dans ces conditions, d'autant plus qu'ils nous braquaient leurs projecteurs au visage et commençaient à nous tirer assez vivement avec de petits canons depuis le rivage.

Nous retournons donc à notre coin, plus vite que nous n'en sommes sortis, et pendant que nous tournions, ils nous ont frappé une ou deux fois, brisant notre baleinière, et un éclat de coquille ou de bois a renversé le pauvre Rogers, qui se tenait à côté. Nous pensions qu'il était seulement abasourdi, mais il était mort comme un clou de porte, et cela nous faisait mal de penser que nous l'avions taquiné si impitoyablement, et nous l'avons couvert et mis en bas.

Nous avons attendu jusqu'à ce qu'il fasse assez clair pour voir ce qui se passait avec notre petit piège, puis nous nous sommes rapprochés de nouveau de la côte.

Eh bien, c'était un spectacle horrible, ou un spectacle joyeux, quelle que soit la façon dont vous le prenez, car deux torpilleurs étaient entassés contre les rochers, tous mis en pièces, l'un en plein air et l'autre de bas en haut, s'écrasant en mille morceaux. au pied de la falaise. Il n'y avait personne en vue ; et c'était presque désespéré, car les falaises s'élevaient tout droit sur la mer, et aucun singe n'aurait pu les escalader, encore moins un Chinois, donc nous savions qu'ils avaient tous dû se noyer. Le pauvre vieux Rogers aurait beaucoup de païens pour lui tenir compagnie.

Les deux lanternes que nous avions laissées dans les bateaux brûlaient toujours aussi intérieurement qu'on voudrait, paraissant jaunes dans la lumière brumeuse du matin.

CHAPITRE XV

M. l'aspirant Glover raconte comment il a été blessé

Lang à la rescousse – En disgrâce – Nous détestons le Dr Fox

Pat Jones, le quartier-maître, vous a raconté toutes les choses passionnantes qui se sont produites la nuit où nous avons atteint l'île, et comment nous avons capturé trois des quatre torpilleurs qui sont sortis, avec seulement la perte du pauvre Rogers.

Tommy Toddles et moi-même étions heureux de ne pas pouvoir partir à bord du baleinier et, comme les idiots que nous étions, nous n'avons pas profité de l'occasion pour dormir un peu. Le résultat était que lorsque le jour arrivait, nous étions tous les deux si somnolents que nous pouvions à peine nous tenir debout ou garder les yeux ouverts.

M. Lang avait rapproché le « No. 2 » de l'épave des torpilleurs chinois et avait ordonné à M. Parker de récupérer ses deux bateaux Berthon.

Comme vous le savez, notre baleinière avait été détruite par le même obus qui avait tué la pauvre Rogers, elle était donc inutile, et tout à coup j'ai entendu M. Parker me crier de dégager le canot et de le mettre à l'eau.

"Prenez quatre hommes avec vous; mettez-en un dans chacun des bateaux Berthon, puis remorquez-les", furent ses ordres, "et prenez garde de ne pas chavirer cette fois, ou de retourner au *Laird*."

Nous nous sommes dirigés vers le bateau le plus proche – il se trouvait près de la côte – et juste au-delà, juste sous les falaises imposantes, se trouvaient les deux torpilleurs endommagés, avec quelques Chinois morts qui se baignaient parmi les épaves – un spectacle désagréable, je peux vous le dire.
.

Nous avons hissé les amarres du premier bateau, un de mes quatre hommes a sauté à bord, et nous venions de commencer à le remorquer jusqu'à l'endroit où le second sautait de haut en bas dans l'eau, quand ping ! ping ! quelque chose m'est passé par la tête. Une balle a arraché un éclat d'une rame et nous avons entendu le bruit d'un fusil en haut des falaises au-dessus de nous.

Puis vint une tempête de grêle régulière – fouet ! fissure! fouet! fissure! ils passaient en chantant et jetaient de petits jets d'eau tout autour de nous.

Vous pouvez parier que nous avons fait de gros efforts et essayé de nous faire petits.

Soudain, j'ai vu Tomlinson, un AB, qui tirait une rame, devenir blanc au visage et laisser tomber sa rame.

Pat Jones, qui m'accompagnait, l'a saisi avant qu'il ne tombe par-dessus bord, et Tomlinson est tombé au fond du bateau, les deux bras transpercés et impuissant.

Puis il y a eu un grand boum du « N° 2 » ou du « N° 3 », et un de nos obus de 12 livres a éclaté contre la falaise juste en dessous de l'endroit où ils nous tiraient dessus ; un autre et un autre suivirent, le bruit roulant de falaise en falaise et faisant un rugissement hideux, tandis que les pierres et les rochers roulaient et éclaboussaient la mer.

Les pirates — probablement chinois, car ils tiraient lamentablement — cessèrent de tirer, mais avant que nous puissions lever les amarres du deuxième bateau, ils recommencèrent en tirant du haut des falaises, un peu plus loin.

Pat Jones stabilisait le canot avec les rames, tandis que Stevens, un marin de Plymouth, et moi étions en train de tirer la corde, et de tirer aussi, de toutes nos forces, quand soudain Stevens poussa un cri et tomba en avant, me renversant. et il serait lui-même tombé par-dessus bord si Jones n'avait pas sauté vers l'arrière et ne l'avait tiré à bord. Il était mort. Je pouvais le voir à la façon dont sa tête penchait sur le côté alors qu'il était transporté dans le bateau, et Jones l'allongea aux côtés de Tomlinson, qui gémissait horriblement.

La corde aussi m'avait glissé entre les mains et il fallut remonter les amarres. Jones et moi les avons saisis, et c'est alors que j'ai senti quelque chose me frapper à la jambe. C'était comme si quelqu'un m'avait frappé violemment avec une règle ou avec le plat d'un de nos dagues.

Je ne me souviens pas vraiment de ce qui s'est passé après cela jusqu'à ce que je me retrouve à tirer la rame et à remorquer les deux bateaux Berthon loin de ces horribles falaises. Je me sentais terriblement malade et c'était tout ce que je pouvais faire pour empêcher mon pied de blesser Tomlinson et pour éloigner l'autre du mort.

J'ai eu l'impression de me réveiller tout à coup avec mes poignets comme des fers chauds et avec à peine la force de soulever la rame maladroite hors de l'eau. Tout le temps, comme si c'était dans un rêve, Jones derrière moi n'arrêtait pas de dire : "Stable, monsieur, stable !"

De petits jets d'eau sautaient encore près de nous, mais j'étais trop fatigué pour m'en soucier. Ma jambe, celle qui avait été touchée, commençait à avoir une sensation de plomb, et je sais que j'ai fait une ou deux embardées sur le métier à tisser de mon aviron et que je pouvais à peine le tirer dans l'eau.

"Vous dirigerez mieux, monsieur", a déclaré Jones, et il s'est emparé de mon aviron, a déplacé la béquille et a tiré lui-même les deux rames, travaillant comme une machine. J'ai réussi à grimper vers l'arrière et à attraper la barre, et je me souviens juste d'avoir vu le baleinier "No. 2", avec M. Lang à son bord, descendre vers nous.

* * * * *

J'ai ouvert les yeux pour me retrouver dans la couchette de M. Parker, et les hélices sifflaient et secouaient toute la poupe du destroyer.

En regardant par-dessus le bord de la couchette, j'ai vu Tommy Toddles sur une chaise profondément endormi, la tête penchée sur le côté d'une manière des plus comiques.

J'ai deviné ce qui s'était passé. Je m'étais simplement endormi dans le bateau et j'avais été placé dans la couchette de M. Parker, avec Tommy pour veiller sur moi, et lui aussi s'était endormi. J'ai eu terriblement honte d'être un tel bébé, j'ai rampé dehors, j'ai trouvé mon pantalon, que quelqu'un avait enlevé pour me bander la jambe, et je me suis habillé avec précaution, car la jambe était très raide et me faisait très mal. quand je l'ai déplacé. Il y avait deux petits trous bien nets dans la jambe du pantalon, par où une balle avait passé, et une tache de sang qui raidissait le tissu tout autour. Je me sentais fier!

Quelle plaisanterie ce serait, pensai-je, de laisser Tommy dormir là et garder la couchette vide ; mais ensuite je me suis rendu compte que M. Parker n'en serait que plus en colère, alors je l'ai secoué et j'ai dû faire un gros travail pour le réveiller.

Il avait l'air idiot quand enfin il ouvrit les yeux et marmonna quelque chose comme quoi ce n'était pas sa montre, et nous nous précipitâmes tous les deux sur le pont et nous dirigeâmes vers l'avant.

C'était une belle matinée chaude et lumineuse, et juste à l'arrière se trouvait l'île qui avait été si horriblement proche de nous toute la nuit. Oh, nous avions tellement sommeil, et partout sur le pont, des hommes dormaient profondément, recroquevillés dans des coins, à l'abri de la brise. Juste derrière la cheminée arrière se trouvait un tas couvert de notre plus belle enseigne, et nous ne nous souciions guère de le dépasser, car nous savions que les pauvres Rogers et Stevens étaient en dessous.

Nous avons grimpé l'échelle du pont, dépassant Pat Jones au volant, qui souriait sinistrement, avec un regard d'avertissement à M. Parker. Lui, nous tournant le dos, vêtu de cirés et de sou'wester, se tenait debout, agrippé aux rails du pont, rigide comme une statue.

Vous auriez dû le voir sursauter quand j'ai dit : « S'il vous plaît, monsieur, je vais bien maintenant, monsieur », et Tommy, saluant, a ajouté d'un ton endormi : « S'il vous plaît, monsieur, Glover s'est réveillé.

Il paraissait dix ans de plus : ses yeux enfoncés dans leurs orbites nous regardaient d'un air terne, ses joues étaient enfoncées et tout son visage était sillonné de rides profondes. Il n'avait pratiquement pas quitté le pont depuis quarante-huit heures, et c'était merveilleux de voir comment il pouvait supporter la tension.

Il nous a injurié avec colère, contre moi pour être monté sur le pont sans autorisation, et contre Tommy pour m'avoir laissé me lever.

"Mais s'il vous plaît, monsieur," commençai-je, "Tommy n'a pas———"

Je me suis juste arrêté à temps, car j'allais lui dire que Tommy dormait.

Tommy, cependant, l'air très honteux, a laissé échapper : "Je me suis endormi, monsieur, et Glover s'est levé sans me réveiller."

Cela a mis M. Parker encore plus en colère et il nous a envoyés tous les deux en bas.

« Vous retournerez tous les deux au *Laird* . Préparez votre coffre dans une demi-heure ! dit-il en nous arrachant la tête.

Nous avons vu le *Laird* vapeur à notre rencontre, et sommes redescendus, nous sentant absolument misérables, et avons commencé lentement à ranger nos affaires dans le coffre que Tommy partageait avec moi.

La prochaine chose que nous avons su, c'est que nous étions brutalement secoués par Pat Jones, et nous nous sommes réveillés pour constater que nous étions tous les deux endormis. Tommy était étalé sur la poitrine, face contre terre, avec une paire de bottes à la main.

Nous aurions pu pleurer, nous étions tellement en colère contre nous-mêmes.

Un cutter du *Laird* était à côté, et nous deux et Tomlinson, l'homme blessé, avons été tirés vers elle, M. Parker venant aussi pour faire son rapport.

Tandis que nous remontions la passerelle, nous pouvions à peine faire face à tous les aspirants qui se pressaient autour de nous – Mellins, Dumpling et tous les autres – nous nous sentions tellement en disgrâce, et je n'avais même pas le cœur de leur dire que j'avais été blessé. blessés.

J'ai dû clopiner jusqu'à l'infirmerie et le bandage m'a été retiré de la jambe.

"Juste une blessure cutanée, Glover", a déclaré le Dr Fox, en me faisant quelques points de suture, ce qui ne m'a pas fait autant souffrir que prévu.

"Je n'ai pas besoin de m'inscrire sur la liste des malades, monsieur, n'est-ce pas ?"

Le chirurgien de la flotte a souri de son air méchant, puis a attaché une longue attelle à la jambe, ce qui, bien sûr, m'a assuré que je ne pourrais pas retourner au « n° 3 ».

Comme j'aurais aimé ne pas m'endormir dans le bateau, et alors personne n'aurait su que ma jambe avait été touchée, et j'aurais peut-être encore été à bord. Quel idiot j'avais été ! Toutes mes chances étaient perdues et, me sentant complètement misérable, je n'ai pas réussi à retenir une larme, et le Dr Fox l'a vue avant que je puisse l'essuyer.

"Ça te fait mal, jeune ?" » a-t-il demandé, et puis il a dû comprendre, car il a ri et m'a traité de jeune cracheur de feu, et il a voulu savoir si je n'étais pas content d'avoir été blessé deux fois, ce qui m'a rendu rouge et mal à l'aise, et m'a fait détester lui.

Il était impossible de marcher avec cette attelle bestiale, alors ils m'ont transporté vers l'arrière et m'ont mis dans la cabine de rechange du capitaine.

Tommy est venu aussi et a étendu son hamac sur le pont, la sentinelle à l'extérieur a fermé la porte et nous avons bien dormi pendant près de dix heures. N'était-ce pas un sommeil ? et n'avions-nous pas faim aussi lorsque nous nous sommes réveillés ?

Tommy est allé à la salle d'armes et le messier nous a envoyé n'importe quelle quantité de nourriture. Quel temps nous avons passé ! Et tous les aspirants se pressaient et parlaient à treize à douze, et voulaient tout savoir de nos aventures et voir l'égratignure de ma jambe. Vous pouvez imaginer à quel point je me sentais important, surtout lorsque le capitaine Helston, le bras toujours bandé sur le côté, est venu me voir et m'a dit des choses terriblement joyeuses. Mais ce que je voulais, et ce que nous voulions tous les deux, c'était savoir si nous pouvions revenir au "N° 3", et j'ai réussi maladroitement, et devenant très rouge, à lui demander.

Il a souri sinistrement et a dit : « Je verrai ce que je peux faire quand tu ne seras plus malade », et nous a laissés à nouveau heureux.

Il s'est avéré que M. Parker lui-même s'était endormi dans la cabine du capitaine Helston après lui avoir fait son rapport, et que, comme tout le monde à bord des deux destroyers avait été pratiquement quarante-huit heures sans repos, des gens leur avaient été envoyés du *Laird* juste après. pour garder le rythme et assurer la veille pendant la journée.

Cette nouvelle nous rendit très contents, Tommy et moi, car, de toute façon, nous n'étions pas les seuls à ne pas pouvoir rester éveillés.

Mellins et Dumpling avaient cependant tous deux été envoyés au « n° 3 » pour prendre notre place – temporairement, nous l'espérions.

"Vous n'avez pas manqué grand-chose", ajouta Ogston, l'ingénieur adjoint, qui avait été si courageux dans le bateau à vapeur en perdition, "car le *Strong Arm* ne nous a pas rejoint et nous n'avons rien fait de la journée."

Ils avaient enterré Rogers et Stevens. Pauvres gars ! ils gisaient à cent brasses et portaient déjà notre liste de tués à quatorze.

Le Dr Fox entra alors, fit sortir tout le monde de la cabine, donna l'ordre à la sentinelle de ne laisser entrer personne, éteignit la lumière et me quitta. Tout comme lui, n'est-ce pas ? Mais j'avais un crayon et du papier, j'ai rallumé la lumière et j'ai écrit une énorme lettre à la maison, juste pour le contrarier.

CHAPITRE XVI

L'indécision du capitaine Helston

Un blocus éreintant – S'impatienter – L'histoire du prisonnier – Un prisonnier volontaire – La ruse des pirates – Ping Sang excité – Des nouvelles de chez lui – La mauvaise santé d'Helston – Cummins indispensable – Une ferraille de la salle d'armes – Passons maintenant aux affaires

Les quelques jours qui suivirent les événements relatés dans le dernier chapitre furent des jours de paix et sans excitation. Eh bien, ils étaient également nécessaires pour permettre aux équipages des destroyers de récupérer après leurs efforts et leur manque de sommeil, et pour réparer les dommages mineurs causés par la navigation rapide de l'escadre en provenance de Hong-Kong.

Les deux pauvres gens qui avaient été tués furent enterrés en mer avec toute la solennité possible compte tenu des circonstances, tous les navires arrêtant leurs moteurs et mettant leurs enseignes en berne, les équipages debout, tête nue, pendant la lecture de l'office, et restant " au garde-à-vous" jusqu'à ce que, recousus chacun dans son hamac, les deux corps plongent par-dessus bord et coulent hors de vue.

Le *Strong Arm* revint de Hong-Kong après avoir enterré ses hommes au cimetière de Happy Valley, et lui aussi ajouta aux inquiétudes du capitaine Helston en développant des défauts considérables dans la salle des machines et en ayant mangé la moitié de son charbon.

Hunter, désireux d'arriver sur les lieux de l'action et de ne manquer aucun combat, l'avait poussé à travers les vagues à la plus grande vitesse possible, de sorte que pendant six jours, il était pratiquement inutile, avec chaque artificier de l'escadron en train de bricoler ses roulements et ses condenseurs.

Heureusement, le temps était favorable et, en réparant un seul moteur principal à la fois, il était capable de s'éloigner de l'île en rampant chaque nuit et de revenir en rampant le matin, restant allongé la majeure partie de la journée, totalement incapable de participer au combat si les pirates l'avaient fait. sortir.

Chaque nuit, les destroyers "No. 2" et "No. 3" se glissaient vers la côte pour couper tous les torpilleurs qui les émettaient, mais, après leur première tentative fatale, aucun ne tentait de sortie et, sauf dans les occasions où M. Lang ou M. Parker s'est aventuré à portée de feu pendant la journée et a tiré un feu d'avertissement boudeur des batteries de chaque côté de l'entrée, il n'y avait aucun signe de vie et rien pour leur rappeler que, cachés derrière ces rochers et ces pentes boisées, des centaines d'hommes rusés et fendus - comme si des yeux surveillaient.

Avec le beau temps et la mer calme, les destroyers rejoignirent sans difficulté le petit *Sylvia* , et en quatre jours de travail acharné, le *Laird* et le *Strong Arm* remplirent également leurs bunkers.

On peut facilement imaginer à quel point cette opération était difficile, dangereuse et lente en pleine mer, avec la possibilité que les pirates sortent à tout moment pour l'interrompre, ou que le vent et la mer se lèvent et la rendent impossible.

Cependant, la chance du capitaine Helston a tenu, et en six jours, tous ses bunkers étaient pleins, et le *Strong Arm* a été suffisamment bien réparé pour pouvoir compter sur seize ou dix-sept nœuds.

Mais il n'avait aucun plan précis sur lequel agir.

Après sept mois de dur labeur, pendant lesquels il avait surmonté mille difficultés, il avait amené sa petite escadre sur le terrain de l'action, mais, une fois arrivé au but, il semblait perdre sa capacité d'initiative, et au lieu de faire le se déplaçait d'abord, il attendait que l'ennemi le fasse.

Les jours se succédaient et rien n'était fait.

Chaque nuit, les lumières éteintes, le *Laird* , *le Strong Arm* et *le Sylvia* disparaissaient dans l'obscurité, se rejoignaient à un rendez-vous donné le lendemain matin au petit matin et se dirigeaient vers l'île.

Les destroyers les rejoignaient endormis après leur veille nocturne, et l'escadron restait là jusqu'au coucher du soleil, et la même routine recommençait.

Pour le commandant de l'escadron et pour tous ses officiers, sans parler des hommes, il devint très évident que les événements étaient dans une impasse.

Si l'ennemi choisissait de rester tranquille dans sa forteresse insulaire et d'attendre, un moment viendrait sûrement où l'escadron de blocus devrait partir. Aucun navire, aussi solide soit-il, ne peut supporter un travail constant pendant un certain temps dans ces mers agitées sans un refuge dans lequel occasionnellement s'abriter, charbonner, se ravitailler et permettre à ses équipages de « débarquer ». Les hommes et les officiers deviennent eux aussi « rassis », découragés et mécontents de la monotonie du travail de blocus et de la monotonie d'un régime alimentaire invariable et pas trop appétissant.

À mesure que se développe cette « vétusté », la liste des malades s'allonge rapidement et le relâchement général se fait sentir.

Il ne faisait aucun doute que les intrigants intelligents de cette petite île avaient élaboré leurs plans en conséquence et étaient tout à fait satisfaits de laisser le capitaine Helston et ses navires s'épuiser dans un blocus fastidieux, conjecturant probablement que, avec l'aversion pour l'inaction prolongée, les Anglais jetteraient cartes sur table et lanceraient une attaque combinée sur l'île, qu'ils considéraient - et à juste titre, comme les événements s'avérèrent - comme imprenable à une attaque maritime.

Ils ne se trompaient pas non plus dans leur supposition, car au bout de dix jours de monotonie, dix jours pendant lesquels pas une voile ni la fumée d'un paquebot n'avaient brisé le cercle vide de l'horizon, tout le monde s'impatientait, et personne plus que le Helston nerveux et très nerveux.

Il savait pertinemment que chaque jour qui s'écoulait signifiait un nouvel empiètement sur les fonds de l'Association chinoise de défense, et s'il avait par hasard oublié ce fait, Ping Sang était là à ses côtés pour rafraîchir sa mémoire et lui conseiller une politique plus active.

« Mon cher capitaine, disait-il en tapotant la manche encore vide d'Helston, nous ne pouvons pas rester ici pour le reste de notre vie. J'ai déjà dépensé près d'un million et demi, et nous semblons toujours aussi loin. de sécuriser ces pirates. Avec toutes vos armes et avec tous vos excellents marins anglais, vous devriez sûrement être en mesure de frapper le syndicat des pirates et leurs bandits chinois à la tête.

Rien de ce que Helston ou qui que ce soit d'autre pourrait lui dire ne lui ferait comprendre la témérité des navires opposés aux forts, en particulier les navires avec de maigres réserves de munitions (dans la cale de la grosse petite *Sylvia*), et sans lieu de refuge en cas d'avarie. .

Hunter, au cœur de lion, était aussi pour essayer le poids de son métal contre les canons côtiers.

"En guise de préliminaire à quoi ?" » demanderait Helston.

"Eh bien, vous voyez, monsieur, nous réduirions leurs forts en pièces, puis nous atterririons et les sécuriserions, et nous pourrions peut-être retourner toutes les armes qui y resteraient contre les gardes noirs en bas."

Les propres idées de Helston, s'il avait pu les mettre sous forme définitive, étaient probablement d'essayer d'affamer les pirates et de les pousser à effectuer une sortie désespérée, et, si cela devait se produire, il était parfaitement sûr du résultat. C'était peut-être le projet le plus solide, mais son succès dépendait de nombreux facteurs. Premièrement, cela signifiait du temps – peut-être un temps considérable – et le temps signifiait de l'argent, et Ping Sang était déjà enclin à serrer les cordons de la bourse. Deuxièmement, cela signifiait une force suffisante pour bloquer, et cela, avoua tristement Helston, qu'il ne possédait pas ; et troisièmement, et c'était le plus important de tous, la question de savoir si l'île pourrait mourir de faim dans, disons, deux mois, ou peut-être trois au maximum.

Sur ce dernier point, les deux Chinois capturés sur le torpilleur coulé purent donner des renseignements qui dissipèrent effectivement cet espoir. Pendant les deux premiers jours après leur capture, ils avaient gardé un silence maussade et s'attendaient à une mort instantanée. Au fur et à mesure que les jours passaient et qu'ils recevaient de la nourriture et des couvertures pour dormir, ils se sont rendu compte qu'ils n'étaient même pas réservés à la torture, et ils sont progressivement devenus plus communicatifs.

Un Tsi, le bras droit silencieux et impénétrable de Ho Ming, les interviewait tous les jours, d'abord sans succès, mais il parvint finalement à les mettre dans un état d'esprit plus aimable, et ils promirent de donner quelles informations ils possédaient.

Lorsque leurs fers aux jambes furent retirés et qu'ils furent amenés sur le pont et emmenés à l'arrière entre une file de marines, leurs pensées s'envolèrent de nouveau vers la mort, et leur terreur fut grande, malgré les assurances d'A Tsi selon lesquelles ils ne faisaient que dire la vérité. ils n'ont rien à craindre.

Chacun a été examiné séparément dans la cabine du capitaine Helston devant le capitaine, le Dr Fox et Ping Sang.

Le premier, un grand Tartare au beau physique, n'était tenu debout que par le soutien vigoureux d'A Tsi, qui l'entraîna dans la cabine, ses genoux fléchissant et se cognant sous son énorme corps. Se regardant tour à tour comme un animal traqué aux abois, il salua, les deux mains sur le front, chacun tour à tour, et une seconde fois le capitaine Helston.

Son histoire, difficilement tirée de lui, était la suivante. Il avait été marin à bord d'un navire marchand capturé par les pirates et, sur la promesse de sa vie, avait pris leur service, étant envoyé à bord d'un des vieux torpilleurs en raison de ses connaissances en matelotage.

Il ne se plaignait pas de la conduite de ses maîtres à son égard, et ils lui payaient deux ou trois dollars par mois pour acheter du tabac et des friandises.

"Il a l'air à moitié affamé. Demandez-lui s'ils ont assez à manger", a demandé Helston.

"Il dit qu'ils en consomment beaucoup", répondit A Tsi en souriant, "mais, Chinois du Nord, il ne grossit jamais."

« Que sait-il du magasin de provisions de l'île ?

Il semblait en savoir beaucoup à ce sujet. Il avait formé il y a quinze jours un groupe de travail pour décharger un navire capturé chargé de conserves de viande et de farine, et ils ont dû en laisser une grande partie à l'air libre, recouverts de bâches, car les descentes étaient déjà pleines. .

"A la fin du temps, chacun pouvait emporter ce qu'il voulait", termina A Tsi, tandis que le Chinois écartait les mains et essayait d'exprimer une grande quantité.

A chaque question, il y avait un flux rapide de questions et de réponses en chinois entre A Tsi et le prisonnier, ce dernier gesticulant avec enthousiasme pour expliquer ses réponses, et, pendant que le premier interprétait, il essayait de le suivre avec des gestes et des altérations pantomime. d'expression, se regardant les uns les autres d'une manière implorante.

On lui a demandé le nombre d'hommes sur l'île. Il ne pouvait pas le dire.

"Beaucoup?"

"Oui, un grand nombre."

"Un millier?"

"Oui, plus de mille."

"Deux mille?"

Il grimaça et fit visiblement de son mieux pour calculer.

Non, il ne pouvait pas le dire ; mille, oui ; mais il ne pouvait pas en dire deux mille, et il secoua solennellement la tête longtemps après qu'A Tsi eut fini.

En tant que marin, il pouvait donner des informations plus précises sur les navires. Il y avait quatre croiseurs et huit ou neuf torpilleurs, sans compter celui auquel il avait appartenu ni les deux naufragés.

« A-t-il vu les deux destroyers et sont-ils endommagés ?

Oui, il les avait vus entrer dans le port, et de nombreux hommes avaient été envoyés à leur bord, mais il ne savait pas s'ils avaient été endommagés.

Les noms de trois des croiseurs étaient *Yao Yuen* , *Mao Yuen* et *Tu Ping* . C'étaient les trois dont Ping Sang avait initialement informé Helston. Un autre qu'il a mentionné, le *Hong Lu* , était évidemment le croiseur qui avait repoussé le "No. 2" et le "No. 3".

"Demandez-lui s'ils sont très rapides."

" *Yao Yuen, Mao Yuen* ? " et il secoua la tête. " *Tu Ping* ? " il secoua la tête avec plus de vigueur encore. « *Hong Lu* ? » et il ouvrit rapidement les mains et hocha la tête, si vite que Cummins, qui venait d'entrer dans la cabine, avec l'inévitable cure-dent dans la bouche, rit "Il ! il ! il ! tu vas perdre ta natte, mon vieux, si tu ne sommes pas plus prudents. »

"A quelle vitesse peut-elle aller ?"

Non; Il ne savait pas.

"Aussi rapide qu'un torpilleur ?"

Il retint son souffle avec un sifflement et essaya de montrer par des gestes son extrême rapidité.

"Quelle taille fait-elle ?"

Il ne savait pas non plus quelles armes elle portait. Il a été emmené sur le pont pour examiner le *Strong Arm* , qui gisait tranquillement à 800 mètres de là, puis redescendu.

Non; elle n'était pas si grande, mais il ne pouvait pas dire quelle était sa taille.

Quant aux forts, tout ce qu'on pouvait en tirer, c'est qu'il y en avait un de chaque côté de l'entrée, et, à sa connaissance, aucun ailleurs.

Il ne savait même pas combien d'armes ils possédaient.

"Est-ce qu'ils se sont beaucoup entraînés à tirer avec eux ?"

Oui; il les avait entendus à maintes reprises ces derniers temps, mais ses connaissances sur tous ces points étaient extrêmement vagues.

Il pouvait citer les noms de tous les navires marchands qui s'y trouvaient et semblait avoir un regard sournois pour son ancien navire, car il attrapa nerveusement A Tsi par la manche et lui parla avec enthousiasme, en désignant le capitaine.

"Que veut-il?" demanda Helston.

"Il dit, monsieur, que si vous reprenez le *Tsli Yamen* , le navire auquel il appartenait autrefois, il veut que vous disiez un bon mot en sa faveur aux propriétaires."

"Dites-lui que s'il répond honnêtement à toutes nos questions, nous ne l'oublierons pas."

Quand cela lui fut expliqué, il salama très vigoureusement, courbant trois fois son long corps vers Helston.

"Combien d'hommes blancs y a-t-il sur l'île ?" » a demandé Cummins.

Il ne pouvait pas le dire. "Trois?"

Non, il y en avait plus de trois – quatre, cinq ou six peut-être, mais il ne pouvait pas le dire.

Interrogé sur les événements précédant l'arrivée de l'escadron, il ne sait pas grand-chose. Deux ou trois navires avaient été capturés récemment, mais aucun gros navire, et le *Hong Lu* était arrivé le même jour que les destroyers, seulement tôt le matin, venant du sud, il le savait, car un de ses amis était à son bord et lui avait dit.

Elle avait amené avec elle deux hommes blancs.

« Pourrait-il les décrire ?

Il faisait semblant de boiter. De toute évidence, l'un était Hamilton, l'Anglais boiteux, et l'autre, d'après sa description, aurait pu être Hopkins.

"Y a-t-il des prisonniers blancs sur l'île ?" C'était Cummins qui avait posé cette question, et en fait, c'était lui qui avait posé la plupart des questions depuis qu'il était descendu dans la cabine, le capitaine Helston lui cédant presque inconsciemment la place.

"Pas de prisonniers, seulement des ingénieurs et des soldats. Un homme blanc responsable des forts, deux autres responsables de tous les moteurs des navires.

"Ils ne gardent aucun homme blanc prisonnier. S'ils en trouvent un à bord d'un bateau à vapeur capturé, ils l'envoient sur le continent dans une jonque."

« Y a-t-il des femmes blanches sur l'île ?

"Non. Autrefois, ils étaient deux, mais il pense que les hommes blancs ont commencé à se quereller entre eux, alors ils les ont renvoyés très rapidement."

"Aucune chance de gagner une femme ici, monsieur", ajouta Cummins en riant.

"Je n'en suis pas si sûr", répondit Helston, les rides dures sur son visage soucieux s'adoucissant.

"Je pense toujours à cette petite coquine Milly", grogna le Dr Fox pour lui-même.

Cummins montra alors au prisonnier un plan approximatif de l'île, copié de la carte originale de Ping Sang, et, après qu'A Tsi l'ait expliqué, le Chinois indiqua grossièrement la position des forts, des go-downs (entrepôts), des maisons des hommes blancs. , le mouillage des vaisseaux de guerre et des navires marchands capturés.

"Je pense que nous avons obtenu tout ce que nous voulions savoir de cet homme", a conclu Helston. « À part la quantité de nourriture sur l'île, il ne semble pas savoir grand-chose. Quelqu'un veut-il lui poser d'autres questions ?

Cummins voulait savoir quel stock de charbon se trouvait sur l'île.

Pour autant que l'homme le sache, il y en avait d'énormes tas sur le rivage, ainsi que plusieurs navires chargés de charbon.

"Est-ce qu'un navire quitte jamais le port par le petit canal situé à l'arrière de l'île ?"

"Seulement des petits bateaux à vapeur et des jonques", dit le prisonnier.

"Je n'ai plus rien à lui demander", a déclaré Cummins, alors l'homme a été emmené et a reçu un cigare à fumer en récompense.

"Nous ne les affamerons pas, monsieur", fut le seul commentaire de Cummins.

Helston haussa les épaules.

On fit venir le deuxième homme, un coquin à l'air rusé, au crâne mal rasé, dont le visage repoussant était rendu encore plus hideux par plusieurs cicatrices. D'autres cicatrices étaient visibles sur sa poitrine enfoncée, et dans l'ensemble, il était un spécimen des plus désagréables de la race humaine.

Il parlait plus librement que l'autre homme et racontait son histoire avec beaucoup de volubilité.

Il avait été ouvrier « patron » dans l'usine de moteurs de l'arsenal de Foochow, et avait été recruté avec beaucoup d'autres par l'Allemand Schmidt et expédié à Hong Lu sans aucune connaissance de la nature de l'emploi.

"Est-ce qu'il se plaint?"

"Oh non, plutôt pas !" Il était bien payé, ne dépensait qu'un peu en tabac et n'avait pas beaucoup de travail à faire. Après avoir travaillé quelques mois à bord des paquebots marchands, il fut chargé des moteurs du malheureux torpilleur, et c'est pourquoi il était à bord cette nuit-là.

« Que faisait-il à bord des navires marchands ?

Il semblait avoir été un chef de file des constructeurs navals et avait eu de nombreux hommes sous ses ordres. Il s'est montré très sensible au sujet et a raconté tout le travail qu'il avait accompli au cours des six derniers mois.

Il avait allongé la cheminée d'un paquebot, ajouté un gaillard d'avant à un autre, modifié la proue d'un troisième et les mâts d'un quatrième.

"Ma tante!" » gloussa Cummins, tandis qu'A Tsi interprétait ceci : « Je vois maintenant comment ces gens font fortune. Ils capturent un bateau à vapeur, l'amènent ici, le modifient pour que ses propres constructeurs ne le reconnaissent pas, puis l'emmènent dans un endroit tranquille. port sur le continent et vendez-le. Demandez-lui, A Tsi, si c'est le cas.

Oui, c'était vrai ; et le Chinois parut surpris de leur ignorance.

Le syndicat, semble-t-il, avait construit un chantier de réparation navale et le faisait fonctionner la plupart du temps à haute pression. Parfois, ils gardaient un navire jusqu'à six mois, mais chaque fois qu'un navire partait, personne ne pouvait le reconnaître comme étant celui qui avait été amené.

Sur tous les autres points, ce prisonnier corrobora le premier et nota sur un autre plan approximatif de l'île les positions des forts, des navires, etc., à peu près comme il l'avait fait.

Quant à la nourriture et au charbon, ils en avaient assez pour durer « plusieurs lunes ».

"Des montagnes de charbon", telle était sa description.

Interrogé par Cummins pourquoi les autres torpilleurs n'étaient pas sortis, il répondit aussitôt que leurs moteurs n'étaient pas adaptés à aucune vitesse et que leurs équipages étaient probablement effrayés.

Dès que Ping Sang a entendu la déclaration de l'homme concernant la reconstruction des bateaux à vapeur capturés et la modification de leur apparence, il est parti dans sa cabine et est revenu avec des papiers.

A la première occasion, il demanda au prisonnier, parlant en chinois et avec une excitation très inhabituelle, s'il se souvenait jamais de la capture d'un navire nommé *Fi Ting*.

Il se souvenait très bien d'elle ; avait travaillé à bord. "Elle avait un entonnoir et trois mâts ("Oui", acquiesça Ping Sang), et ils ont construit un gaillard d'avant couvert, ont retiré un mât et ont raccourci les deux autres."

"Oui, oui", acquiesça Ping Sang avec enthousiasme ; "rien d'autre?"

"Nous avons modifié le pont, l'avons construit dix ou douze pieds plus en avant et avons installé plusieurs cabines entre celui-ci et l'entonnoir."

"Tu l'as fait ! tu l'as fait ! Et quel nom lui as-tu donné ?" » cria Ping Sang.

L'homme réfléchit un peu et secoua la tête, visiblement effrayé par le gros petit marchand.

"Il ne veut pas le dire, monsieur; il dit qu'il ne s'en souvient pas; il a seulement fait ce qu'on lui a dit; ce n'était pas sa faute", a déclaré A Tsi, vers qui l'homme s'était tourné.

Un autre flux de langage vint de Ping Sang, devant lequel le misérable Chinois tressaillit, et finalement il donna le nom de *Ling Lu Ming*.

"Je le savais ! Je le savais !" rugit Ping Sang, roulant d'un côté à l'autre et devenant rouge d'indignation, qui se transforma tout aussi soudainement en un large sourire, et avec un clin d'œil il dit au capitaine Helston qu'il avait acheté le *Fi Ting* pour 150 000 £., l'a perdue six mois plus tard, puis a acheté le *Ping Lu Ming* à bas prix pour 120 000 £ à Amoy.

"J'ai toujours soupçonné qu'elle était la même", ajouta-t-il joyeusement.

C'était une des caractéristiques amusantes de ce petit homme que sa colère s'évanouissait toujours aussi vite qu'elle grandissait, et était suivie par l'envie de la « gentillesse » qui avait eu raison de lui, et il n'avait pas la moindre méchanceté, se contentant de regarder avec impatience une future opportunité de « régler les comptes ».

Le prisonnier, voyant l'expression bienveillante et amusée de Ping Sang, reprit courage et osa également un sourire – un sourire assez rusé et assez perfide ; mais elle s'éteignit vite, et la couleur s'enfuit de sa peau jaune, car Ping Sang, l'apercevant, sauta de sa chaise, et lui tendant un gros petit doigt, laissa couler un torrent de mots qui le laissèrent sans voix de colère. , pour retrouver son urbanité habituelle un instant plus tard lorsque le capitaine Helston lui demanda ce qu'il avait dit.

"Rien, rien, Capitaine ; je lui ai seulement assuré que je lui arracherais le foie et que je le ferais manger s'il n'arrêtait pas de sourire."

Il le pensait aussi, car, si la moitié des histoires racontées sur Ping Sang devaient être créditées, même s'il était aussi doux que possible sous le drapeau britannique, malheur à quiconque croiserait son chemin alors qu'il n'était pas sous cette protection.

A ce moment, l'aspirant aux transmissions descendit de la passerelle en courant dans un état de grande excitation et signala à l'horizon de la fumée venant du sud-est.

Les prisonniers furent renvoyés et tout le monde monta immédiatement sur le pont.

Sur le pont, tout était animation. Il était environ quatre heures et demie, c'était l'heure du souper des hommes, tous étant en bas, sauf les guetteurs ; mais aussitôt que la nouvelle eut couru autour des ponts du mess qu'un bateau à vapeur avait été aperçu, tous les hommes que Jack affluèrent pour voir et entendre des nouvelles de l'étranger qui approchait.

Déjà des signaux avaient été faits au "N° 2" pour qu'il aille à sa rencontre, et tranquillement il avançait, bien que par les petites bouffées de fumée noire qui sortaient rapidement de ses entonnoirs, l'une après l'autre, on savait que ses chauffeurs pelletaient du charbon. sur les grilles de son fourneau pour tout ce qu'elles valaient.

Peu à peu, la colonne de fumée s'éleva à l'horizon, et du haut du mât de misaine un signaleur aux yeux perçants chanta qu'il s'agissait d'un navire de guerre avec des toupies de combat et qu'il se dirigeait droit vers l'île.

S'il s'agissait d'un navire de guerre, il pourrait s'agir d'un autre bateau pirate, et il y avait une chance bienvenue d'une « ferraille » ; mais même si cela ne s'avérait pas vrai, il y avait autre chose presque aussi bienvenu : elle pourrait apporter du courrier, et seuls ceux qui « descendent à la mer sur des navires » savent ce que cela signifie.

Alors le « n° 2 » commença à émettre des signaux, et le yeoman des transmissions, saluant, rapporta au capitaine Helston « Les *Indomptables* , monsieur ! » (L' *Undaunted* était l'un des croiseurs blindés de l'escadron britannique de Chine.)

« Vous ne pouvez pas la capturer, je suppose ? suggéra Ping Sang avec un sourire.

"Mais elle vient peut-être ici pour nous capturer", répondit Helston, l'air inquiet. "L'amiral ne l'aurait guère renvoyée s'il n'avait eu des communications importantes à faire. J'espère sincèrement qu'elle n'apporte pas de mauvaises nouvelles."

« Courage, vieux courbin ! » dit le Dr Fox ; "Nous recevrons des mails de toute façon."

À ce moment-là, l'œil nu pouvait facilement identifier son côté blanc, ses entonnoirs et ses capuchons jaunes scintillant au soleil couchant, ainsi que l'enseigne blanche volant sur sa gaffe, un spectacle aussi beau que n'importe quel marin britannique souhaite voir.

Le « n° 2 » la suivait vers l'escadron, ressemblant à un petit terrier de mauvaise réputation se tenant à distance respectueuse d'un majestueux Saint-Bernard. D'autres signaux volèrent d'avant en arrière, puis les sémaphores commencèrent à agiter leurs bras de haut en bas, et l' *Indomptable* ralentit alors qu'il approchait du *Laird* et arrêta ses moteurs.

"À l'écart, premier coupeur ! À l'écart de la cuisine !" » cria le second du maître d'équipage, et rapidement ces bateaux furent abaissés, et en quelques minutes, le capitaine Helston fut tiré vers les *Indomptables* par six puissantes paires de bras, tandis que le cotre, avec ce signal lancé par les *Indomptables* , « Envoyez bateau pour le courrier", n'était pas très en retard. Au bout d'une demi-heure, les deux bateaux étaient de retour et les gros sacs postaux étaient transportés à bord par des mains volontaires. Puis des lettres pour la maison, déjà écrites et n'attendant que d'être terminées, furent envoyées, et les *Indomptables* commencèrent lentement à s'éloigner.

Alors qu'il stabilisait son cap, son équipage "navire habité et applaudi", trois acclamations retentissantes traversant l'eau, et une acclamation de plus pour la chance.

Les *Laird* ne tardèrent pas à répondre, et l'équipage courut en l'air, se pressa le long de bâbord, et, prenant le temps du petit Cummins, qui, sa casquette à la main, criait de son mieux avec un cure-dent dans la bouche, envoya retour bravo pour bravo.

Le *Strong Arm* lui envoya également des acclamations, et les *Sylvia* , "No. 2" et "No. 3" se joignirent à eux avec leurs cris plus faibles.

Ils descendirent en masse du gréement, impatients de récupérer leur courrier que le Maître d'Armes était déjà en train de distribuer, les *Indomptables* s'éclipsèrent pour faire leur course vers le nord (une maison de mission avait été incendiée quelque part ou autre, quelqu'un ou autre devait souffrir pour cet acte, et elle était absente pour voir que quelqu'un ou d'autre souffrait pour cela), et le petit escadron se retrouva de nouveau seul avec son île aux pirates - une île à l'air solitaire et un petit escadron plutôt solitaire après son aperçu fugitif de son propre enseigne blanche, lisant ses lettres depuis chez lui dans la lumière du jour déclinante, avec un travail à accomplir qui lui semblait trop grand pour lui.

Comme le Dr Fox l'a dit assez vulgairement à Helston : « Vous avez mordu un morceau plus gros que vous ne pouvez le mâcher, mon vieux. »

"Eh bien, peut-être, Fox ; nous verrons."

Les lettres du capitaine Helston, ses lettres officielles en tout cas, l'inquiétaient certainement. Il avait à peine fini de les lire que le coucher du soleil fut annoncé, et il dut se lever pour surveiller la dispersion de l'escadre pour la nuit et prendre le rendez-vous du petit matin.

Il est descendu dîner, mais n'y a pas touché.

"Montez sur le pont, Fox, et faites de l'exercice sur la dunette", dit-il enfin. "Je veux une conversation avec toi." (Le Dr Fox dînait habituellement avec lui.)

« N'éloignez jamais un homme de son repas pour lui annoncer une mauvaise nouvelle », grogna le docteur, après qu'ils eurent parcouru vingt fois la dunette sans dire un mot. "Faites-moi savoir le pire."

"Mon bras me fait mal, Doc. Tu ne peux pas soulager ça ?" s'exclama Helston de son expression la plus inquiète.

"Bon, bon, reste tranquille, et je vais le réarranger, mon vieux. Maintenant, c'est plus confortable, hein ? La main un peu trop basse ; il y a trop de sang dans les doigts, hein ? Je l'aurai dans la manche dans une semaine." . Se sentir mieux maintenant?" Et le Dr Fox l'a mis plus à l'aise, parlant comme si son patient était un petit enfant irritable. "Maintenant, raconte-moi tout ça."

"J'en arrive là", commença Helston en se retournant et en marchant rapidement de long en large. " L'Amiral va communiquer avec moi dans un mois à compter de cette date, et, au cas où je ne pourrais signaler aucun progrès matériel, il a des ordres de chez lui pour m'aider.

"Vous savez très bien ce que cela signifie. Mes chances de promotion sont perdues à moins que je parvienne à capturer l'île dans quatre semaines."

Le Dr Fox était bien conscient qu'un mois était bien trop court. Il ne connaissait que trop bien les limites de Helston en tant que commandant et son incapacité à formuler ou à adhérer à des plans impliquant de graves problèmes. Il connaissait également les effets néfastes de cette indécision mentale et de cette anxiété sur sa santé, son incapacité croissante à dormir et son irritabilité croissante, mais il ne pouvait pas, simplement en tant que médecin principal de l'expédition et vieil ami de son commandant, accepter la responsabilité de faire toute suggestion soit pour un délai supplémentaire, soit pour une action immédiate.

"Ce n'est pas mon travail et je ne créerai rien."

Mais une chose qu'il savait, c'est que si quelqu'un pouvait faire le travail, c'était Cummins, et que la décision devait et devait être laissée à Cummins.

« Envoyez chercher Cummins, Helston ; dites-lui ce que vous m'avez dit ; donnez-lui vingt-quatre heures pour planifier une action ; n'essayez pas de l'influencer de quelque manière que ce soit et agissez selon ses conseils. Ne demandez en aucun cas non plus. Bannerman, qui n'est qu'un bavard et un vantard, ou Hunter, qui est un homme magnifique, splendide, mais un imbécile. »

Or, comme nous l'avons dit précédemment, le capitaine Helston était jaloux de son commandant. Il aurait été le premier à s'offusquer de cette imputation ; mais c'était là, appelez-le comme vous voudrez, la séquence nécessaire d'une faible volonté à peine encore consciente de sa faiblesse en présence de la volonté forte et irrésistible d'un officier subalterne.

"Tu as raison, Fox, je sais que tu as raison. Je vais l'envoyer chercher et voir ce qu'il suggère."

"Cela ne suffit pas, Helston, tu dois décider de donner suite à ses suggestions." Et le Dr Fox discuta avec lui pendant une demi-heure ou plus pendant qu'ils parcouraient le pont. Finalement, Helston accepta et Cummins fut appelé.

Il arriva en traînant les pieds vers l'arrière, petite silhouette étrange et grotesque dans l'obscurité (aucune lumière n'était allumée ni allumée la nuit), sortit de sa bouche un cigare allumé et salua.

Helston lui parla de la lettre de l'amiral.

"Cela signifie que nous sommes tous UP, à moins que nous fassions le tour dans un mois ; hein, monsieur ?" il en riant. "Ils ne sont pas trop libéraux chez eux, n'est-ce pas ?"

"Je vous ai envoyé chercher", continua Helston, et le Dr Fox remarqua un ton contraint dans sa voix, "pour vous demander votre avis sur ce qu'il y a à faire."

"Avez-vous seulement l'intention de considérer mes suggestions, ou avez-vous l'intention d'y donner suite, monsieur ?" répondit Cummins, et le Dr Fox vit sa silhouette se raidir au garde-à-vous, pouvait presque entendre ses mâchoires se serrer, et vit son cigare passer par-dessus bord et s'éteindre dans la mer.

« Je… j'ai… l'intention de… de… les suivre », dit nerveusement Helston, « et je vous donnerai vingt-quatre heures pour les formuler.

"Je n'ai pas besoin de vingt-quatre heures, monsieur. Deux jours, je veux examiner la côte de l'île de manière plus approfondie. Si je n'obtiens aucune information précise sur la position des canons et autres défenses dont ils disposent, je veux que vous je bombarderai l'entrée le troisième jour, et à la fin du troisième jour je vous donnerai mes autres projets, qui dépendent du résultat des renseignements que je pourrai obtenir pendant ce temps, c'est-à-dire, monsieur, si vous en avez besoin. "

"Mais alors ?" » demanda nerveusement Helston.

"Je ne peux pas le dire, monsieur. Tout dépend de ce que nous découvrirons d'ici la fin de cette période."

"Très bien, Cummins ; vous pouvez prendre les dispositions que vous voulez."

" Tout dépend du temps, monsieur, et je dois avoir des jours calmes, les deux premiers jours calmes. "

"Très bien ! Descendez et regardez à nouveau ce tableau."

"Merci, monsieur, et je prendrai aussi un autre cigare."

* * * * *

La visite des *Indomptables* et le courrier qu'elle avait apporté étaient peut-être plus appréciés dans les salles d'armes du *Laird* et *de Strong Arm* que chez quiconque, car la monotonie fait plus facilement pâlir les jeunes que les hommes, et ils deviennent certainement plus nombreux. rapidement le mal du pays.

Le dîner de ce soir-là dans la salle d'armes *du Laird* , bien qu'il se composât principalement de corned-viande et de sardines, fut un repas joyeux.

Chacun avait des nouvelles de chez lui, chacun avait quelque chose à dire, et la salle d'armes, encombrée de piles de journaux fraîchement ouverts, d'hebdomadaires illustrés et de magazines, ressemblait à un jardin d'ours.

Livres, bottes, télescopes, manuels scolaires et carnets d'aspirants, papiers, casquettes d'uniforme, boîtes de sextant et cirés gisaient en tas confus sur le pont et sur le dessus des casiers des aspirants, où ils avaient été balayés de la table au cours de la progression. de le préparer pour le dîner.

Plusieurs passages d'armes rapides et vigoureux avaient déjà ravi tout le monde, sauf bien sûr les seniors, qui n'appréciaient pas les dégâts occasionnés à la vaisselle et aux verres, dont ils manquaient déjà.

Glover lui-même, oubliant un instant sa jambe blessée (elle était maintenant parfaitement guérie), s'était jeté avec une vigueur inhabituelle dans une mêlée au bas de la table, l'extrémité la plus éloignée d'où Jeffreys le Sub (le monarque régnant) et le deux ingénieurs adjoints étaient assis et avaient disparu de la vue en dessous. Ici, il passait de l'un à l'autre par le doux processus de coups de pied d'un côté à l'autre, et sa seule chance était de serrer la première paire de pieds qu'il pouvait attraper et d'entraîner le propriétaire avec lui.

C'est ce qu'il fit, et ils restèrent là, se débattant pour savoir qui gagnerait la place vacante, tandis que leurs amis tambourinaient joyeusement sur leurs côtes sans discernement et pariaient sur l'un ou l'autre qui apparaîtrait en premier.

Finalement, la tête de Glover apparut en premier, mais un verre d'eau versé sur sa tête par un copain qui soutenait l'autre, et une vigoureuse traction par le bas de son adversaire le firent disparaître à nouveau, et la nappe partit avec lui, traînant avec ce sont des couteaux et des fourchettes, des verres et des assiettes, dans une puissante cataracte.

C'en était trop pour les spectateurs, et d'un commun accord ils disparurent sous la table et se battirent, tandis que les domestiques, parfaitement habitués à une telle scène, sautaient agilement, sauvant assiettes et verres qui apparaissaient au milieu du fouillis d'armes qui se débattaient. et les jambes.

Ceux qui se trouvaient à l'extrémité supérieure de la table, qui avait heureusement sa propre nappe séparée, continuèrent leur repas sans être dérangés - tous sauf Dumpling, qui, s'emparant du livre des extras du mess, frappa vigoureusement toute partie non défendue de l'anatomie qui se révélait de l'extérieur. sous la table.

C'était Dumpling "partout". Qu'il y ait eu une bagarre ou une « mêlée », il était toujours à portée de main, frappant sans discernement, mais n'osant jamais lui-même une « bagarre ».

À ce moment-là, le tumulte était si grand que Jeffreys, Ogston et l'autre ingénieur adjoint ne pouvaient littéralement pas s'entendre parler, et la table, se soulevant une ou deux fois alors que les aspirants se battaient et se débattaient en dessous, donnait des signes inquiétants de chavirage.

"Arrêtez ça, jeunes idiots !" » rugit Jeffreys, frappant la table de sa main ouverte et appelant l'aspirant principal par son nom.

En une minute, ils étaient de retour à leur place, rouges et heureux, sans cols, manteaux déchirés, et çà et là de petites coupures sur le visage, que leurs amis les plus proches essuyaient affectueusement avec la nappe froissée.

L'ordre rétabli, ils redoublèrent de vigueur et les sardines disparurent comme par magie : sardines, beurre en conserve et biscuits.

"Eh bien, je n'arrive pas à me remettre de ces nouvelles de chez moi", dit Dumpling pour la quatrième fois environ depuis l'arrivée du courrier à bord.

"Qu'est-ce qu'il y a, Dumpling ?" » ils ont tous répondu en chœur. "Votre vieux chat avait des chatons ?"

"Non, les gars, je ne vous l'ai pas dit ? Ma sœur est fiancée au fils d'un duc. Je n'en reviens tout simplement pas."

"Tu ne peux pas, vraiment ! Alors essaie si cela peut t'aider", chanta Mellins, et il lança une botte de mer sur la tête de Dumpling. Dumpling était beaucoup trop agile, et il s'est seulement écrasé sur le chef du mess, impuissant, qui faisait de son mieux pour les servir tous, a brisé en mille morceaux une cruche qu'il portait et l'a attrapé droit sur la poitrine.

"Triblement désolé, Watson", s'excusa Mellins.

« Mettez M. Dunning pour six cruches, Messman, » dit Jeffreys, « six pour s'amuser. »

"Mais je ne l'ai pas lancé ; ce n'était pas de ma faute", balbutia Dumpling.

"C'est ta faute, sois pendu ! tu l'as bien mérité."

"Mais ma sœur *est* fiancée au fils d'un..." reprit-il.

« Viens ici, Dunning ! » a crié Jeffreys. "Maintenant, tiens-toi à mes côtés ici ; donne-moi ton bras. Non, je serai très gentil avec toi," alors qu'il le tordait légèrement et Dumpling grimaça. "Maintenant, parle-nous très gentiment de ta sœur. Avec qui va-t-elle épouser ?"

"Le fils d'un du———" commença Dumpling.

"Non, non, ce n'est pas le cas, mon ami. Répétez simplement après moi: ma sœur-va-épouser-un-chauffeur de taxi-en panne-ivre. Maintenant, faites ce que je vous dis", comme Dumpling est devenu provocant, "ou avant de savoir où vous êtes, vous aurez une douzaine des meilleurs sur votre dos." Et il s'est tordu le bras jusqu'à ce qu'il se torde de douleur.

« Ma sœur va épouser un cocher », bégaya-t-il, le visage rouge.

"Un chauffeur de taxi ivre et en panne", rugit Jeffreys; mais Dumpling n'eut pas l'indignité de répéter cela, car un messager passa la tête à la porte et chanta que les aspirants du bateau de piquetage et du deuxième coupeur étaient immédiatement recherchés dans la cabine du commandant, et comme Dumpling avait le deuxième coupeur, il s'est libéré et s'est échappé.

Mellins était le fier « propriétaire » du bateau de piquetage et, leurs récentes animosités étant oubliées, les deux garçons se précipitèrent comme des lapins dans la cabine du commandant.

"M. Christie" (le vrai nom de Mellins), commença-t-il alors qu'ils se mettaient tous deux au garde-à-vous, "vous aurez votre bateau prêt, avec de la vapeur, à être hissé à cinq heures demain matin. Assurez-vous que ses réservoirs et les soutes sont pleines. Vous, M. Dunning, êtes le cotre de service pour demain, je crois. Vous serez également prêt à vous mettre à l'eau à cinq heures et soyez prêt à être remorqué. Vous pouvez fournissez à vos hommes des fusils et des pistolets, et passez les premiers sous les bancs du bateau. Des munitions vous seront remises dans la matinée. Vous veillerez tous deux à ce que la nourriture de vos équipages soit préparée pendant la nuit, et à ce que les marteaux de vos bateaux (barils d'eau)) sont pleins d'eau potable. Va-t-en et fais tout de suite tes préparatifs.

Les deux garçons s'éloignèrent avec des visages enthousiastes, mais avec cette différence que, tandis que Mellins partait chercher son barreur et grimpait dans son bateau deux minutes après pour s'assurer que tout était correct, Dumpling descendit d'abord à la salle d'armes pour se faisant passer pour un héros, spécialement choisi par le commandant, et, avec beaucoup d'agitation inutile, il trouva son poignard et le prit en main pour l'aiguiser sur la meule.

"Ce jeune veut vraiment donner des coups de pied", a déclaré Ogston.

"Il l'aura à son retour", répondit nonchalamment Jeffreys.

CHAPITRE XVII

Espionner les pirates

Nous allons vers la côte – Sous les forts – Dérive impuissante – Nous nous cachons parmi les rochers – Un moment terrible – Espionner les pirates – Prendre des notes – Hopkins à nouveau – Comment allons-nous nous échapper ? – Cummins décide

M. l'aspirant Glover raconte comment il a visité l'île

La blessure à ma jambe a complètement guéri en sept jours, et j'étais aussi bien que la pluie, mais cette vieille brute, le Dr Fox, n'a pas voulu me laisser radier de la liste des malades.

Vous pouvez imaginer à quel point cela m'a rendu fou, car j'avais terriblement peur de perdre mon logement au "N° 3".

L'arrivée des *Indomptables* avait donné une nouvelle vie à tout le monde, et lorsque Mellins et Dumpling reçurent leurs ordres ce soir-là, les rumeurs les plus folles circulèrent.

J'ai fait de mon mieux pour que Mellins me range à l'avant de son bateau de piquetage, mais, bon gars comme il était, il n'a pas voulu en entendre parler, même si j'ai proposé d'apporter un gros gâteau fait maison qui était arrivé. le courrier.

Pauvre vieux Mellins ! il lui *était difficile de refuser.*

Pensez donc à ce que j'ai ressenti lorsqu'à 4 h 30 le lendemain matin, la sentinelle du demi-pont m'a réveillé en disant : « Le commandant vous veut, monsieur, immédiatement !

Je descendis, enfilai mes vêtements, mis une casquette sur ma tête sans me brosser les cheveux et me précipitai sur le pont.

"Eh! M. Glover", rigola le commandant en me regardant autour d'une tasse de chocolat chaud du navire. "Le Dr Fox dit que vous êtes apte au travail, alors soyez prêt à quitter le navire à 5 heures du matin pour vous présenter à M. Parker."

Ne sachant pas si j'étais debout sur la tête ou sur les talons de joie, j'ai plongé en bas et j'ai commencé à tasser ma poitrine ; mais je n'aurais pas dû être si pressé, car le commandant a envoyé son messager pour me dire de ne prendre que ce que je pouvais porter, alors j'ai dû me contenter à nouveau du sac en cuir de Dumpling. Il avait certainement de très bons sacs. J'ai réussi à enfoncer la majeure partie du gâteau, après en avoir coupé un gros morceau, que j'ai caché dans le casier de Toddles, et un autre, que j'ai donné au barreur du piquet de grève en guise de surprise pour Mellins. Je l'ai vu le cacher parmi des chiffons huileux, alors j'ai deviné que le vieux Mellins ne le trouverait jamais.

C'était tout simplement déchirant de revenir au "N° 3" - M. Parker, M. Chapman l'ingénieur et Collins le sous-marin sont tous ravis de me voir, ainsi que Pat Jones. Il ne manquait que Toddles, et je n'ai pas eu le cœur de lui dire au revoir, mais je l'ai laissé ronfler dans son hamac : il avait eu la garde du milieu.

Le commandant est arrivé au « n° 3 » avec moi, et lorsqu'il était à bord, nous avons pris le piquet de grève et le deuxième coupeur en remorque et avons fumé lentement vers la côte en direction de l'île, non pas directement vers l'entrée, mais assez loin de l'endroit où se trouvait l'île. les deux torpilleurs pirates s'étaient accostés en effectuant un grand cercle pour ne pas essuyer le feu des forts. Nous avons remorqué le piquet de grève afin d'économiser son charbon.

Dès que nous fûmes près de terre et au-delà de ce coin en saillie dont je vous ai parlé et qui nous cachait des forts, nous larguâmes les bateaux, le commandant s'éloignant dans le cotre et le piquet l'emmenant. remorquer. Ils s'approchaient le plus possible de la côte, s'éloignant lentement de l'entrée et examinant les rochers petit à petit, tandis que nous nous tenions à leur hauteur, prêts à ouvrir le feu si les Chinois tiraient à la carabine depuis les falaises.

Ce n'était pas un travail particulièrement passionnant et, d'après ce que nous pouvions voir depuis le "N° 3", il n'y avait pas un seul endroit où un chat puisse grimper. Ce n'est que dans l'après-midi que nous vîmes quelque chose s'approcher d'une plage, et même celle-ci avait derrière elle des falaises perpendiculaires couvertes de broussailles.

Ils devaient être morts de fatigue dans les bateaux, mais le commandant persistait, debout dans les tôles arrière du cotre, prenant des notes, prenant des croquis et lisant les angles sur son sextant.

Mais ensuite nous sommes arrivés à l'arrière de l'île.

La côte ici était basse, mais trop haute pour que nous puissions voir le port par-dessus, et juste au moment où nous apercevions le petit canal qui s'y déversait, une foule de voyous en haillons est arrivée et a commencé à s'en prendre aux bateaux.

Nous les avons laissés entrer avec notre canon de 12 livres sur le pont, avons trouvé le champ de tir avec notre deuxième tir et les avons envoyés se précipiter comme des lapins pour se mettre à l'abri, suivis par un homme sur un poney hirsute, qui a galopé lentement après eux.

"Tu reconnais ton ami ?" » a demandé M. Parker en me tendant son télescope. Effectivement, c'était l'homme à la barbe noire qui avait si brillamment combattu à bord de ce destroyer. Je l'ai reconnu tout de suite.

"Je suis content qu'il soit rentré sain et sauf à la maison", dis-je.

"Je ne pense pas qu'il soit encore rentré à la maison", sourit M. Parker. "Je ne pense pas qu'il trouvera beaucoup de confort sur cette île. Dépêchez-le, Jones", se tournant vers l'équipage du canon, qui avait cessé de tirer.

Jones a visé prudemment, a tiré et l'obus a éclaté juste derrière le poney, envoyant un nuage de poussière et de pierres. La bête effrayée s'est cabrée et a essayé de s'enfuir, mais le cavalier l'a calmement calmée et, nous brandissant le poing, l'a fait marcher lentement sur la crête de la pente.

"C'est un brave type", dit M. Parker avec admiration, et il m'envoya dans sa cabine pour lui procurer encore du tabac.

Notre travail de la journée était terminé, et après avoir remorqué les bateaux jusqu'au *Laird*, nous avons rejoint le "No. 2", et après la tombée de la nuit, nous avons pris la position habituelle près de l'entrée pour la nuit.

Alors que nous remorquions le cotre jusqu'au navire, je pouvais voir que Dumpling était extrêmement excité et je me demandais quels récits il allait raconter dans la salle d'armes ce soir-là à propos de ses expériences sous le feu.

Le commandant n'est pas retourné à son navire, mais est revenu au « n° 3 » et s'est couché tôt, épuisé, trop fatigué même pour fumer ou faire des remarques amusantes.

Je n'étais pas autorisé à monter sur le pont et j'ai dormi comme une bûche.

Peu de temps après, il me semblait que dix minutes s'étaient écoulées, j'ai été brutalement secoué et, à moitié étourdi, j'ai reçu l'ordre de monter sur le pont pour mettre le canot à l'eau. Il faisait très froid, assez sombre, et une bruine humide rendait tout glissant – une situation aussi triste qu'on puisse l'imaginer.

Nous avons sorti le canot, y avons mis une boussole, et Jones, avec les rames enveloppées de déchets de coton pour les empêcher de faire du bruit dans les dames de nage, a pris place dans le bateau.

Puis le commandant en pardessus est arrivé, et lui et moi sommes montés dedans, quelqu'un m'a jeté une outre et nous nous sommes enfuis dans le noir.

Je n'avais pas la moindre idée de ce que nous allions faire et, à moitié éveillé, je me sentais un peu malheureux.

"Juste le matin pour ça", rit le commandant ; "une brume humide et une mer calme."

"Qu'allons-nous faire, monsieur ?" Ai-je demandé, commençant à me réveiller et à frissonner.

"Juste sous les forts, mon garçon. Tu veux que tu me dises que lorsque nous arriverons aux rochers où ces lumières étaient allumées, attends là jusqu'à ce qu'il fasse assez clair pour voir les canons, et éloigne-toi à nouveau. La marée monte fortement maintenant, et nous mènera jusqu'à l'entrée.

"Oh!" C'était tout ce à quoi je pouvais répondre et je me sentais tout sauf heureux.

Jones pagayait seulement facilement, mais nous sommes quand même tombés sur un rocher.

"Montez à l'avant, Glover, et repoussez-la", m'a dit le commandant, et je me suis précipité vers l'avant. Nous continuâmes notre chemin, continuant vers l'entrée, et nous cognant de temps en temps. Au sommet d'un de ces rochers se trouvait un grand oiseau marin. Il battit en hurlant dans l'obscurité avec un cri d'alarme aigu qui, je pensais, réveillerait toute l'île.

Comme mon cœur battait !

C'était un travail glaçant, et mes dents claquaient alors que je me penchais sur les arcs, le poussant des rochers et essayant d'en trouver un avec une lampe dessus. Il y avait aussi beaucoup de danger, car, même si la mer était calme, la houle était très visible dès que nous nous approchions sous les falaises, et bien que le bateau fût un vieux baquet solidement construit, ses flancs craquaient et gémissaient une ou deux fois. alors qu'ils s'écrasaient contre les rochers.

« Rames », murmura le commandant.

Jones a arrêté de tirer et j'ai remarqué que nous ne semblions pas nous perdre ; en fait, nous avons glissé assez rapidement devant une grande masse sombre de rochers.

"Nous devons être près de l'entrée maintenant ; regardez comme nous sommes installés dans le courant", dit doucement le commandant.

"H't!" siffla-t-il, et nous entendîmes le bruit régulier de l'aviron dans la rame. Il venait vers nous, venant du large, à chaque instant plus fort et plus clair — ump-ump ! ump-ump! avant et en arrière.

« C'est un bateau indigène », murmura le commandant ; » et ensuite : « À tribord, Jones ! De retour pour ta vie, mec !

Jones secoua violemment son aviron dans l'eau, et, oh horreur ! le bois pourri craqua, céda et la lame tomba dans la mer tandis qu'une forme sombre passait devant nous, avec une petite lueur au milieu du navire comme celle d'un brasier au charbon de bois chauffé au rouge - assez pour montrer la tache sombre d'un homme se balançant vers et en avant, grognant bruyamment à chaque ump-ump d'un long balayage sur la poupe.

Nous pensions qu'il devait nous voir ou entendre le bruit de l'aviron qui se cassait, et nous restâmes immobiles comme la mort, tandis que l'indigène, un pêcheur revenant probablement de lever ses casiers, disparaissait dans l'obscurité.

Que devions-nous faire ?

Nous n'avions pas d'aviron de rechange dans le bateau, et Jones essaya en vain de ramer avec l'aviron restant sur la poupe. Il ne pouvait même pas retourner ses étraves à contre-courant, que nous entendions maintenant bouillonner et s'écouler le long des rochers, et quand enfin nous parvînmes à la contourner en pagayant avec les planches inférieures, notre dernière rame s'arrêta court, Jones faillit tombant par-dessus bord en cédant.

En désespoir de cause, il a déchiré une autre planche inférieure et nous avons tous les trois pagayé comme pour sauver notre vie. Nous ne voyions rien, pas même nos visages, mais une brise froide venant de l'île nous annonçait que nous étions déjà à l'intérieur du chenal d'entrée et que nous étions aspirés entre les deux forts que nous étions venus espionner. Travailler comme nous le pouvions – et comme cela m'a fatigué les poignets ! avec beaucoup de bruit et d'éclaboussures, que nous attendions à chaque instant pour sonner l'alarme, nous ne pouvions pas faire le moindre progrès.

« Mettez-vous de côté », dit le commandant.

Mais nous ne pouvions même pas faire cela. Le bateau était hors de notre contrôle et, tournoyant dans les remous du courant, il fut entraîné à travers le chenal obscur vers le port des pirates.

J'oubliais que j'étais froid, mouillé et somnolent à la pensée de notre horrible position, mais ne crois pas que j'aie vraiment eu peur, car, d'une manière ou d'une autre, on n'a jamais eu peur lorsque le commandant était proche (les gens m'ont souvent raconté le même chose depuis), et Jones aussi ; Je sentais que lui aussi serait capable de trouver une issue.

Soudain, devant nous, nous aperçumes une lueur rougeoyante soulignant les arêtes vives des rochers ; nous avons tourné autour d'un coin, puis en un instant nous sommes tombés sur la lueur d'un feu de camp sur un rocher à vingt pieds au-dessus de nous.

Deux Chinois, l'un d'eux appuyé sur un fusil, se tenaient à côté, se réchauffant, et on les entendait se parler d'un air endormi.

Nous étions dans l'ombre des rochers et tournions devant nous, aucun de nous ne bougeant le moindre muscle ou n'émettant un bruit pendant que nous surveillions ces sentinelles et nous attendions à être vus.

Cela nous a semblé une éternité alors que nous étions aspirés par le courant.

Enfin nous atteignîmes le pas, puis les mouvements du bateau devinrent plus doux, et nous nous trouvâmes dans une sorte de contre-courant, avec toutes sortes de bois, de branches et de feuilles flottantes qui tournaient doucement en rond.

"Maintenant, pagayez, les garçons, et n'éclaboussez pas", murmura le commandant en dirigeant du mieux qu'il pouvait. La lumière du feu a soudainement disparu.

"Cédez le passage, les garçons, nous sommes au coin de la rue, hors de vue des sentinelles."

Nous avons pris le contrôle du bateau et nous nous sommes dirigés lentement vers la partie la plus sombre que nous pouvions voir. Nous n'avions pas la moindre idée de ce que cela allait être, mais nous avons continué, le cœur battant comme un marteau à vapeur.

À ce moment-là, quelque chose m'a traversé le visage, me frappant d'un coup cuisant. Dans mon excitation et ma nervosité, j'ai dû me mordre les lèvres pour m'empêcher de crier de peur et je m'y suis accroché.

C'était une branche d'arbre.

Je l'ai tiré main dans la main, j'ai trouvé mon visage mouillé de feuilles humides et, avec l'aide des autres, nous nous sommes frayés un chemin au milieu des branches.

Le commandant a plongé la gaffe par-dessus bord. "Deux pieds de profondeur", dit-il, puis il s'agenouilla, chercha le bouchon du bas et le retira, et l'eau gargouilla rapidement.

En une minute, c'était jusqu'à nos chevilles, et là, nous avons dû nous lever et alourdir le bateau alors que l'eau montait, jusqu'à ce qu'il arrive progressivement au-dessus de nos genoux. Pouah! Comme il faisait froid ! Mais il n'y avait rien d'autre à faire si nous voulions que le bateau coule, et il fallait le faire.

"Rampez à terre", murmura le commandant, alors que l'eau commençait à couler par-dessus le plat-bord, et Jones et moi grimpions le long des branches, à moitié dans et à moitié hors de l'eau. Jones atterrit le premier, tendit sa grande main et me hissa à terre.

En un instant, le commandant nous rejoignit.

"Faites route vers l'intérieur des terres, les garçons", murmura-t-il, aussi calmement que possible, "le bateau va bien." Et nous nous frayions un chemin à travers les buissons et les broussailles accrochés, en file indienne et en nous serrant les uns contre les autres pour ne pas nous perdre dans l'obscurité.

Bientôt, nous pénétrâmes dans un espace dégagé et nos pieds foulèrent un sol dur.

"Un chemin!" » dit le commandant en frappant doucement dessus.

Ensuite, nous sommes arrivés à des buissons et des ronces plus épais, nous sommes heurtés à des arbres trapus avec des rochers entre eux et nous nous sommes retrouvés à grimper vers le haut.

En une minute, nous avons dû grimper main dans la main, c'était très raide, et j'ai pensé que nous ne devions jamais nous arrêter, et le bruit que nous faisions semblait prodigieux.

La lumière du feu de camp réapparut. Nous nous sommes arrêtés et avons pu voir les deux hommes toujours debout, nonchalants, au-dessus. Ils ne nous avaient pas encore entendus et nous avons grimpé jusqu'à ce que la lumière nous soit à nouveau coupée.

Finalement, nous escaladâmes ce qui semblait être un petit rebord parmi les rochers. Je ne pouvais pas aller plus loin et je tombai en tas.

Nous nous sommes allongés sur ce rebord, serrés les uns contre les autres pour nous réchauffer, jusqu'à ce que progressivement et lentement l'obscurité diminue.

Nous pouvions d'abord distinguer les visages des uns et des autres et les hautes herbes dans lesquelles nous étions allongés, les buissons épais devant nous, les rochers et d'autres buissons derrière et de chaque côté.

Peu à peu, nous distinguions la surface froide de l'eau au-dessous de nous, et bientôt, juste au-dessus du port, un navire sonna quatre cloches (six heures), un autre et un autre répétaient, et nous pouvions entendre les trompettes stridentes tandis que les aiguilles ont été retrouvés,[#] probablement à bord des croiseurs pirates.

[#] Des hommes sont sortis de leurs hamacs près de la pipe du Bos'n.

De l'autre côté de l'eau retentissait le son palpitant d'un gong indigène, un solitaire d'abord, puis deux ou trois autres, jusqu'à ce qu'il semble que des centaines de personnes soient battues, le bruit montant et descendant jusqu'à ce que tout le port semble en être rempli. .

Les lumières s'allumaient au fur et à mesure que les feux étaient allumés, et nous savions que le village pirate s'agitait.

À l'approche de l'aube, nous avons pu prendre conscience de notre position. Nous étions perchés sur un rebord à une soixantaine de mètres au-dessus de la face abrupte d'une falaise rocheuse inégale, couverte d'arbres nains et de buissons ressemblant à des ajoncs, poussant partout où ils pouvaient trouver un point d'appui.

Au-dessous de nous courait le sentier, le long du bord de l'eau, que nous avions traversé une heure auparavant, et de l'arbre en surplomb qui cachait le canot gorgé d'eau et le long des branches duquel nous avions grimpé jusqu'au rivage.

"S'ils ne repèrent pas le canot ou les dégâts que nous avons causés en grimpant ici", rigola le commandant, "nous serons aussi en sécurité que dans une église et devrons simplement rester bien au chaud jusqu'à la tombée de la nuit."

Alors arriva ce dont je me souviens depuis avec encore plus d'horreur que le reste des dangers de cette journée, et qui parut absolument geler tout mon intérieur.

C'était ma faute, voyez-vous, et cela nous a presque tous mis dans le danger le plus effroyable.

En écartant une touffe d'herbe épaisse et en baissant les yeux, je pouvais juste voir ce chemin, et comme il devenait suffisamment clair pour distinguer les objets, j'ai vu quelque chose de sombre posé au milieu, en plein air. Cela me semblait étrangement familier et, involontairement, je portai la main à ma tête. Ma casquette manquait et se trouvait là, juste au milieu du chemin, un chemin très fréquenté et évidemment très fréquenté.

Je ne pourrai jamais dire ce que j'ai ressenti à ce moment-là, ni comment j'ai réussi à me faire comprendre du Commandant - le simple fait d'y penser me fait encore frissonner maintenant, et, des dizaines de fois par an, je vois dans mes rêves cette casquette posée là avec son l'insigne doré brillait à peine, mais le commandant, avec un sourire joyeux, m'a pressé pendant que j'essayais de me lever, s'est tortillé par-dessus le bord et a commencé à descendre, les branches crépitant et se balançant, et les pierres glissant devant lui.

Je gardais les yeux rivés sur cette casquette et j'attendais avec la plus grande angoisse de voir son bras sortir des hautes herbes au bord de la route. Je m'attendais à ce qu'il se tortille et étende son bras, mais bien qu'aucun bras ne soit apparu, la casquette a disparu et, au bout d'une minute, je l'ai entendu remonter.

"Comment avez-vous fait?" Lui ai-je demandé avec reconnaissance, alors qu'il se laissait tomber à côté de moi.

"Avec une longue bruyère, mon fils, une plante grimpante épineuse qui s'est avérée très utile."

Pendant qu'il parlait, une longue file d'indigènes (des Coréens, m'a dit le commandant) chargés de bois de chauffage passaient en file indienne le long du chemin. Imaginez ce qui serait arrivé s'ils l'avaient été cinq minutes plus tôt !

Ils avaient à peine disparu de notre vue alors qu'ils suivaient le chemin, que soudain un coup de canon des plus terribles commença du côté de l'entrée du port, et, tendant le cou autour d'un coin de tour, nous pûmes voir des nuages de fumée de poudre flotter. en haut.

"'Le n°3' vient nous chercher", marmonna le commandant. "J'espère que Parker s'en sortira avant qu'il ne soit endommagé."

Nous avons écouté et essayé de savoir si des coups de feu venaient du large, mais nous n'avons pu en entendre aucun. Les tirs du rivage se ralentissèrent, éclatèrent de nouveau avec fureur, s'éteignirent, et tout redevint calme.

"Parker est hors de portée, en toute sécurité", rigola le commandant.

* * * * *

Après cela, j'ai dû m'endormir et je me suis réveillé en plein jour pour me retrouver très affamé et très froid. Jones était allongé, lové dans l'herbe et profondément endormi, le commandant scrutait les buissons avec ses jumelles et faisait devant lui de petits croquis sur son carnet. Il m'a entendu remuer, a souri joyeusement en cassant une tige d'herbe et en commençant à la mâcher, et m'a tendu ses lunettes.

"Éloignez-vous de votre droite et dites-moi ce que vous voyez."

En me glissant dans une meilleure position, j'avais une vue splendide sur tout le port. À l'extrême droite, je voyais le terrain bas d'où l'homme à la barbe noire nous avait tendu le poing hier, et l'étroit canal d'eau qui en marquait l'exutoire. En balayant les lunettes vers la gauche, j'aperçus des torpilleurs amarrés les uns à côté des autres dans une petite baie.

"Combien peux-tu en compter ?" m'a demandé le commandant.

J'en ai compté sept. Puis arrivèrent trois embarcations à l'ancienne mode, gréées en bateau, avec leurs to'-galants et leurs mâts frappés, tandis qu'autour d'elles était ancrée une foule de jonques sans signe de vie parmi elles. Ils semblaient tous déserts.

"Ce sont les corvettes qui manquent à l'escadron du Yangtsé", expliqua le commandant avec enthousiasme pour lui, et son enthousiasme rendait à la fois très joyeux et terriblement excité.

Encore plus loin sur la gauche se trouvaient douze bateaux à vapeur marchands de toutes tailles et dans un ordre désordonné – quelques simples carcasses sans mât ni canot, un sans entonnoir. D'autres, au nombre de quatre ou cinq, avaient à leur bord des nuées de gens et, d'après le bruit et le martèlement qui en sortaient, ils semblaient en réparation. J'ai dit au commandant ce que je pensais.

"Oui", dit-il, "ils les modifient pour pouvoir les vendre sans que leurs anciens propriétaires puissent les reconnaître".

Sur la côte, je pouvais voir une petite ville assez animée, avec de grands hangars et entrepôts en bois, et des centaines de huttes primitives en nattes de bambou, la ville des pirates, je la connaissais, et vous pouvez deviner que j'avais complètement oublié d'avoir faim.

Une jetée grossière en faisait saillie, avec un gros bateau à vapeur amarré à son extrémité, et tandis que je regardais, ils abaissaient un mât dans le bateau à l'aide de hautes jambes droites.

Plus haut, derrière la ville, se trouvaient quelques bungalows – l'un d'eux était probablement la maison de Hopkins, pensais-je – et tout le flanc de la colline était verdoyant par les cultures, les pentes abruptes étant découpées en carrés comme un échiquier. Au-dessus de ces sommets, la colline était trop raide pour que même les Chinois puissent la cultiver et se terminait par un pic plat beaucoup plus haut que tout autre point de l'île. Nous avions tous remarqué cette colline depuis la mer.

Plus loin encore vers la gauche, et sous des terres assez élevées, se trouvaient quatre croiseurs amarrés à l'avant et à l'arrière. Je pensais que l'un d'entre eux ressemblait beaucoup au croiseur qui avait quitté le "No. 2" et le "No. 3" lorsque nous avons coulé le destroyer à l'extérieur de l'île.

"C'est le *Hong Lu* ", m'a dit le commandant lorsque je lui ai demandé.

"Quelles armes pouvez-vous distinguer ?"

Il était difficile de voir avec précision, car il tendait ses arcs vers nous, mais il semblait avoir un fusil d'environ 6 pouces sur son gaillard d'avant, et trois de chaque côté en petits sponsors.

"Ces trois autres sont le *Yao Yuen* , *le Mao Yuen* et le *Tu Ping* ", dit le commandant, "et ils semblent avoir tous leurs canons à bord. Mais que pensez-vous de ce drôle d'engin amarré juste à côté ?"

"Eh bien, c'est un cuirassé, monsieur," murmurai-je, "avec deux tourelles !"

"Oui ; mais a-t-elle des armes ?"

J'ai regardé très attentivement mais je n'en ai vu aucun. Depuis un port d'une tourelle, quelque chose se projetait, mais seulement un peu, et cela semblait irrégulier à la fin.

"Non, je ne pense pas, monsieur."

"Ce navire est le vieux *Ting Yuen* , Glover. Ils ont dû le faire remonter du fond du port de Wei-hai-wei, mais pourquoi diable l'ont-ils amené ici si elle n'avait pas d'armes me bat vraiment."

Près d'elle se trouvaient deux vieux amis, les deux derniers des trois Patagoniens qui nous avaient causé tant de problèmes depuis Malte, et près d'eux trois autres torpilleurs. D'énormes tas de charbon bordaient le rivage derrière eux, plusieurs autres entrepôts et une autre petite jetée.

Comme j'aurais aimé que Mellins et Toddles soient avec moi pour voir tout cela ! et j'oubliais complètement que nous étions dans une telle situation d'impuissance.

Les bateaux à vapeur circulaient d'un navire à l'autre, et allaient et venaient entre les navires et le rivage.

Au-dessus de la petite ville se trouvait un mince nuage de fumée bleue et, provenant de ce qui devait être des forges ou des ateliers, des colonnes de fumée plus sombres s'enroulaient vers le haut dans l'air calme, avec ici et là un jet de vapeur blanche.

Ils semblaient extrêmement occupés et la petite ville bourdonnait de vie.

"Continuez sur votre gauche et dites-moi ce que vous voyez ?" ordonna le commandant.

Tout d'abord, les hautes terres sous lesquelles étaient amarrés les croiseurs s'inclinaient graduellement vers le chenal par lequel nous avions dérivé, puis se terminaient brusquement en deux terrasses, l'une dominant l'autre. Un sentier en zigzag taillé dans la falaise en face de nous conduisait à ces terrasses, à partir d'un petit débarcadère au bord de l'eau. Un bateau à vapeur gisait à quai, ayant apparemment remorqué un bateau chargé de provisions, et une longue file de coolies avançait péniblement par paires avec ce qui ressemblait à des caisses de munitions suspendues entre eux à des perches de bambou sur leurs épaules. D'autres arrivaient les mains vides.

En suivant le chemin en zigzag, j'ai aperçu un bouclier de canon recouvert d'une bâche. C'était sur la plate-forme inférieure, et dépassant des rochers, je pouvais voir la bouche d'un fusil à tir rapide sur la plate-forme supérieure.

"C'est l'un des forts, monsieur", dis-je avec enthousiasme.

Au-dessous des canons, les rochers s'étendaient sur trente ou quarante mètres, puis se cachaient derrière quelques rochers plus élevés de notre côté du chenal d'entrée. Celles-ci masquent toute vue sur la mer.

"Maintenant, venez là où je suis et regardez au coin à gauche", dit le commandant en roulant sur le côté et en riant intérieurement avec amusement devant mon excitation. J'ai fait ce qu'on m'a dit et, écartant quelques branches, j'ai regardé vers le bas.

Le sentier au-dessous de nous, le sentier sur lequel ma casquette était tombée, longeait le pied des falaises, le long du bord de l'eau, jusqu'à arriver à un petit débarcadère fait de solides planches de bois. En comptant sur les terrains de cricket - une esquive que le commandant m'avait apprise - je pensais que c'était à près de soixante mètres de l'endroit où notre canot avait coulé.

Le débarcadère, comme celui d'en face, avait un petit derrick à un coin, avec des palans et des blocs gréés pour soulever des poids hors d'un bateau. De larges marches irrégulières taillées dans le roc montaient de là à un sentier bien tracé qui, montant brusquement, tournait autour d'un coin et se perdait de vue.

A ce coin, une petite plate-forme, entourée d'un parapet, avait été nivelée, et dessus se trouvait un petit abri recouvert de nattes.

Devant l'abri se trouvait un vieux baril d'huile dont les parois étaient percées de trous et dont un peu de fumée s'élevait encore doucement. C'était le feu que nous avions vu en nous approchant.

Contre le parapet, deux ou trois fusils étaient appuyés.

En bas, les jambes pendantes au-dessus du débarcadère, un Chinois, dans une sorte d'uniforme, pêchait et entretenait une conversation courante avec les matelots du bateau à vapeur qui bordait la jetée d'en face.

Amarrés à ce débarcadère se trouvaient plusieurs petits bateaux.

J'ai raconté au commandant tout ce que j'avais vu, puis il m'a ordonné de faire des croquis, m'a montré comment les faire assez fidèlement et m'a prêté son crayon.

J'avais mon propre portefeuille et j'y ai travaillé dur pendant deux heures ou plus, et je pense que j'avais vraiment trop peur du commandant pour m'inquiéter du danger réel, car il était furieux de mes premières tentatives. .

"Je n'ai jamais fait quelque chose de pareil auparavant, monsieur."

"Qu'est-ce que tu foutais au *Britannia* ?" il murmura. "Je veillerai à ce que vous vous entraîniez beaucoup à notre retour au *Laird*."

"Mais s'il vous plaît, monsieur, comment allons-nous revenir ?" J'ai osé lui demander tout à l'heure. Il n'a pas voulu me répondre, il a seulement ri.

De temps en temps, l'homme qui pêchait était rejoint par quelques camarades, qui faisaient apparemment office de sentinelles, car bientôt une autre vedette à vapeur arrivait rapidement de la ville et longeait le débarcadère. Le pêcheur laissa tomber sa ligne et se mit au garde-à-vous ; ses camarades montèrent les marches en courant, saisirent leurs fusils et présentèrent les armes, tandis que deux Européens débarquaient.

L'un était l'homme à la barbe noire, le second n'était autre que Hopkins, et vous pouvez imaginer à quel point j'étais excité, car j'aurais pu les frapper avec une pierre, ils étaient si proches, et j'entendais Hopkins rire joyeusement alors qu'il filé du fil.

Ils montèrent les marches, dépassèrent les sentinelles et disparurent au coin de la rue.

Au bout d'une demi-heure environ, ils revinrent et traversèrent vers l'autre jetée. Ici, ils furent accueillis par un troisième Européen, et tous trois se dirigèrent vers le fort, les coolies leur ouvrant la voie.

Ils n'y restèrent pas longtemps. Hopkins et l'homme à la barbe noire descendirent lentement le chemin en zigzag, sautèrent dans le bateau à vapeur, le repoussèrent et se dirigèrent vers le *Hong Lu*.

Nous les suivions attentivement et je remarquai qu'ils regardaient tous deux vers le sommet de la colline, derrière la ville, qui, je vous ai dit, était le point culminant de l'île. Ils semblaient extrêmement intéressés par quelque chose là-bas, et arrêtèrent même le bateau et le regardèrent fixement à travers des jumelles.

Ils étaient visiblement satisfaits, repartirent et nous les vîmes courir le long du *Hong Lu* et gravir son échelle de logement.

Le commandant les avait observés attentivement à travers ses lunettes, et maintenant je le voyais fouiller sérieusement le sommet de cette colline.

"Cela explique tout", murmura-t-il pour lui-même avant de me les transmettre. "Regarde sous ces arbres."

Au début, je ne vis rien d'autre qu'une grande et large piste qui longeait le flanc comme si des poids lourds y avaient été grossièrement transportés, mais en regardant de plus près sous les arbres, j'aperçus des foules de Chinois travaillant comme des fourmis, puis j'aperçus le détour du chemin. un derrick, comme le bossoir d'un seul bateau, se détachant sur la ligne d'horizon.

Avec cela pour me guider, et en regardant très attentivement, j'ai fabriqué une grande bâche ou toile, recouvrant quelque chose. C'était une énorme arme.

"Maintenant, je sais pourquoi ils ont repêché la vieille *Ting Yuen* ", a déclaré le commandant, "et pourquoi elle n'a pas de fusils. Ils ont réussi à installer un de ses canons de 12 pouces au sommet de cette colline, et il y en a un autre sur cette colline. la plage tout près d'elle attend de remonter aussi, si je ne me trompe pas.

"Ma tante," rit-il, "comme nos sapeurs et nos artilleurs seraient fiers d'un travail comme celui-là !"

Il avait l'air parfaitement gai et riait joyeusement en lui-même, même si, pour ma part, je pensais seulement que ce gros canon là-haut rendait d'autant plus impossible la capture de l'île, et qu'elle se trouvait, comme nous l'étions, en plein milieu de l'île. le port des pirates sur une petite corniche rocheuse à moins de cent mètres des sentinelles, sans aucune possibilité, à ce que je pouvais voir, de s'échapper, n'était pas particulièrement drôle.

J'avais tout simplement terriblement faim et terriblement soif. J'avais sucé l'herbe et léché les feuilles mouillées jusqu'à en être presque malade. Mes jambes et mon corps étaient si raides que cela me faisait mal même de me retourner, si doucement, et le soleil n'était pas assez chaud pour me sécher correctement. Jones était encore profondément endormi et le commandant a commencé à faire d'autres croquis du sommet de la colline, en regardant attentivement à travers ses lunettes, puis en ajoutant un peu au dessin et en corrigeant les mesures en tenant le crayon contre ses yeux et en déplaçant son pouce. le long de celui-ci. Il était étrangement ravi.

Une sirène de vapeur retentit dans la ville, le bruit et les martèlements s'éteignirent, les coolies travaillant sur les navires furent débarqués, les sentinelles préparèrent leur dîner dans le brasier chaud, et tout devint calme et silencieux, sauf la douleur en moi.

J'avais faim et je me sentais misérable, j'avais envie du feu de la salle d'armes *du Laird* , et je savais qu'ils commençaient tout juste à déjeuner à bord et qu'ils avaient probablement une bonne bagarre acharnée.

"Attachez votre ceinture, jeune, et ressaisissez-vous", dit joyeusement le commandant.

"S'il vous plaît, monsieur, je n'ai pas de ceinture."

"Eh bien, prends une grosse pierre et allonge-toi dessus."

Cela a un peu soulagé la douleur.

"Nous en avons huit ou neuf heures, mon jeune. Bougez vos jambes de temps en temps pour éviter qu'elles n'aient des crampes."

Ensuite, il m'a demandé quels projets j'avais faits, et en réalité j'étais très excité à l'idée d'élaborer différents projets, et il était si joyeux à ce sujet et ne m'a jamais snobé que j'ai oublié d'être malheureux pendant assez longtemps.

De temps en temps, nous arrêtions même de chuchoter, tandis que quelques Coréens traînaient le long du chemin sous nos pieds, allant ou venant du fort.

Au début, nous étions dans un état d'angoisse horrible à l'idée qu'ils ne voient les buissons abattus et l'herbe piétinée, ou même le canot coulé ; mais ils étaient beaucoup trop égocentriques pour s'apercevoir de quoi que ce soit, et peu à peu nous nous arrêtâmes, craignant qu'ils ne nous découvrent.

Il semblait assez évident qu'aucun Chinois n'habitait près de chez nous, car pas un seul ne passait de toute la journée.

Ensuite, nous avons parlé de l'Angleterre et, d'une manière ou d'une autre, j'ai mentionné Fareham.

"C'est là qu'habite ton cousin, n'est-ce pas ?" Il a demandé.

"Milly ? Pourquoi, tu connais la vieille Milly ?" J'ai dit.

"Eh bien, juste un peu." (Je soupçonnais vaguement qu'il avait l'air un peu rouge.) "Je l'ai rencontrée lors d'un bal à Southsea. N'allez pas souvent à ce genre de chose - faites un horrible gâchis en dansant, Glover, alors restez généralement." " Mais j'ai dû aller à celui-ci et j'ai rencontré votre cousine. J'ai dansé une ou deux fois avec elle. "

"N'est-elle pas une parfaite éventreuse ?"

"Elle a été extrêmement indulgente avec moi", sourit-il, "et quand je lui ai marché sur les pieds, cela ne semblait pas du tout s'en soucier."

"Je ne serais pas ici sans elle", dis-je au commandant.

"Je pense plutôt qu'elle a demandé à son père, l'amiral, de me dire aussi un bon mot", répondit-il.

"Est-ce que tu vraiment?" J'ai dit, et je me suis souvenu que M. Pattison m'avait dit la même chose.

"Elle m'a demandé de garder un œil sur toi et de te donner un coup de pouce chaque fois que je le pouvais. C'est pourquoi je t'ai retiré de la liste des malades hier."

"Qu'a dit le Dr Fox lorsque vous lui avez demandé, monsieur ?"

"Maudit soit ce garçon ! emmène-le et noie-le, je m'en fiche."

"Quelle brute c'est !" Dis-je, m'oubliant plutôt et voulant me mordre la langue directement après l'avoir dit.

"C'est l'homme le plus généreux à bord du *Laird*, Glover, et ne l'oubliez pas," répondit sévèrement le commandant.

Je me sentais snobé et je savais que je le méritais.

* * * * *

La sirène à vapeur retentit de nouveau, mais les coolies ne furent pas ramenés aux navires ; ils semblaient tous rassemblés autour d'un des hangars et poussaient une grande clameur. Quelque chose d'inhabituel semblait se produire, mais nous ne parvenions pas à comprendre quoi.

Une demi-heure plus tard, le commandant m'a passé les lunettes et m'a montré le flanc de la haute colline. En les regardant, j'ai vu une longue file de coolies marchant lentement le long d'un chemin en zigzag, ressemblant à un grand serpent, et gravissant la colline en direction du canon. Ils étaient en groupes de huit, et chaque groupe de huit avait entre eux un poids très lourd, allant très lentement et s'arrêtant fréquemment.

"Ils prennent des obus", a déclaré le commandant.

J'ai regardé longtemps cette longue procession gravir la colline, et la regarder m'a endormi, et je me suis endormi. Il faisait presque nuit quand je me suis réveillé et j'ai entendu Jones et le commandant parler doucement.

Jones disait : « La marée ne descendra pas avant trois cloches, monsieur, et elle ne sera forte que vers huit ou neuf heures.

" J'ai observé le reflux du matin, et il a couru très fort jusqu'à l'extrémité de l'embarcadère, " répondit le commandant, " de sorte que si nous descendons lentement dans l'obscurité, prenons un de ces bateaux et larrons les amarres. , nous serons expulsés en un rien de temps. Nous devrons peut-être frapper une ou deux sentinelles à la tête, cependant", rit-il. "Tu devras faire cette partie du spectacle, Jones."

"Vous avez raison, monsieur. Je suis un peu à l'étroit maintenant, mais tout ira bien bientôt."

CHAPITRE XVIII

L'évasion de l'île

Nous nous précipitons – Nous sécurisons les sentinelles – Nous capturons le bateau à vapeur – Nous lançons le gant

Suite du récit de l'aspirant Glover

A six heures (on entendait les croiseurs sonner leurs cloches, on savait donc l'heure qu'il était), et juste au moment où le crépuscule tombait, un petit bateau à vapeur arriva du fort d'en face, l'Européen que nous avions vu au large. Le matin, nous avons atterri à la jetée en dessous de nous et sommes montés vers le fort, laissant le bateau avec un barreur, un archer et un chauffeur.

Quelques minutes plus tard, il revint et rejoignit son propre camp.

A sept heures, ou quelques minutes après, il revint. Il faisait assez sombre, mais nous avons entendu le archer arrimer le bateau en accrochant la corde de l'étrave dans un anneau sur l'embarcadère. L'archer alluma alors une lanterne et montra le chemin qui remontait les falaises à l'Européen, les deux sentinelles qui s'étaient accroupies devant leur feu maintenant férocement ardent le suivant au coin de la rue.

Au bout d'une dizaine de minutes, ils revinrent.

Une autre heure s'écoula – mon Dieu, comme cela a duré ! – les lumières s'éteignirent dans la petite ville, et juste au moment où la cloche *du Hong Lu* sonnait l'heure, le bateau à vapeur revint en soufflant.

La même routine fut exécutée, et pendant dix minutes le petit bateau à vapeur resta le long du débarcadère, sans personne à son bord, à l'exception du barreur et du chauffeur. Évidemment, cet Européen devait visiter le fort toutes les heures, et nous remarquâmes, en passant devant l'éclat du feu, qu'il semblait marcher de façon chancelante.

"Nous devons nous dégourdir les jambes", murmura le commandant. "Je peux à peine bouger le mien;" et il se leva et commença à sauter de haut en bas. Jones et moi l'avons fait après lui, un à la fois, et même si au début nos jambes étaient horriblement crampées et douloureuses, le sang a finalement commencé à couler à travers elles et nous avons pu bouger librement.

"Mon vieux rhumatisme, monsieur - le même que celui que j'avais dans le détroit - ne s'améliorera pas, monsieur, j'en ai peur", a déclaré Jones.

Alors le commandant nous dit d'être prêts à descendre vers le sentier dès que le bateau de garde reviendrait à l'accostage et que l'Européen et les sentinelles seraient partis.

Il ne faisait aucun doute qu'il visitait le fort toutes les heures, car tandis que deux cloches (neuf heures) sonnaient au-dessus du port, nous entendions l'équipage du bateau à vapeur bavarder qui l'emmenait le long du débarcadère opposé. -scène.

Puis une lanterne descendit le sentier de la falaise en se balançant par saccades, nous entendîmes plusieurs jurons grossiers, un ordre en chinois, et le bateau à vapeur traversa à la lumière du feu de camp jusqu'à notre jetée.

"Attendez", murmura le commandant aussi froidement que possible, même si mon cœur battait extrêmement vite ; "Je partirai en premier, et quand je serai en bas, toi, Glover, tu suivras, et Jones fermera la marche."

Nous entendîmes la corde à crochet attraper l'anneau, l'Européen débarqua en titubant et disparut sur le chemin avec l'archer et les deux sentinelles.

Instantanément, le commandant glissa par-dessus le bord de notre rebord et descendit en se tortillant. Il ne faisait presque aucun bruit et poussa un petit sifflement lorsqu'il fut arrivé au fond.

Le cœur dans la bouche, je le suivis, saisissant chaque branche et chaque morceau de rocher et m'abaissant. Tout ce que je touchais semblait faire un bruit horrible.

Quand j'étais à mi-chemin, mon pied a glissé, j'ai attrapé une branche, je l'ai ratée et je suis tombé tête baissée, fracassant les buissons, délogeant les pierres, et tombant avec fracas dans un buisson au fond.

Le commandant fut à mes côtés en un instant.

"Pas blessé, Glover ? Non. Tout va bien. Restez absolument immobile ; les hommes dans le bateau vous ont entendu, mais ils ne bougent pas."

Nous avons attendu une minute ; les deux hommes commencèrent à se parler (nous pouvions à peine voir leurs visages à la lueur du feu de la sentinelle au-dessus d'eux), puis Jones commença à descendre, faisant merveilleusement peu de bruit pour un homme aussi grand qu'il était. Quelques pierres tombèrent cependant et les hommes redevinrent inquiets, regardant vers nous par-dessus leurs épaules, mais ne quittant pas le bateau et, bien sûr, ne pouvant nous voir.

Alors que Jones nous rejoignait, la lanterne réapparut et l'Européen dévala les marches en trébuchant.

Le barreur commença à lui parler avec enthousiasme, en montrant notre direction (« Prenez chacun une grosse pierre et cachez-vous dans les hautes herbes », murmura le commandant), mais l'Européen, visiblement plutôt ivre, se contenta de le maudire : Ils montèrent dans le bateau et continuèrent à les jurer et les firent repartir.

Nous avons de nouveau respiré librement, puis avons attendu.

"Nous devons installer ces deux sentinelles. Jones et moi le ferons. Toi, Glover, larguez l'un des bateaux et amenez-la à quai."

Le bateau à vapeur avait filé de l'autre côté, l'homme ivre avait remonté le sentier en titubant, puis nous avons entendu les machines fonctionner à nouveau et nous avons entendu le bateau de garde remonter le port, le bruit sourd de ses moteurs devenant de plus en plus faible. la nuit.

"Maintenant, avance-toi dans l'herbe jusqu'à ce que je te dise d'arrêter."

Alors même que le commandant donnait cet ordre, il poussa un sifflement d'avertissement, et nous nous enfonçons dans l'herbe, car les deux sentinelles, plus préoccupées par les bruits que le barreur avait décrits que l'officier, ou peut-être impatientes de savoir quelque chose à faire pour passer le contrôle. À ce moment-là, j'ai allumé une lanterne et, descendant les marches, j'ai commencé à marcher vers nous le long du chemin.

"Le Seigneur les a livrés entre nos mains", marmonna pieusement le commandant. « Jones, saisissez celui qui a la lanterne – à la gorge, remarquez –, je vais saisir l'autre. Vous éteignez la lumière, Glover, et restez prêt à aider. Pas un mot ni aucun bruit. »

En bavardant entre eux, ils avançaient en balançant la lanterne avec indifférence. Peut-être s'étaient-ils attendus à découvrir qu'une chèvre était tombée et lui avait cassé le cou, et espéraient-ils faire un bon dîner avec sa viande forte. En tout cas, ils n'étaient pas du tout sur leurs gardes et n'étaient absolument pas armés.

J'étais bien trop excité pour avoir peur.

Ils examinaient la face de la falaise, levant la lanterne pour trouver la cause des bruits, et comme nous étions allongés dans l'herbe de l'autre côté du chemin, ils ne nous virent même pas.

Alors qu'ils passaient, Jones et le commandant se levèrent d'un bond et se jetèrent sur eux. L'un d'eux poussa un drôle de hululement, comme celui d'un hibou : c'était l'homme du commandant, je crois. L'homme que Jones a affronté n'a jamais émis un seul son, à l'exception d'un gargouillis, et tous deux sont tombés comme des pierres. Je saisis la lanterne au moment où elle tombait et je la soufflai, tandis qu'ils entraînaient les deux Chinois dans les hautes herbes.

L'homme de Jones semblait être celui qui causait le plus de problèmes, alors j'ai arraché une poignée d'herbe grossière et je l'ai fourrée entre ses mâchoires. Ensuite, Jones le tenant tout le temps par le cou, j'ai déroulé une longue écharpe ou ceinture qu'il avait autour de la taille et lui ai attaché les bras. Jones a attaché ses pieds avec le cordon de son couteau et il est resté parfaitement immobile comme une bûche, sans faire de bruit.

LE COMMANDANT ET JONES Maîtrisent les deux sentinelles

Puis je me suis glissé pour aider le commandant, mais son homme était aussi mou qu'un chiffon, et c'était une tâche facile de le bâillonner et d'attacher ses bras et ses jambes.

"Maintenant, au bateau, les garçons", murmura le commandant, et nous rampâmes jusqu'au débarcadère, en nous tenant bien en bas pour ne pas apparaître à la lumière du feu. Nous nous sommes tortillés, avons attrapé le peintre du bateau, avons hissé le bateau à côté et avons glissé sur le côté.

Il y avait une paire d'avirons dans le bateau et des dames de nage grossières, mais cela suffisait. J'allais la pousser dans le ruisseau quand le commandant eut un petit rire, comme s'il avait eu une inspiration soudaine, et dit doucement : « Approchez-la de la berge. C'est tout ; maintenant, tirez-la.

Nous nous sommes traînés main dans la main jusqu'à ce que nous arrivions en face de l'endroit où les deux sentinelles gisaient bâillonnées et liées. Le commandant et Jones sautèrent à terre, me laissant seul dans le bateau, et réapparurent aussitôt hors de l'obscurité et entassèrent l'un puis l'autre dans le fond du bateau, tous deux glissant comme des sacs de pommes de terre.

Nous avons ensuite laissé le bateau dériver avec la marée descendante, qui commençait déjà fortement, jusqu'à ce que le commandant, en quelques coups, l'ait renvoyé sous la berge, où nous nous sommes couchés dans l'obscurité absolue juste au-dessus du débarcadère.

"Qu'est-ce qu'il va faire?" Je pensais. Il n'arrêtait pas de rire pour lui-même, alors je savais que tout allait bien ; mais pourquoi ne s'est-il pas enfui aussi vite qu'il le pouvait ? J'étais extrêmement impatient de le savoir et je m'attendais à chaque instant à ce qu'un des gars au fond du bateau se mette à crier.

Nous attendîmes là, accroupis sous la berge, jusqu'à ce que nous entendions le bateau de garde revenir. Il longeait l'autre débarcadère, l'équipage discutant d'un ton endormi. Bientôt, la lumière revint sur le sentier en zigzag, avec des secousses plus fortes que jamais, et le bateau à vapeur traversa la route dans la lumière des tirs de sentinelle et heurta notre jetée. On l'a accroché, l'archer a aidé l'Européen à monter les marches, et puis, bien sûr, on a découvert que les sentinelles avaient disparu.

Le flux de langage était assez fort, je peux vous le dire, et l'Européen titubant, ivre de colère, autour de ce feu rougeoyant n'était pas un spectacle agréable. Il a appelé le barreur, et cet homme a sauté à terre. La raison pour laquelle il le voulait était très facile à comprendre, car il pouvait à peine se tenir debout sans soutien et s'appuyait lourdement sur lui. Ainsi, les trois disparurent au coin de la rue, et le bateau se retrouva sans personne d'autre que le chauffeur à bord.

"Maintenant, descendez à quai et embarquez", rit le commandant. "Tu prends la barre, Jones, je m'occuperai du chauffeur, et Glover, tu largues les cordages."

En un instant, nous étions sortis de la berge et nous étions à côté du bateau à vapeur avant que le chauffeur effrayé ne s'aperçoive de notre présence. Le commandant l'a étendu au fond du bateau avec une fissure au-dessus de la tête avec une civière qu'il avait trouvée dans le bateau. Jones sauta à l'arrière, attacha le peintre du bateau, décrocha la corde arrière et saisit la barre. J'ai sauté sur ses étraves et j'ai décroché la corde de l'arc, le commandant a ouvert la vanne à vapeur, l'hélice a tourné (elle est allée en arrière pendant un moment, mais le commandant a trouvé le levier d'inversion et l'a lancé pour « en avant »). J'ai poussé ses proues de tout ce que je valais, tombant presque par-dessus bord, et au moment où je me suis rétabli, nous étions partis avec le bateau et nos deux sentinelles bâillonnées, remorquant derrière nous.

Jones a dirigé ses arcs jusqu'à ce que nous soyons au milieu, puis je me suis demandé comment nous allions nous frayer un chemin à travers le canal sinueux.

La marée nous évacuait aussi vite qu'elle nous avait emportés ce matin-là. L'éclat du feu fut éteint alors que nous nous précipitions au coin du canal, dans l'obscurité totale. On pouvait presque sentir l'obscurité intense, et j'avais horriblement peur que nous puissions nous écraser contre un rocher, alors je m'accrochais comme une mort sinistre de peur d'être renversé par-dessus bord.

Mais ensuite, le commandant a arrêté les moteurs et nous avons simplement dérivé entre les murs de ces deux forts, restant là seulement pour le repousser s'il heurtait quelque chose. Mais nous étions bien au milieu, bien sous l'emprise du courant qui coulait comme un courant de moulin, nous balançant en rond comme un bouchon, et tout ce que nous pouvions faire était de retenir notre souffle et d'avoir confiance d'être emportés en toute sécurité vers la mer. .

Le seul bruit était le bouillonnement du courant, jusqu'à ce que tout à coup le chauffeur au fond du bateau poussa un cri des plus perçants qui résonna d'un côté à l'autre. Le commandant fut sur lui en un instant et dut l'attraper par le cou. Nous pouvions voir des lumières se déplacer au-dessus de nous. Quelqu'un a appelé et j'ai sauté à l'arrière pour aider le commandant.

"Retourne, Glover, et alimente ; allume un peu de charbon à la fois. Je peux le gérer, et nous aurons besoin de toute notre vapeur quand nous sortirons."

Je n'avais jamais fait une chose pareille de ma vie, mais il n'était pas difficile de trouver une pelle, j'ouvris la porte du four et, à la lumière du four, vis où le charbon était stocké. J'en ai mis un peu en arrière le plus loin possible et j'ai refermé la porte, mais déjà l'alarme était donnée. De chaque côté de nous, je pouvais entendre des hommes crier et voir des lumières monter et descendre rapidement, et ce seul flot de lumière provenant de la porte ouverte devait leur montrer où nous étions.

Les sentinelles commencèrent à tirer des coups de fusil et les cris redoublèrent.

Nous étions alors à mi-chemin. Nous avons commencé à sentir le mouvement de la mer sous nous et, à moins qu'ils n'aient un projecteur prêt ou que nous courions sur un rocher, nous étions presque hors de danger.

Ils *n'avaient* pas de projecteur prêt et nous *n'avons jamais* heurté un rocher, mais en deux minutes nous avons su, grâce à la danse du bateau à vapeur et au mur de noirceur qui apparaissait derrière nous, que nous étions hors du canal et en pleine mer. .

Soudain, l'obscurité fut éclairée par des éclairs vifs et par d'horribles claquements déchirants : les batteries commencèrent à nous tirer dessus des deux côtés de l'entrée.

Au début, j'ai eu horriblement peur, car je pensais qu'ils devaient pouvoir nous voir, mais j'avais tout à fait tort : ils tiraient simplement à l'aveugle. Un petit obus frappa l'eau derrière nous et, éclatant, nous fit apparaître pendant une seconde, mais rien d'autre ne s'approcha et au bout d'une minute ou deux ils cessèrent de tirer. Le commandant ouvrit la vapeur, et le petit bateau à vapeur sauta agilement, dansant comme un canard, et absorbant beaucoup d'embruns sur sa proue alors qu'il traversait un courant de marée[#].

[#] Déchirure de marée. Il s'agit d'une mer agitée causée par le vent soufflant à contre-courant d'une forte marée.

Nous avons rapidement échappé au courant de marée, puis le chauffeur a recommencé à gémir, alors nous lui avons attaché les jambes et les bras avec une corde pour qu'il ne saute pas par-dessus bord. Pendant que nous faisions cela, un projecteur commença à balayer la mer, puis un autre venant d'un tout autre côté, et nous savions que M. Parker et M. Lang nous cherchaient.

Les lumières nous dépassèrent une ou deux fois, nous éclairant suffisamment pour que nous puissions voir les visages de chacun, mais elles étaient trop loin pour que les destroyers puissent nous repérer, et bientôt elles s'éteignirent et nous nous retrouvâmes à nouveau dans l'obscurité.

Le danger étant passé, je commençai à sentir à quel point j'avais terriblement faim et soif, et à quel point j'avais froid. Mes pieds et mes jambes étaient réchauffés par les feux de la fournaise, mais les embruns froids m'avaient trempé de part en part.

Peut-être que le commandant ressentait la même chose, car il dit enfin : « Je ne vais pas rester ici toute la nuit », et dit à Jones de se diriger vers l'endroit où nous avions vu le projecteur le plus proche.

J'ai ajouté un peu plus de charbon. La lueur des feux n'avait plus d'importance à présent, et nous avons fouillé et trouvé une lanterne, mais il n'y avait pas de bougie dedans.

Alors le commandant me tendit un bidon d'huile et j'en jetai un peu par la porte du fourneau, que je refermai très vite. Il y eut un grand flot de fumée et une flamme sortit de l'entonnoir de trois ou quatre pieds de haut.

Cependant, cela n'a duré que quelques secondes, puis j'ai ajouté un autre, puis un troisième lot d'huile.

"Ils nous ont vus, monsieur", a chanté Jones. "L'un d'eux a des feux de position hissés." Et bien sûr, deux petites lumières brillantes, l'une au-dessus de l'autre, brillaient.

Jones se dirigea vers eux, un projecteur commença à faire un tour, nous dépassa, revint et se fixa sur nous pendant quelques secondes. Nous avons tous crié aussi fort que possible et sifflé, la lumière s'est éteinte et, quelques minutes plus tard, la silhouette noire de l'un des destroyers est apparue alors que nous courions à côté sous son vent.

L'équipage a applaudi sauvagement, des bras puissants nous ont aidés à monter à bord, et à la lumière d'une lanterne, j'ai vu le visage rouge et joyeux de M. Parker et de Toddles aussi, entre autres, l'air blanc et effrayé.

Ils nous ont emmenés en bas dans le carré chaud, ont enlevé nos affaires, nous ont enveloppés dans des couvertures chaudes et nous ont donné à manger.

Pat Jones a également été abattu, bien contre sa volonté, car il n'y avait de feu nulle part ailleurs, et nous nous sommes assis tous les trois, nous sommes réchauffés et avons mangé, jusqu'à ce que je glisse de ma chaise, me blottis dans un coin à côté du poêle, trop endormi même pour répondit aux questions de Toddles et s'endormit. Quel sommeil c'était !

CHAPITRE XIX

Cummins capture One Gun Hill

Cummins prendra le risque — Une équipe d'atterrissage — Glover atterrit en tant qu'ADC — Un atterrissage de nuit — Grimper une colline — Nous nous précipitons au sommet de la colline — La première erreur — Les préparatifs de la défense — Nous sommes découverts

Lorsque le canot avec le commandant Cummins, Glover et le maître Jones eut disparu dans l'obscurité, le « n° 3 » retourna à sa position habituelle pour la nuit.

Alors que l'aube se levait, M. Parker la ramena en face des forts et attendit, la vapeur levée à toute vitesse, afin de s'élancer hors de portée dès que le commandant reviendrait de l'espionnage des forts. À mesure que les contours sombres et indistincts de l'île devenaient plus clairs et que les rochers bas à l'entrée prenaient progressivement une forme définie, lui et Collins attendaient anxieusement le retour du canot, mais n'en voyaient aucun signe.

Il maintint toujours sa position dans l'espoir que le commandant se cachait derrière un rocher et était donc invisible depuis le destroyer, jusqu'à ce que la lumière devienne progressivement si forte qu'il fut lui-même capable de localiser la position de la plupart des canons, et presque immédiatement. plus tard, par les courses çà et là et les cris des hommes dans les batteries, que le « n° 3 » avait été observé depuis les deux forts.

La main sur le télégraphe de la salle des machines, Parker attendait dans le suspense le plus vif, et ce n'est que lorsque les forts ouvrirent le feu et manquèrent à deux reprises d'atteindre le "N° 3" qu'il comprit l'inutilité de rester là où il était, et l'imminence de l'attaque. risque d'être coulé, a sonné "à toute vitesse" et s'est élancé hors du danger.

Ce sont ces coups de feu que le commandant et Glover avaient entendus depuis le rebord rocheux à l'intérieur du port.

Il était impossible de rester près de l'entrée, et Parker savait que le canot lui-même n'osait pas quitter la terre ferme en plein jour. Aussi, espérant que le commandant trouverait le moyen de se cacher pendant la journée et de s'échapper la nuit suivante, il s'était dirigé vers le rendez-vous et rapporta les événements de la nuit au capitaine Helston.

La déconfiture d'Helston fut grande, et son esprit d'autant plus perturbé, que sur Cummins il comptait désormais ouvertement pour la réussite de ses projets et, en son absence, était incapable de suggérer une action immédiate.

Rien n'a été fait, bien que l'escadron, comme on peut l'imaginer, ait gardé pendant toute la journée des yeux inquiets sur l'entrée du port, et espérait en vain voir le petit canot noir jaillir de terre, debout, avec des canons braqués sur le sol. forts, pour ouvrir le feu et couvrir sa fuite.

Avec des sentiments de la plus grande anxiété, anxiété partagée par tous les officiers et hommes de l'escadre, les plus gros navires repartirent de nuit et laissèrent les deux destroyers rentrer à terre, avec des injonctions supplémentaires de faire bonne garde.

Le lendemain matin, lorsque le "No. 3" rejoignit le rendez-vous, remorquant les deux bateaux pirates et signalant qu'il avait à bord le groupe du commandant indemne, fut donc très grand, et lorsque le commandant naviqua aux côtés du *Laird* dans le bateau à vapeur capturé. , son équipage, flairant une aventure extraordinaire, éclata de joie tandis que le petit homme grimpait avec complaisance sur l'échelle des logements et se présentait au capitaine Helston, qui l'attendait nerveusement sur la dunette.

Ils descendirent immédiatement en contrebas, tandis que les officiers et les hommes se pressaient autour de la passerelle arrière et le long du bord pour avoir une vue sur le bateau à vapeur, premier trophée qu'ils avaient remporté des pirates, et pour poser des questions rapides aux vareuses bleues. "No. 3", qui forme désormais son équipage.

"Nous n'en savons rien", a déclaré le barreur intérimaire. "Nous voyons une fusée éclairante, ils ont jeté de l'huile sur les feux, et allumons notre projecteur sur eux, et en quelques minutes à côté, elle arrive aussi cool que vous le souhaitez - le commandant faisant fonctionner les moteurs lui-même, M. Glover exécutant chauffeur, et Pat Jones à la barre, avec un bateau derrière eux rempli de Chinois morts.

"Qu'est devenu le canot ?" » quelqu'un a demandé.

"Il ne reviendra pas, c'est tout ce que nous savons, et depuis, nous nous baladons seuls dans cet engin."

Pendant ce temps, dans la cabine du capitaine, Cummins racontait tout ce qui s'était passé depuis qu'il avait quitté le *Laird* . Le visage de Helston s'abaissa lorsqu'il mentionna le canon de 12 pouces monté au sommet de la colline, mais le commandant, d'un geste décisif et les yeux brillants, dit : « C'est la clé de toute l'île, monsieur, et je vais capturer Je le ferai demain matin, si vous me le permettez. Après être revenu au « n° 3 », j'ai pris un court repos et, une heure avant le lever du soleil ce matin, j'ai mis un équipage dans le bateau à vapeur, j'ai vu qu'ils avaient beaucoup de choses à faire. du charbon et de l'eau, je leur laissai la garde de l'autre bateau que nous avions capturé, et je fis le tour dans le "N° 3" au sud de l'île, au pied de la colline. La mer était assez calme, et je rentrai à terre dans un bateau Berthon, découvrit un endroit où je pouvais aborder, attendit qu'il y ait assez de lumière pour m'assurer qu'il était possible de gravir les pentes, puis repartit, sans, à ma connaissance, être vu " Je suis revenu, j'ai récupéré le bateau à vapeur et je vous ai rejoint. C'est la raison pour laquelle je suis assez en retard au rendez-vous. Si vous me donnez cinquante hommes, monsieur, je me précipiterai et capturerai ce canon sans tirer un coup de feu.

"Risque, monsieur!" » continua-t-il en voyant l'indécision et le doute sur le visage d'Helston ; "Il n'y a aucun risque. Au pire, je ne peux que détruire le canon et revenir. Au mieux, je peux me maintenir là-bas jusqu'à ce que vous puissiez me renforcer, et alors nous avons toute l'île à notre merci. Ces Chinois ne sont pas des soldats, monsieur, ce ne sont que de simples coolies et ne nous affronteront jamais. Les hommes à bord des navires ne valent probablement pas beaucoup mieux.

Cummins, malgré tout son talent, avait commis deux erreurs. Le canon, comme vous l'apprendrez plus tard, ne contrôlait pas efficacement tout le port, et les coolies n'étaient en aucun cas à mépriser.

Le commandant avait tous ses plans arrêtés et séchés. Cinquante hommes, avec des rations pour deux jours dans leurs sacs, devaient monter à bord du « N° 3 » au coucher du soleil. Le lendemain matin, deux heures avant le lever du soleil, il les poserait au pied de la colline, grimperait et lancerait le canon. Pendant ce temps, la « n°2 » devait manifester devant l'entrée, braquer son projecteur sur les forts, tirer avec ses canons et détourner leur attention.

À l'aube, le *Sylvia* devait se rapprocher sous le pied de la colline et être prêt à débarquer cinquante autres hommes du *Strong Arm* , avec les deux canons Maxim *du Sylvia* , beaucoup de munitions, d'eau et de provisions.

Si le premier groupe ne réussissait pas à capturer le canon, ou, après l'avoir capturé, ne pouvait maintenir son terrain, Cummins se replierait sous le couvert des canons du *Sylvia* et du "No. 3", détruisant le gros canon chinois, si possible, avant son départ.

Si, toutefois, il se trouvait capable de maintenir sa position au sommet de la colline, il ferait signe à l' équipe *du Strong Arm* d'atterrir.

"Une fois que vous aurez mis ce canon sur leurs navires, nous les chasserons vers vous, monsieur", a-t-il conclu, "et je n'ai alors aucune crainte du résultat."

"Avec une centaine d'hommes", répondit Helston d'un air dubitatif, "cela ne sera peut-être pas si facile."

" Je prendrai les marines, monsieur ; aucun des gros canons n'est piloté par eux, ni à bord ici ni à bord du *Strong Arm* . Vous savez qu'ils se sont plaints assez souvent de cela ; mais j'ai toujours eu cette éventualité en tête. , et ils ne manqueront donc pas tellement dans une action générale.

Helston arpentait nerveusement sa cabine. "Que se passera-t-il si le temps se gâte ?"

" Tout dépend du temps, monsieur, je l'admets, mais il faut courir un tel risque, et personnellement je suis prêt à y faire face. N'oubliez pas que vous n'avez qu'un mois pour capturer cette île. "

"Je le sais, Cummins, je le sais", répondit Helston ; puis se retournant brusquement avec un peu de son ancien feu et de son animation, il dit : "Je vous dis quoi, j'y vais moi-même."

C'était la dernière chose au monde que Cummins souhaitait.

"Il y aura beaucoup d'escalade, monsieur, et avec votre bras handicapé, vous serez extrêmement handicapé ; et quand je chasserai ces gars en mer, votre place sera à bord de votre navire aux commandes de votre escadre."

"Oui, oui, vous avez raison; vous l'avez toujours été, d'ailleurs", ajouta-t-il amèrement, et sa voix s'élevait alors que l'excitation de l'action à venir l'exaltait. "Nous obtiendrons tous les deux notre promotion. Je vous promets que si j'obtiens la mienne, vous aurez la vôtre."

Baissant la voix, il ajouta : « Vous avez dit l'autre jour, Cummins, qu'il n'y avait pas beaucoup de chances de gagner une femme ici. Je ne parle pas de ces choses, mais ma promotion me ferait gagner une femme.

"Je pense que le mien le ferait aussi, monsieur - je prie pour que ce soit le cas", répondit Cummins d'une voix grave. Les deux hommes se serrèrent la main pendant un moment – les lâchèrent – Cummins fourra la sienne dans ses poches – tous deux avaient l'air stupides.

« À propos, monsieur, balbutia confusément le commandant, je ne vous ai jamais dit qu'un de ces prisonniers était mort lorsque nous l'avons sorti du bateau la nuit dernière. C'était l'homme que Jones avait attrapé au cou. J'aime plutôt les jeunes. Glover, en le bâillonnant, lui a fourré de l'herbe dans la gorge. Nous l'avons jeté par-dessus bord. Glover ne connaît pas la véritable cause.

"Mieux vaut ne pas lui dire", dit Helston.

Jenkins interrompit la conversation en annonçant le petit-déjeuner.

* * * * *

La nouvelle du débarquement prévu se répandit rapidement dans l'escadre, et il y eut une intense excitation sur le pont inférieur et les rumeurs les plus extraordinaires. La rumeur s'est répandue que le commandant, Glover et Jones s'étaient frayé un chemin à travers l'ensemble des pirates, avaient désactivé les canons des forts, tué un certain nombre d'hommes (parfois seulement dix étaient mentionnés), et après avoir exécuté les pires événements. Des périls avaient capturé le bateau à vapeur le long du *Hong Lu* et l'avaient amené, ainsi qu'une foule de prisonniers, sous le feu. Lorsqu'ils savaient que le commandant lui-même prenait la tête du groupe, tous les hommes et tous les garçons voulaient l'accompagner, et toutes les quelques minutes, des hommes frappaient à la porte de sa cabine et disaient, en se grattant la tête et en traînant les pieds avec inquiétude : « S'il vous plaît. , monsieur, je vous demande pardon, monsieur, mais je vous serais très reconnaissant si vous me donniez une chance à terre, monsieur.

Toute la journée, l'équipement du groupe était préparé, les rations rangées, les gourdes et les brise-eau remplis, les équipements en cuir installés, les pochettes remplies de munitions et les mille et une exigences d'une équipe de débarquement soigneusement organisées.

Dans la matinée, le commandant, accompagné d'A Tsi, s'était rendu au « n° 3 » et avait interrogé le prisonnier.

De la sentinelle qu'il avait frappé à la tête (il ne l'avait pas étranglé comme l'avait fait Jones son homme), il apprit qu'un large sentier longeait la crête de la colline et menait droit au canon. Pour autant que l'homme le sache – et il semblait tout à fait disposé à dire tout ce qu'il savait – il n'y avait aucun terrassement autour du canon et aucune garde n'y était laissée la nuit.

Avant de retourner au *Laird,* il a demandé à Glover s'il accepterait d'atterrir avec lui comme son "chien", comme on appelle l'ADC d'un commandant dans la marine.

"Plutôt", dit Glover en dansant de joie, et il retourna joyeusement avec lui au *Laird* pour faire les préparatifs, et trop ravi de pouvoir raconter à ses copains ses aventures des dernières vingt-quatre heures.

Plus tard dans la journée, on pouvait le voir, entouré de ses camarades de mess admiratifs et envieux, se tortillant d'un côté à l'autre pour se voir dans les restes brisés du miroir dans sa couverture de coffre de mer.

Il avait son sac à dos, sa gourde et ses jumelles en bandoulière sur une épaule, une couverture enroulée autour de l'autre, un étui de revolver pendait à sa cartouchière et un coutelas soigneusement aiguisé (à la place d'un dague). était à ses côtés.

Il avait l'air d'un objet tout à fait formidable, et il admirait énormément ce qu'il pouvait voir de lui-même.

Deux choses ont gâché son bonheur parfait. L'une était que ni Mellins ni Toddles n'allaient atterrir ; l'autre était qu'il devait laisser derrière lui la plus grande partie de son gâteau fait maison.

"Un vent mauvais qui ne fait de bien à personne", dit Mellins sombrement, alors qu'il transférait le reste dans sa propre poitrine.

* * * * *

Dès qu'il faisait nuit, l'équipe de débarquement « tomba » sur la dunette. Helston leur fit un petit discours, puis ils furent envoyés au « n° 3 », le reste de l'équipage du navire se pressant à l'arrière pour les voir par-dessus bord et leur souhaiter bonne chance. Helston n'aimait pas le temps qu'il faisait et il le disait ; Cummins ne l'a pas fait non plus, mais a gardé cela pour lui et voulait seulement s'éloigner du navire avant que les ordres ne soient annulés. Pour une fois, il était aussi nerveux qu'une femme. Cependant, dès que le « N° 3 » s'est enfui dans l'obscurité et a perdu le contact avec le vaisseau amiral, toute peur et toute anxiété l'ont quitté, et il aurait pu crier de joie.

Il appela les hommes à l'arrière, leur dit quelques mots, leur expliqua exactement ce qu'il voulait qu'ils fassent et termina en disant : « Vous avez dix heures à bord ici. Dormez, les garçons, dormez autant que vous pourrez ; je le veux avant d'avoir fini."

Mais les marines étaient tous de jeunes hommes, pour la plupart des Cockneys ; aucun d'eux n'avait jamais été sous le feu auparavant, et la perspective d'un combat à l'aube les empêchait de dormir. En petits groupes, ils se sont couchés partout où ils pouvaient trouver un abri contre le vent froid de la nuit, fumant leur pipe et discutant avec une excitation contenue.

Les officiers se sont étendus sur le pont du carré et ont essayé de dormir, mais même eux n'y sont pas parvenus.

Cummins lui-même resta sur le pont pratiquement toute la nuit, car le soleil s'était couché derrière un banc de nuages très menaçants, et la brise montrait des signes de renforcement et de virement vers le sud.

Une forte brise du sud rendrait presque impossible l'accostage sur la côte sud de l'île, et c'était cette tendance du vent à virer au sud qui lui causait tant d'inquiétude.

A deux heures du matin, il y avait un vent assez frais du sud-ouest. Il pleuvait très fort, avec de fortes rafales de vent, et les perspectives étaient peu prometteuses.

Parker, vêtu de cirés dégoulinants, rapporta que le baromètre continuait de baisser et que, pendant un moment, Cummins décida presque d'abandonner l'entreprise.

Heureusement le vent, une heure plus tard, tournait droit au nord-ouest, les étoiles sortaient par intermittence, et une jeune lune, dans les intervalles de nuages dérivants, donnait assez de lumière pour voir de temps en temps les contours de l'île.

"Continuez, Parker, les éléments sont avec nous", rigola le commandant.

"Ils ne le seront pas pour longtemps, monsieur ; le verre continue de tomber."

Le télégraphe de la salle des machines sonna en contrebas, l'artificier endormi répondit : « N° 3 » avançait lentement avec deux des cotres *du Laird* en remorque, et les marines, reprenant vie avec le mouvement des moteurs, savaient que leur heure était venue. car l'action approchait.

Une heure plus tard, le « No. 3 » avait fait le tour du sud de l'île et avait arrêté ses moteurs à l'ombre de la grande colline dont l'épaule et le sommet aplati se dressaient sombrement au-dessus d'elle, se découpant sur une faible lune.

Une brise forte et froide soufflait sur ses pentes, mais la mer n'en était que légèrement agitée.

Les premiers à atterrir dans les ombres noires à ses pieds furent le commandant Glover et deux signaleurs dans l'un des bateaux Berthon. Avec peu de danger ou de difficulté, ils atteignirent le rivage et sautèrent sur la terre ferme alors que le bateau arrachait ses fesses contre la plage rocheuse.

On passa quelques minutes à choisir à la hâte un lieu d'atterrissage plus convenable, puis l'endroit fut marqué par une lanterne de signalisation placée au bord de l'eau, derrière un grand rocher, de manière à ce que sa lumière ne puisse être vue du rivage.

Ce fut le signal pour le reste du groupe de débarquer, et au bout de quelques minutes ils entendirent le battement régulier des rames, et les deux cotres, surgissant de l'obscurité, grincèrent la plage. Les hommes, leurs fusils en bandoulière, commencèrent à sauter à terre en toute hâte.

"Gardez vos pieds au sec, les hommes, et ne vous précipitez pas", a déclaré Cummins, en les voyant sauter à l'eau dans leur enthousiasme d'être les premiers à débarquer.

Les bateaux ont été sortis de l'eau puis l'ordre a été donné de « tomber à l'eau ». Ils « tombèrent » en trois petits détachements : vingt de la Royal Marine Light Infantry sous leurs subalternes, un géant énorme et jovial nommé Saunderson ; dix gilets bleus sous les ordres de Pattison, le défunt capitaine du destroyer « No. 1 », qui, à sa grande joie, avait été retiré du *Sylvia* et lui avait donné une autre chance ; et vingt Royal Marine Artillery sous la direction de leur capitaine, Williams, célèbre joueur de cricket et de rugby. Ces artilleries ou Blue Marines durent fermer la marche. L'infanterie légère ou Red Marines devait diriger le groupe.

Les vestes bleues se composaient de six marins artilleurs, de deux armuriers dotés d'outils pour désactiver ou réparer le canon de 12 pouces et de deux torpilleurs équipés d'explosifs pour le détruire si nécessaire. Outre ces cinquante hommes et leurs officiers, il y avait deux signaleurs, Richardson, le « jeune médecin » du *Laird*, un steward malade, Glover, et le commandant.

La moitié des hommes portaient des haches, l'autre moitié des pelles de retranchement de Wallace, et tous les six hommes avaient un brise-eau de neuf gallons à transporter entre eux.

Cummins passa lentement d'un groupe à l'autre alors qu'ils se tenaient au pied de cette colline, jetant des regards précipités vers le haut, et leur dit que c'était deux heures avant le lever du soleil, qu'ils avaient deux heures pour atteindre le sommet, qu'il ne devait y avoir aucun groupe. dépêchez-vous, et que pas un mot ne devait être prononcé.

"Vous devez rester ensemble, les hommes. Si quelqu'un perd le contact avec les autres, montez la côte ; il ne peut pas se tromper."

En file indienne, l'un après l'autre, Cummins en premier, Glover se collant à lui comme une sangsue, et les deux signaleurs de près, ils commencèrent à grimper, se hissant main dans la main, se frayant un chemin à travers les buissons et se tenant toujours vers le haut.

C'était un travail lent, et Cummins s'arrêtait chaque fois qu'un endroit dégagé était atteint, pour permettre aux retardataires de se rapprocher. A la première halte, un quart d'heure après le départ, la petite troupe s'est rassemblée en silence. Tous étaient présents, cinquante-trois hommes et six officiers.

Il y avait eu beaucoup de bruit de buissons cassés, de chutes de pierres et de jurons murmurés, mais les cris du vent parmi les arbres avaient réussi à le noyer.

Bientôt, Cummins se retrouva face à une falaise presque perpendiculaire et ordonna une nouvelle halte. Dix minutes — cela semblait être des heures — s'écoulèrent avant qu'il ne parvienne à monter, et la petite colonne, courbée vers la gauche, continua péniblement.

Maintenant le terrain devenait plus ouvert, couvert d'herbes grossières jusqu'aux genoux et parsemé d'arbres rabougris. Les progrès furent plus rapides.

Un faisan perturbé par son sommeil s'envola avec un "whr ! whr !" ce qui fit bondir le cœur des hommes. Parfois, un pigeon ramier effrayé s'élançait de son perchoir. Les bruits les plus effrayants se produisaient dans l'obscurité totale.

Faiblement, par intervalles, ils pouvaient maintenant entendre le bruit sourd de tirs lointains, parfois rapides et furieux, retombant à nouveau en quelques coups isolés à de longs intervalles, puis se reproduisant avec une vigueur renouvelée. C'était Lang dans le "N° 2" qui manifestait devant l'entrée et attirait l'attention des forts. Ceux-ci répondaient sauvagement.

Pas un bruit ne venait d'en haut, à part le murmure du vent froid.

A l'arrêt suivant, deux marines manquaient à l'appel. L'un revint, meurtri par une chute, mais ils ne pouvaient pas attendre le second. "Qui est-il?" » a-t-on murmuré au fil de la ligne. "Bolton, un Blue Marine", a été renvoyé par l'arrière.

A la fin de la première heure, il était le seul homme porté disparu. Une partie de l'eau des brisants avait été renversée, un ou deux casques arrachés et perdus dans l'obscurité, c'était tout.

Encore une demi-heure de poussée lente vers le haut – les hommes respiraient fort et haletaient ; un autre arrêt fut annoncé.

Une veste bleue lui avait foulé la cheville et, après un examen précipité par le Dr Richardson, deux hommes ont été invités à l'aider. Les sangles des fusils ont été assouplies, les brise-eau ont changé de mains et les équipements en cuir ont été ajustés.

En regardant vers la mer, Cummins aperçut la première faible lueur de l'aube qui approchait, très loin à l'est. Ils doivent continuer. Se penchant à nouveau vers la gauche pour rester dans un terrain plus dégagé, ils continuèrent à pousser régulièrement vers le haut.

Un autre arrêt ; et le vent, fouettant plus sauvagement les arbres, couvrait tout bruit et leur annonçait qu'ils atteignaient maintenant le sommet de la colline.

Cummins s'avança prudemment en reconnaissance et réapparut, Glover haletant d'excitation derrière lui. "J'ai trouvé le chemin, Saunderson", rigola-t-il, et le mot fut passé pour repartir.

Outre l'artilleur Bolton, quatre hommes manquaient désormais à l'appel, mais il n'y avait pas de temps à attendre ; déjà les objets devenaient plus visibles et le jour approchait à grands pas.

Au bout de deux minutes, ils étaient à découvert, sur une piste large et bien battue, et un « Oh ! oh ! » sourd. une excitation courait parmi les hommes.

La colonne avança rapidement, tournant à droite en montant et marchant dans l'herbe au bord du chemin pour faire moins de bruit. À chaque instant, les hommes s'attendaient à ce qu'on leur tire dessus et commençaient déjà à dégainer leurs fusils à mesure que leur excitation et leur nervosité augmentaient.

Alors qu'ils tournaient à un coin de rue, une rafale de vent furieuse, soufflant du port en contrebas, leur lança une pluie froide au visage - toujours pas un bruit devant, à part les bruits étranges du vent qui balayait les arbres.

Certains jeunes commençaient à devenir « nerveux » et un ou deux commençaient à charger leurs fusils sans ordre.

Cummins a capté le bruit de la fermeture d'un bloc de culasse (les fusils étaient des Martini, pas des Lee-Metford), a deviné ce qui se passait et savait que quelqu'un lâcherait un fusil et donnerait tout le « spectacle ».

Il s'arrêta aussitôt, renvoya Glover avec l'ordre que le fusil de chaque homme soit examiné et que le nom de chaque homme trouvé avec une cartouche dans son fusil soit pris.

Cela a pris du temps, mais a stabilisé les hommes, et pendant que cela était fait, Cummins s'est avancé, suivi de Glover, et une masse floue et indistincte qu'il avait vue devant lui s'est progressivement transformée en un bouquet d'arbres. Le chemin descendait légèrement devant lui, traversait un espace ouvert, puis montait brusquement vers les arbres.

"Notre arme est là-haut", murmura joyeusement le commandant, et il s'allongea, mâchant froidement une tige d'herbe, sa réserve de cure-dents lui ayant fait défaut, et essaya de découvrir s'il y avait un signe de vie sous les arbres.

Tandis qu'ils gisaient là, une autre rafale de vent souleva du port le bruit des gongs battants. "Eh, mon garçon ! c'est la deuxième fois que nous entendons ce bruit", rigola-t-il. "Reculez et faites venir les hommes. Nous ne sommes pas à cent mètres du canon."

À mesure que les hommes approchaient, ils s'étendaient rapidement de gauche à droite.

« Réparez les baïonnettes, les hommes ; pas un bruit, pas d'acclamations, pas de tir », murmurait l'ordre d'homme à homme.

Le bruit sourd des baïonnettes qui fixaient les baïonnettes courait le long de la ligne, et Glover a ensuite déclaré que cela lui avait donné des "frissons" de l'entendre.

Il mentait, observant le commandant et pensait qu'il ne donnerait jamais l'ordre de charger.

Il pouvait voir la silhouette indistincte du canon parmi les arbres recouverts d'une énorme bâche, et juste à ce moment-là, quelqu'un près de lui murmura : « Il y a des gens qui bougent là-bas, monsieur », et il pouvait réellement sentir les hommes se préparer à une ruée.

Enfin, le commandant était « debout » et dévalait la pente au trot avec un peu d'herbe entre les dents. Glover le suivit, essayant en vain de dégainer son coutelas. Les hommes se précipitèrent après eux, franchirent la montée, balayèrent un terrain plat et, dans un élan final, sautèrent par-dessus un parapet de sacs de sable, se précipitèrent autour du canon et trouvèrent l'artilleur Bolton faisant un "passage de sentinelle" d'avant en arrière. l'arrière du pistolet ! Il n'y avait pas un seul Chinois en vue.

Certains hommes s'asseyaient simplement et riaient, d'autres, furieux, s'écriaient qu'« ils avaient été très bien lotis » et que « l'artilleur Bolton les avait tous ridiculisés », et que « Ils feraient très bien de faire tomber « est en fleurs », et ils le feraient le prochain jour de congé général. »

« Entrez, les hommes », chanta le commandant, les yeux pétillants. "Vous aurez beaucoup de combats à l'heure actuelle."

Puis il les renvoya chercher les brise-eau et les provisions des armuriers qu'ils avaient laissés tomber lors de la fixation des baïonnettes, tandis que lui et Williams, le capitaine des marines, effectuaient une étude rapide de la position, et que Pattison et ses vestes bleues commençaient à réviser. le pistolet.

Le sommet de la colline s'aplatissait en un petit plateau d'une centaine de mètres de long, en pente douce vers le port, puis tombant brusquement dans le versant escarpé de la colline avec une arête bien définie. Elle était tournée vers la mer et faisait face au port.

À l'extrémité est, l'extrémité la plus proche du chenal d'entrée, et dans le coin surplombant la mer, se trouvait le canon, un Krupp obsolète de 12 pouces, monté dans une fosse circulaire profonde et pointant son canon sur un mur de sacs de sable. dix ou douze pieds d'épaisseur et environ six pieds de haut.

Un petit groupe d'arbres rabougris cachait le canon à la vue en mer. Leurs troncs avaient déjà été à moitié sciés en vue de leur abattage, et quelques coups de hache supplémentaires les feraient tomber.

La première chose à faire était de vérifier si l'arme pouvait être préparée pour le service, sinon il était inutile d'y rester.

Pattison et ses hommes avaient déjà retiré la bâche recouvrant sa culasse massive et examinaient rapidement le matériel de montage et d'entraînement.

« Rude et maladroit, monsieur, mais nous pourrons bien l'entraîner », rapporta-t-il.

Les chargeurs avaient été creusés dans le sol à travers le côté de la fosse à armes, et les portes étaient fermées par des cadenas. Ceux-ci furent arrachés et Pattison rapporta qu'il y avait beaucoup de munitions. Dans un coin, il trouva des boîtes de tubes à friction et de fusibles.

Ses hommes ont également trouvé les cordes et les blocs nécessaires à l'entraînement du pistolet. Ils furent sortis, attachés au grand affût de canon à une extrémité et à d'énormes anneaux d'acier enfoncés dans les fondations en béton à l'autre, une douzaine de robustes Blue Marines "applaudis" aux cordes, et avec Cummins debout sur l'observation. Sur la plate-forme, la masse lourde se dirigeait lentement et avec de nombreux saccades à travers le port.

C'est alors que le Commandant se rendit compte de sa première erreur.

De cette plate-forme d'observation, il pouvait regarder vers la mer, mais l'autre bord du plateau lui cachait toute vue sur le port. Il faisait maintenant assez de lumière pour qu'il puisse distinguer "No. 3" en dessous de lui, mais, en regardant vers l'intérieur des terres, le sommet plat de la colline l'empêchait de voir quoi que ce soit sauf les hautes terres de l'autre côté de l'île, de l'autre côté du port.

Ses calculs avaient été faits à partir de ce rebord rocheux sur lequel lui, Glover et Jones s'étaient cachés toute la veille. Il avait oublié qu'ils se trouvaient alors à soixante pieds ou plus au-dessus du niveau du port, et n'avait pas imaginé que du bord de l'eau, le canon lui-même n'était pas visible.

Détruire l'arme et retourner au *Laird* fut sa première pensée, et il appela Pattison à sauter avec lui.

Le visage de Pattison s'abaissa lorsqu'il vit lui aussi que cinquante mètres de sommet de colline se trouvaient entre lui et les bateaux pirates qu'il avait espéré couler.

Soudain, Cummins se tourna vers lui avec une suggestion. « Que diriez-vous de demi-charges, hein ? Une pincée de poudre les « renverserait » là-bas, hein ?

"Nous pourrions essayer, monsieur."

"Ils ne seront pas très précis au début, Pattison, mais nous allons nous améliorer, hein ?"

"Vous avez raison, monsieur, je vais m'en occuper."

"Nous allons les dénicher avant la fin de la journée", rigola-t-il encore, et regardant derrière lui, il vit le *Sylvia* se profiler vers le rivage.

"Pour une fois, Bannerman est à l'heure. Nous aurons les *Strong Arm* ici dans quelques heures."

Il envoya les signaleurs descendre la colline pour communiquer avec le *Sylvia* et ordonner au deuxième groupe d'atterrir immédiatement, puis lui et Williams élaborèrent des plans pour placer le sommet de la colline dans un état de défense.

"Nous les aurons autour de nous comme des mouches lorsqu'ils nous trouveront assis ici", a déclaré Cummins.

Heureusement pour eux, l'ennemi avait manifestement eu l'intention d'installer un deuxième canon, avait en effet déjà délimité l'emplacement de son emplacement et préparé des centaines de sacs de sable pour le défendre. Ceux-ci gisaient en tas sur le plateau et servaient désormais à fabriquer des parapets.

Williams et Saunderson délimitèrent à la hâte les positions dans lesquelles ils devaient être construits, et les marines, empilant leurs armes et empilant leurs capotes et leurs couvertures en un tas, se « mirent en route » avec la volonté de transporter les sacs de sable jusqu'aux bords. .

"Il est plus sûr d'envoyer quelques hommes sur le terrain long, je pense, monsieur", dit le capitaine Williams, le joueur de cricket, et il ordonna à son sergent-major taciturne, un martinet nommé Haig, de sélectionner deux des hommes les plus âgés comme sentinelles et de les placer. , un le long du chemin que la colonne venait de suivre, et un autre en bas de la colline, sur le chemin en zigzag sur lequel le commandant et Glover avaient vu les coolies transportant des munitions.

"'Jambe carrée' et 'long', hein ?" » rigola le commandant.

"Oui, monsieur, je pense qu'ils suffiront pour le moment."

Le premier parapet devait être construit à l'extrémité étroite du plateau, la plus éloignée du poste de tir.

Il dominait la crête de la colline sur laquelle le petit groupe s'était précipité pour la dernière fois, et le chemin qu'ils avaient suivi longeait cette crête, plongeant sur deux cents mètres, puis s'élevant abruptement jusqu'à la butte couverte de buissons, au sommet de la colline. qu'ils avaient étendus et fixés à la baïonnette.

L'une des sentinelles du sergent Haig (l'homme aux « jambes carrées » de Williams) se tenait déjà dans la brèche créée par le chemin alors qu'il disparaissait dans les buissons denses, et il était évident qu'une force d'attaque pourrait s'y mettre à couvert et balayer la plus grande partie du chemin. partie du plateau à coups de fusil.

Ce parapet fut donc construit tout au long de l'extrémité étroite du plateau, sac de sable fut empilé sur sac de sable jusqu'à ce qu'il atteigne près de trois pieds de haut, et comme les hommes avaient transporté de grosses bûches de bois en face du puits de canon pour renforcer ils l'appelèrent finalement la "Redoute en rondins", y faisant des meurtrières pour leurs fusils.

Ils ont nommé la colline couverte de brousse devant eux « Bush Hill », et peu de gens l'oublieront jamais.

Certains hommes traînaient des sacs de sable jusqu'au bord du plateau, surplombant le port, pour former deux parapets bas, un de chaque côté du chemin en zigzag qui menait au poste de tir.

Sur vingt mètres devant ces deux remparts, le flanc de la colline escarpée était nu, mais au-dessous toute la colline jusqu'au village de pirates, qu'ils pouvaient voir au fond se distinguer progressivement à mesure que le jour augmentait, était couverte de petits arbres et de denses arbres. des broussailles, à travers lesquelles le chemin en zigzag serpentait vers le haut.

Les hommes couchés derrière ces sacs de sable étaient quelque peu protégés par la Redoute en rondins des tirs de fusil de Bush Hill, aussi Williams se contenta-t-il de ne les élever que de deux sacs de sable.

Ceux-ci étant à peu près terminés, d'autres sacs de sable furent traînés à l'extrémité opposée du plateau, et une petite redoute fut construite à cinquante mètres au-delà du puits de canon. De là, le feu pouvait être dirigé le long des crêtes les plus éloignées, dépourvues de couverture et en pente constante vers le bas, ainsi que vers le port et les pentes maritimes de la colline.

Le sergent Haig et neuf Blue Marines furent chargés de ce travail, c'est pourquoi il fut connu sous le nom de « Redoute de Haig ».

Saunderson et ses vingt Marines rouges furent chargés de s'occuper des parapets du port, et Williams et ses dix artilleurs de marine restants devaient tenir la Redoute en rondins.

Chaque homme fut dirigé vers sa propre meurtrière spéciale, et chacun posa son fusil et sa capote par terre derrière celle-ci, les précieux brise-eau furent emmenés dans la fosse à canon, et les couvertures des hommes, recouvertes de la bâche du canon, furent empilés pour former une petite « zareba » au milieu du plateau.

Pendant ce temps, les signaleurs étaient revenus, ramenant deux des retardataires, et rapportaient que le groupe *du Strong Arm* était déjà en train de débarquer du *Sylvia*.

Il faisait grand jour maintenant, et bientôt les deux derniers retardataires arrivèrent au camp, l'air très honteux d'eux-mêmes.

Pendant une heure, officiers et hommes avaient travaillé comme des chevaux, et pendant tout ce temps le vent froid entraînait jusqu'à eux les bruits de la ville éveillée à leurs pieds — le roulement sourd des gongs chinois et le tintement des cloches des navires — mais rien. d'autres perturbèrent leur travail jusqu'à ce que soudain le cri rauque d'un sirène à vapeur les surprenne.

"C'est le signal du début du travail. Les coolies seront là dans une demi-heure", rigola le commandant.

"Qu'est-ce que tu vas faire quand ils arriveront ?" » demanda Williams. "Si nous les attrapions et les empêchions de rapporter la nouvelle, ce serait une bonne chose. Chaque minute est précieuse."

"Très bien, Williams, nous allons essayer."

Puis un signaleur a signalé que le deuxième groupe avait déjà commencé l'ascension, apportant avec eux les deux canons Maxim *du Sylvia*.

Au même moment, la sentinelle qui se trouvait sur le chemin en zigzag arriva en courant. "S'il vous plaît, monsieur, il y a cinquante ou soixante indigènes qui viennent de la ville."

Cummins a ordonné à tout le monde de se cacher. "Ne bougez pas jusqu'à ce que je siffle."

Cinq minutes plus tard, ils entendirent le joyeux bavardage des coolies alors qu'ils montaient vers le canon, et le premier d'entre eux apparut hors des arbres, dans le chemin ouvert en dessous d'eux. Quelque chose les rendait suspects ; ils s'arrêtèrent et pointèrent le doigt vers le haut, bavardant rapidement. Alors un jeune imbécile de marine leva la tête pour regarder par-dessus le parapet derrière lequel il était couché, et, paniqués, ils prirent tous peur, jetèrent leurs outils et dévalèrent la colline aussi vite que leurs jambes le pouvaient. eux.

« Beaucoup de temps », dit doucement Cummins ; "Nous ferions mieux d'aller prendre le petit-déjeuner. 'Place ton champ' à nouveau, Williams," rigola-t-il, "et nous ferions mieux d'avoir quelques personnes au 'point' et au 'point de couverture' également, hein ?"

Le petit déjeuner composé de biscuits de bord et de corned-beef, arrosé d'un « jet » des bouteilles d'eau, dura dix minutes, puis tout le monde se remit au travail.

Williams a suggéré qu'ils feraient mieux de commencer à abattre les buissons sous les deux ouvrages de protection de Saunderson.

"Cela nous donnerait une meilleure chance s'ils essayaient de nous précipiter, monsieur."

"Maintenant, les gars", a chanté le commandant, "prenez vos haches et vos couteaux et coupez les buissons devant vous, faites-les bien balayer."

Ils commencèrent à tailler et à couper, et en une demi-heure ils avaient dégagé trois ou quatre mètres le long de leur front, quand tout à coup, bang ! Un obus éclata juste en dessous d'eux, et les fragments passèrent au-dessus d'eux en hurlant.

Chaque homme « s'est esquivé », puis a remonté la pente en courant, a saisi son fusil et s'est couché derrière son propre parapet.

"Ouf!" siffla le commandant, c'est leur jeu, n'est-ce pas ?

CHAPITRE XX

La lutte pour One Gun Hill

Il nous faut du pétrole - Sous le feu des obus - Les canons des pirates sont réduits au silence - La première attaque - Hopkins blessé - L'arrivée des "bras forts" - La fête du pétrole interrompue - Un répit momentané - La deuxième erreur - Le pétrole est sauvé - Le grand Tirs d'armes à feu

Ce premier obus fut rapidement suivi de deux autres, qui éclatèrent tous deux en contrebas, parmi les buissons. Un quatrième chantait au-dessus de nous, sortant en mer.

Williams, Saunderson, Cummins et les deux signaleurs ont fouillé à travers leurs lunettes et ont essayé de trouver les armes qui avaient tiré. Les obus tombaient deux ou trois par minute : l'un éclatait près des couvertures des hommes et recouvrait la bâche de terre, un autre s'écrasait à travers les arbres sans éclater.

"Je les vois, monsieur", a crié l'un des signaleurs; "juste là-bas, monsieur, sous ces arbres;" et il montra la direction. Tandis qu'ils suivaient tous sa main tendue vers des arbres sur une colline, de l'autre côté du port, dominant les basses terres près du chenal de sortie, ils aperçurent deux petits jets de flammes jaillir de dessous eux. Deux petits nuages minces de fumée grise disparaissaient, et presque aussitôt un obus éclatait à trois cents mètres devant les parapets, en l'air, et envoyait une grêle de balles dans les buissons ; l'autre a survolé.

"Shrapnel", marmonna Saunderson, et, voyant Glover se regarder nerveusement l'un après l'autre, il ajouta : "J'aimerais ne pas être si immense. Salut ! Glover, viens te placer devant moi."

Un autre éclat d'obus a ravagé le sol devant le parapet. Un ou deux hommes étaient couverts de poussière. Ils essayèrent tous de se faufiler dans un espace aussi petit que possible.

Les sous-officiers s'étaient d'abord couchés avec leurs hommes, mais maintenant, voyant leurs officiers debout derrière eux, ils se mirent timidement à genoux l'un après l'autre. Le sergent de Saunderson (Wilkins de son nom) s'est redressé, s'est approché de Saunderson, l'a salué et a dit : « Pardonnez-moi, monsieur, cela ne se reproduira plus », il a marché avec raideur vers ses hommes et s'est tenu là comme une statue.

"C'est vraiment pas de chance pour ces jeunes d'être la cible de tirs d'obus avant d'être habitués aux tirs de fusil", a déclaré Saunderson au commandant.

"Si je m'allongeais une fois derrière un sac de sable, rien au monde ne me pousserait à me relever. Je pense que je devrais leur donner quelque chose à faire, monsieur. Ce ne sont pas de vieux soldats."

Le commandant a dit à Glover de demander au capitaine Williams de lui parler.

Glover s'est enfui, trop heureux d'avoir quelque chose à faire, a donné son message et est revenu en courant.

"Ne cours jamais, mon garçon, tu as tendance à surchauffer", rigola Cummins.

Le pauvre jeune Glover avait terriblement honte de lui-même et devenait rouge comme une tomate.

Williams était du même avis. « Laissez-les continuer à couper les broussailles, monsieur.

Cummins hocha la tête et les ordres nécessaires furent donnés, les sergents les répétèrent, avec de nombreux ajouts fleuris, et les hommes se mirent nerveusement à genoux et se préparèrent à obéir sans enthousiasme.

"Laissez vos fusils, imbéciles !" » a crié le sergent Wilkins. "Il n'y a pas de nègres pour vous tirer dessus. Sortez de là, vous tous !"

Une fois qu'ils se mirent au travail, répartis à de grands intervalles, ils devinrent moins nerveux, et les Blue Marines et les Red Marines rivalisèrent pour savoir lequel devait libérer l'espace le plus large.

Williams et Saunderson travaillaient parmi leurs hommes dans les buissons, tandis que Cummins était assis sur le parapet en sacs de sable, Glover tournant nerveusement autour de lui et le Dr Richardson allongé à ses côtés, attendant un travail.

De temps en temps, des obus éclataient sur le plateau, mais il était évident que la plupart d'entre eux étaient dirigés vers le canon, et Pattison et ses hommes s'amusaient très chaleureusement.

Bientôt, Pattison arriva du poste de tir et se dirigea vers l'endroit où le commandant était assis, le salua et lui dit à voix très basse que les cylindres de recul du canon étaient vides et qu'il ne pouvait trouver aucune huile. Bien entendu, le canon ne pouvait pas être tiré avec des cylindres de recul vides. Il aurait probablement basculé dans la mer.

Cummins ne répondit pas pendant un certain temps et son visage devint très sévère. « Nous devons récupérer le pétrole des navires », dit-il enfin, et il envoya un signaleur pour savoir du *Sylvia* si l'ensemble du deuxième groupe avait déjà quitté la plage. "Ils sont déjà au quart de la hauteur", rapporta le signaleur.

"Eh bien, je ne peux pas les renvoyer maintenant. Je dois demander à Bannerman de m'envoyer une douzaine d'hommes avec quelques barils de pétrole, et" - ses yeux pétillant à nouveau - " Je vais vous dire ce que je vais faire. J'enverrai Parker est venu pour engager ces armes. Je crois qu'il pourrait les atteindre par-dessus ce terrain bas.

Il a chanté pour le signaleur.

"Excusez-moi, monsieur", interrompit Pattison, "je devrais vous suggérer de demander au commandant Bannerman de faire le tour et de bombarder ces canons avec ses 12 livres, et d'ordonner à Parker d'envoyer le pétrole. Je suis à bord du *Sylvia* depuis trois semaines . , et je pense que le commandant Bannerman sera plus enclin à engager ces canons qu'à épargner une douzaine d'hommes pour transporter du pétrole. Parker, monsieur, vous savez ; je ne pense pas que vous connaissiez le commandant Bannerman.

Les deux hommes se regardèrent d'une manière étrange pendant quelques instants. Cummins sourit sombrement, appela le signaleur et écrivit :

"Les compliments du commandant Cummins au capitaine Bannerman, et voudrait-il quitter les basses terres vers l'ouest et engager deux canons sur la colline derrière. Ils l'ennuient sérieusement."

"Est-ce que ça suffira, Pattison ?" » demanda-t-il en souriant amèrement.

"Je le pense, monsieur."

"Et, signaleur, faites également de ma part à M. Parker : 'Envoyez quatre barils de pétrole - urgent'."

Le signaleur courut en toute hâte vers le sémaphore, mais avant qu'il ait pu traverser le plateau, un obus éclata au-dessus de lui et il tomba tête baissée.

Le deuxième signaleur, sur un signe de tête de Cummins, s'est précipité dehors et a ramassé le papier avec les signaux dessus, et a sauté du flanc de la colline surplombant la mer.

Le Dr Richardson et son steward malade ont couru en avant, se sont penchés sur l'homme prosterné, l'ont soulevé et l'ont transporté derrière le poste de tir, hors du feu.

Pattison et Glover les ont aidés.

Ils revinrent immédiatement, Glover blanc comme un drap.

« Il est mort, monsieur », rapporta le Dr Richardson ; "le sommet de son crâne a été emporté."

« Couvrez-le et mettez-le hors de la vue des autres », dit lentement Cummins ; "et, Richardson, je dois insister pour que vous restiez sous couverture."

"Tres bien Monsieur;" et le Dr Richardson s'en alla se réfugier derrière le parapet de la fosse à canons.

Le signaleur restant revint avec les réponses : "Le capitaine Bannerman aura beaucoup de plaisir à soutenir le commandant Cummins, et engagera les deux canons qui l'ennuient".

Cummins l'a déchiré avec mépris.

La seconde était de Parker : « Le pétrole est envoyé avec la plus grande rapidité ».

Pattison a demandé des commandes. Il n'en pouvait plus avec le fusil et on lui dit d'achever d'abattre ces arbres : « Ils les visent probablement autant que le fusil. Quelques minutes s'écoulèrent, puis deux marines arrivèrent en titubant, l'un avec du sang coulant de la tête, l'autre avec le bras mou sur le côté. Un éclat d'obus avait éclaté.

Ils tombèrent à l'intérieur du parapet et Cummins les envoya au Dr Richardson.

Ils ont rampé.

Puis les sentinelles en bas, sur le chemin en zigzag, revinrent en courant. " Des centaines d'hommes arrivent, monsieur ; ils ressemblent à des marins, monsieur. "

Cummins était parfaitement préparé à cette nouvelle, car il y a une demi-heure, il avait vu une agitation parmi les croiseurs dans le port à ses pieds et les bateaux qui se dirigeaient vers et depuis le rivage, et il avait deviné qu'ils débarquaient des marins.

"Les seules personnes sur lesquelles ils peuvent compter", pensa-t-il, et il dit à Glover de demander au capitaine Williams de ramener ses hommes.

"Ne vous pressez pas, Glover", alors que Glover, fou d'excitation, se précipitait.

"J'espère que je n'ai jamais amené ce garçon," marmonna-t-il pour lui-même. "S'il est renversé, sa cousine me donnera mes ordres de marche comme un coup de feu. Je suis sûr qu'elle le fera.

"C'est un petit bonhomme courageux aussi", continua-t-il tandis que Glover revenait lentement, aux côtés de l'énorme Saunderson, à la tête de ses hommes.

Alors qu'ils remontaient la pente, un obus éclata parmi eux, et la fumée cacha Glover et Saunderson pendant un moment, mais le vent l'emporta et ils réapparurent, Saunderson stabilisant ses hommes d'un mouvement de bras vers l'arrière.

"C'est mieux, monsieur", dit-il à Cummins, le visage rayonnant de fierté alors que les Marines rouges enjambaient tranquillement le parapet et se couchaient à côté de leurs fusils. "Je les ai en main maintenant, monsieur."

Et les Blue Marines de Williams étaient tout aussi bien en main, jetèrent leurs haches et prirent place sans le moindre bruit ni confusion - la moitié d'entre eux dans la redoute du sergent Haig, l'autre moitié avec le capitaine Williams derrière la redoute en rondins. Une minute ou deux se sont écoulées, puis quelques Chinois en blouse bleue sont apparus, et une petite foule d'entre eux s'est arrêtée à un coin dégagé du chemin en zigzag, puis s'est rapidement déployée dans les buissons de chaque côté.

Les hommes couchés à l'extrême droite du parapet les aperçurent également et, sans ordres, commencèrent à retirer leurs fusils.

Toute la ligne aurait pris feu en une minute, tirant aveuglément sur les buissons en dessous d'eux, si Saunderson, le visage rouge de rage, ne les avait pas traversés d'un bond et les avait arrêtés. Cummins rit.

Dans l'état actuel des choses, leurs quelques coups de feu firent que les Chinois se dispersèrent encore plus rapidement, et ils disparurent pour se mettre à couvert sans tirer un seul coup de feu.

Vint ensuite la période la plus éprouvante de toutes, qui mit à l'épreuve l'endurance des jeunes marines. Les deux canons tiraient rapidement, les obus hurlaient, les obus éclataient sur la pente devant eux et sur le plateau derrière eux. De temps en temps, une petite boule de fumée blanche éclatait avec un « bouffée » sourde au-dessus de nous, et une grêle de balles d'obus s'abattait sur nous. Ils savaient aussi que les Chinois se faufilaient discrètement à travers les buissons et qu'ils ne pouvaient rien faire d'autre qu'attendre.

La tension intense du suspense était encore accrue par le fait que la sentinelle sur le sentier de crête revenait de cette brèche dans les buissons avec un visage effrayé.

Un autre groupe avançait le long du chemin qu'ils avaient suivi le matin, et presque avant qu'il ne l'ait signalé, des coups de feu venant de Bush Hill sont passés en force, puis des pentes en contrebas un feu furieux a éclaté, les balles heureusement volant sauvagement.

Cummins a chanté pour le signaleur. "Retournez et faites signe à M. Parker : 'Je suis attaqué devant et sur le flanc gauche. J'attends de vous que vous gardiez mon arrière ouvert"', et se tournant vers Saunderson, qui se tenait près de lui, "Eh ! Saunderson, vous me rendez nerveux. debout; j'aimerais que tu te couches.

"Je le ferai quand vous le ferez, monsieur."

"Mais je ne peux pas, vous savez", a déclaré Cummins avec un rire idiot.

"Pour l'amour de Dieu, continuez à avancer, alors, monsieur", répondit nerveusement le géant, alors que plusieurs balles passaient, et l'une d'elles frappait le sac de sable sur lequel Cummins était assis.

Cummins l'a déterré avec son doigt. C'était une balle Mauser de petit calibre.

"Bonjour ! c'est capital !" s'écria-t-il en se levant d'un bond, tandis qu'une faible détonation arrivait de l'extrême gauche et qu'un obus éclatait parmi les arbres d'où les deux canons avaient tiré. "Bannerman a enfin réussi."

Les hommes le virent aussi et poussèrent un joyeux acclamation de soulagement.

"Maintenant, les gars," chanta-t-il joyeusement, "ces obus ne vous dérangeront pas, et ces Chinois ne peuvent pas toucher une botte de foin. Gardez vos cartouches et ne tirez jamais avant d'être sûr de toucher. La volonté *du bras fort* soyez ici avec leurs Maxims dans une heure, alors ne perdez pas une seule fois.

Les obus redoutés étant silencieux, les hommes s'installèrent avec plus d'assurance et tirèrent très rarement, et une ou deux fois un cri de douleur en bas leur dit qu'une cartouche n'avait pas été gaspillée.

Les balles passaient en grand nombre : ping-ping ! flick-flick! Parfois, l'un d'eux frappait le sol avec un nuage de poussière, ou frappait une pierre ou une hache et s'en allait en sifflant, déformé. De temps en temps, l'un d'entre eux s'enfonçait dans un sac de sable avec un bruit sourd, mais la plupart se trouvaient en hauteur. De toute évidence, les Chinois étaient trop indisciplinés pour viser.

Pourtant, c'était une position assez délicate, avec trois ou quatre cents hommes attaquant par le bas, et probablement autant sur la gauche, cachés parmi les buissons en face de la redoute en rondins.

Cummins n'avait plus que quarante-huit hommes, et même s'ils étaient bien en main et se stabilisaient à chaque minute, les chances étaient suffisamment sérieuses.

Il n'était peut-être pas aussi inquiet pour lui-même que pour le deuxième groupe, que le « n° 3 » signalait maintenant comme étant à plus de la moitié de la colline. Si les Chinois les attaquaient alors qu'ils se débattaient à travers les broussailles épaisses, encombrés des deux Maxim, des munitions et des caisses de provisions, ce serait dur pour eux. Une fois qu'ils l'ont rejoint avec leurs mitrailleuses, il était sûr de tenir bon jusqu'à ce que le pétrole arrive et lui permette de tirer sur le gros Krupp. Son flanc droit lui inquiétait également peu, car il était relativement ouvert dans cette direction et n'offrait aucun abri à une force attaquante ; et tant que le « n° 3 » pouvait balayer le versant maritime de la colline, il ne se souciait pas de ses arrières.

Mais le « N° 3 » pourrait-il le faire ?

Le vent, qui soufflait fortement du nord-ouest, commençait déjà à virer de nouveau vers le sud et augmentait rapidement en force, et Cummins savait très bien que ni l'un ni l'autre du "N° 3" ne pouvait rester près du pied de la rivière. la colline, ni le *Sylvia* assez près des basses terres pour étouffer ces deux canons de campagne si le vent restait de ce côté et apportait une mer forte.

Sans le soutien des navires, il reconnut que sa position serait extrêmement précaire.

Si, également, le groupe *de Strong Arm* suivait sa route de la nuit précédente, il se heurterait directement aux Chinois massés sur son flanc. Heureusement, il pouvait communiquer avec eux via le « n° 3 » et leur signalait des instructions pour qu'ils s'inclinent vers la droite et se dirigent vers l'accotement de la colline du côté est ou du côté de la fosse à canons du sommet.

Il leur fallut vingt minutes pour leur transmettre le signal et obtenir une réponse, et ce fut un grand soulagement pour lui lorsque le signaleur lui rapporta que l' équipe de débarquement *du Strong Arm* avait reçu le signal et qu'elle modifiait déjà sa route.

"Le pétrole est également en hausse", a été la bonne nouvelle du signaleur.

« Je ne sais pas ce que nous ferions sans vous, Gordon, » dit le commandant ; "restez à l'abri autant que vous le pouvez."

Un marine s'est alors précipité vers le commandant avec un message du capitaine Williams.

"Il pense, monsieur, qu'ils se rassemblent pour se précipiter au-delà de ces buissons", pointant le long de la crête vers Bush Hill.

Cummins s'est rendu à la Log Redoute et a trouvé Williams scrutant les buissons au-delà de lui à travers ses lunettes.

"Ils se rassemblent assez en masse derrière, monsieur, et je pense pouvoir distinguer quelques Européens."

Cummins pouvait les voir aussi et il envoya Glover chez M. Pattison pour lui dire de faire sortir ses hommes de la fosse à armes. Ils ont envahi le parapet, ont volé sur le terrain plat et se sont couchés dans l'herbe à droite de la Redoute en rondins.

"Ils utilisent des fusils Mauser, monsieur", a déclaré Williams.

"Oui, je sais. Comment le sais-tu ?"

Williams leva son bras gauche, son mouchoir noué autour du poignet et rouge de sang. "Deux petits trous sont percés."

"Des os brisés ?" demanda anxieusement le commandant.

"Je ne pense pas", a déclaré Williams, ajoutant que, alors que les cris et les hurlements les plus horribles provenaient des buissons, "ils essaient de nous effrayer et trouvent le courage de se précipiter, mais je pense que nous pouvons les arrêter dans le futur." " Ouvrez. Tenez bon, les hommes, ne perdez pas un coup et tirez bas. Desserrez vos ceintures, les hommes, et voyez vos munitions vides. "

Chacun des dix Blue Marines détacha quelques paquets et les déposa en petites piles à sa droite.

Un crépitement sauvage et des tirs de fusil retentirent – un autre cri hideux. Deux Européens se sont précipités à découvert, et une foule de Chinois en blouse bleue les ont suivis et ont commencé à se précipiter follement.

"Maintenant, les hommes, vous ne pouvez pas les rater ; tirez bas, tirez bas et visez. Visez, n'est-ce pas ?" (ceci à un jeune marine qui enfonçait des cartouches et appuyait sur la gâchette presque en même temps).

Sept ou huit tombèrent avant d'avoir parcouru autant de mètres, mais ils arrivèrent quand même, les Européens largement devant.

Ils parcoururent une centaine de mètres, et maintenant ils gravissaient la colline, le sol derrière eux parsemé de petits tas bleus.

Cummins a sorti son revolver. "Est-ce que le tien est chargé, Glover ?"

"Oui Monsieur."

"Alors ne le dessine pas à moins qu'ils n'aient surmonté les sacs de sable," rigola-t-il, "sinon tu vas me tirer dessus."

Les marines étaient maintenant à genoux et tiraient par-dessus les parapets. Ce fut un véritable massacre, mais les Chinois ne montrèrent aucun signe de relâchement.

L'un des hommes blancs reconnus par Glover : l'homme à la barbe noire.

"Deux d'entre vous prennent ce scélérat à barbe noire", a chanté Williams, "et deux d'entre vous prennent l'autre homme blanc."

Les Chinois tombèrent tout autour d'eux, mais ils avancèrent quand même.

"Prenez une photo vous-même, Williams", ordonna Cummins. (Williams était un tireur de carabine réputé.)

Il saisit un fusil, le posa sur un sac de sable, visa soigneusement, tira, chargea et tira encore.

Le deuxième Européen se retourna et tomba. En tombant, son chapeau se détacha et Glover reconnut, avec un drôle de regret, que c'était Hopkins. Les Chinois qui le suivaient s'arrêtèrent, revinrent, regardèrent en arrière, une demi-douzaine levèrent les armes et tombèrent, puis les autres en eurent assez, ne purent plus faire face et, jetant leurs fusils, dévalèrent la colline en courant vers la droite. L'homme à la barbe noire, suivi d'une cinquantaine ou d'une soixantaine de Chinois, arriva à cinquante mètres. Les marines commencèrent à applaudir, se levant maintenant pour tirer.

Ils tombèrent à quarante, à trente, puis, avec un choc soudain, Glover réalisa qu'ils étaient en fait à leur hauteur, et se rendit compte que les hommes se battaient au corps à corps, les marines matraquaient leurs fusils et frappaient à gauche et à droite (ils étaient toujours étaient en infériorité numérique de trois contre un), et que le commandant se tenait devant lui et tirait froidement avec son revolver.

Il se souvint soudain qu'il avait aussi un revolver et le dégaina, mais Cummins le saisit et lui tendit le sien vide et fumant pour qu'il le recharge.

Une acclamation sur la droite, et Pattison et ses hommes se jetèrent dans la mêlée ; une autre acclamation, et le puissant Saunderson avec la moitié de ses Marines rouges arriva en courant ; de nouveaux coups de revolver retentirent, les Chinois commencèrent à céder , tournèrent la queue et dévalèrent la pente, l'énorme Européen barbu en dernier.

Alors qu'il reculait, il dépassa le corps prosterné de Hopkins, se pencha, le souleva et s'éloigna avec lui en titubant.

« Laissez-le partir, les hommes ; ne tirez pas sur lui », cria Cummins, et il disparut dans les buissons.

Glover entendit le commandant marmonner : « Quel idiot je suis !

Les hommes se levèrent en applaudissant comme des fous ; mais les tirs reprirent depuis les buissons, les balles sifflèrent et on leur ordonna de se mettre à couvert.

Saunderson retourna en courant à son travail avec ses hommes.

"C'était un rasage assez serré, monsieur", a déclaré Williams, s'approchant et rechargeant péniblement son revolver avec sa main blessée.

"Une chose très proche en effet", répondit Cummins avec un petit rire, alors qu'il rechargeait le sien.

Pattison gisait sur le sol sans bouger, le sang coulant de sa tête ; un homme était mort, allongé à moitié sur les sacs de sable, une balle dans la poitrine ; l'un d'eux avait une blessure à la baïonnette à la cuisse et était assis, essayant d'arrêter l'écoulement du sang ; un autre restait stupide et à moitié abasourdi par un coup sur la tête avec la crosse d'un fusil.

"Chantez le Dr Richardson", a déclaré Cummins en se penchant sur Pattison.

"Me voici, monsieur", répondit le Docteur, tenant une hache dans une main et un revolver vide dans l'autre.

"Je ne pensais pas que c'était le moment de respecter l'étiquette professionnelle, monsieur."

"Ma parole!" Williams a éclaté: "J'ai vu cette hache voler et, mec vivant! Vous avez sauvé un mendiant de me transpercer."

Les acclamations du sergent Haig les firent se retourner et ils virent le chef du groupe *Strong Arm* apparaître juste au-dessus de l'épaule de la colline, au-delà du canon.

Si cinquante hommes ont jamais applaudi bruyamment, c'est bien eux qui l'ont fait.

« Et Pattison ? » » a demandé Cummins avant de se précipiter pour les saluer.

"Seulement abasourdi, je pense, monsieur; il revient déjà", répondit le Dr Richardson.

* * * * *

À la tête du groupe *de Strong Arm* se trouvait le capitaine Hunter, ressemblant à un énorme écolier parti en vacances, son grand visage rouge rayonnant de pure joie et reniflant l'air tandis que les balles perdues passaient.

Il fut suivi sur le plateau par ses hommes avec les deux Maxim et leurs trépieds, caisse après caisse de munitions, d'autres briseurs d'eau et d'autres caisses de provisions, suspendues entre eux depuis des perches en travers de leurs épaules, à la manière des coolies.

Le Commandant se précipita vers lui.

"Je ne m'attendais jamais à vous voir vous-même, monsieur", dit-il alors que Hunter lui prenait la main.

"Eh bien, le fait est le suivant. Helston m'a envoyé sur le bateau de piquetage au dernier moment pour vous rappeler, mais je suis arrivé trop tard" - avec un large sourire et un scintillement dans les yeux - "pour faire ça. , et bien, quand j'ai vu mes hommes débarquer seuls, je ne pouvais tout simplement pas rester en arrière, et me voici. J'espère que nous ne serons pas trop en retard pour une bagarre. Nous n'avons commencé que vers sept heures, et nous venons de mettre deux heures et quart pour gravir cette maudite colline. Mes camarades sont plutôt épuisés.

"Seulement neuf heures et quart !" S'exclama Cummins. "Je pensais qu'il devait être midi passé." Il expliqua rapidement la situation. "Nous venons de repousser une ruée du côté opposé, et nous avons renversé cet homme Hopkins et trente ou quarante de leurs hommes également, donc ils ne reviendront pas tout de suite.

"Deux de nos hommes sont tués, je suis désolé de le dire, et cinq ou six grièvement blessés. Pattison est gravement blessé et Williams a une balle dans le poignet. En bas, sous le couvert de ces arbres, il y a environ trois cents personnes. Des vestes bleues chinoises et autant d'autres sur la crête derrière ces buissons, mais cela ne nous inquiétera pas avant un certain temps.

"Le *Sylvia* maîtrise le feu de deux canons de campagne qui nous ont beaucoup gênés au début, du côté opposé du port, et je compte sur Parker pour garder mes arrières ouverts."

"Vous ne pourrez plus faire autant", répondit le capitaine Hunter ; "Le baromètre baisse rapidement, et une grosse mer montait avant même mon départ, et elle souffle fort maintenant du sud."

C'était en effet le cas, venant de la mer en grandes rafales auxquelles on tournait le dos, et entraînant avec elles de fortes rafales de pluie. Plusieurs des arbres à moitié coupés, qui n'avaient pas encore été abattus, avaient été abattus et les autres se balançaient de façon menaçante.

« J'ai bien peur que non, monsieur. Où trouverez-vous les Maxim ? » a demandé Cummins.

"Mon cher gars, je ne suis qu'un volontaire. Vous commandez, et je ne suis que trop heureux de faire tout ce que vous me dites."

"Cela n'est pas possible, monsieur. Vous êtes l'officier supérieur ici et vous devez prendre le commandement."

Le visage joyeux du capitaine Hunter s'assombrit. "Eh bien, écoutez, Cummins, sur mon honneur, je suis vraiment désolé d'être venu si cela gâche votre jeu. Croyez-moi, mon vieux, je n'y ai jamais pensé ; je n'y ai jamais pensé, vraiment !"

"Je ne suis que trop heureux de vous avoir, monsieur", a déclaré Cummins, et ce qu'il a dit qu'il voulait dire : toujours. "Eh bien, vous valez vous-même une douzaine d'hommes, monsieur !"

"Tu penses vraiment ça ?" » répondit Hunter, le visage rouge de fierté et de plaisir, comme le grand écolier qu'il était. "Nous avons aperçu beaucoup de ces mouffettes en montant", a-t-il poursuivi, "mais elles étaient beaucoup trop rusées pour s'approcher de nous."

"C'est une nouvelle sérieuse, monsieur. Les cylindres de recul du canon Krupp sont vides, et j'ai dû faire signe à Parker d'envoyer quelques fûts de pétrole à terre. Ils sont en route maintenant, avec une douzaine d'hommes."

"Phew!" siffla Hunter, "ils vont foncer dessus."

Alors même qu'il parlait, le bruit fort d'un Martini solitaire se fit entendre, à mi-chemin vers la mer, rapidement suivi par d'autres coups de feu, puis par un râle de détonations plus aiguës – des Mausers, évidemment, par leurs craquements courts et aigus.

"Je dois y retourner pour eux; vous continuez ici;" et le capitaine Hunter a chanté pour que son officier de marine, un petit subalterne élégant, le suive avec trente hommes, et, avec un joyeux cri de « Venez, les gars », il descendit à grands pas la colline qu'il venait de gravir.

Cummins savait maintenant pourquoi les balles avaient presque cessé de siffler, que ce soit depuis Bush Hill ou les arbres en contrebas. Le petit groupe travaillant péniblement avec ses barils de pétrole avait été aperçu, et les chefs pirates, sachant probablement dans quel but le pétrole était amené, avaient envoyé la plupart de leurs hommes se cacher et l'intercepter.

* * * * *

Parker, depuis la plate-forme instable du pont de son destroyer, avait entendu les premiers coups de fusil du groupe qu'il venait de débarquer pour précipiter ces précieux barils de pétrole au sommet de la colline, et savait qu'ils étaient attaqués. Il les voyait également, disposés en petit cercle autour de leurs tambours, et essayait, du mieux qu'il pouvait, de bombarder la couverture dense d'où ils semblaient être attaqués.

Le commandant envoya alors depuis le sommet de la colline un message urgent lui demandant de faire tout son possible pour les protéger.

Il ne pouvait rien faire avec ses armes.

Une grosse mer s'engouffrait et se cognait contre le pied de la colline, brisant en bois d'allumette les bateaux restés sur la plage. Le mouvement violent du "N° 3" lui-même rendait absolument impossible le tir précis avec n'importe quelle arme à feu, et bien que Pat Jones ait rampé hors de son hamac sur le pont du mess pour tirer avec son bien-aimé 12 livres, même lui, splendide vieux tireur qu'il était, je ne pouvais pas faire mieux.

Les petits obus étaient aussi dangereux pour ses propres hommes que pour les Chinois, et non seulement Parker dut cesser de tirer, mais la nécessité de prendre immédiatement la mer devint complètement évidente. Il avait déjà trop longtemps adhéré à une rive sous le vent et devait s'éloigner de ces rochers traîtres.

On peut imaginer ses sentiments lorsqu'il fut obligé de signaler : « Il ne peut pas maintenir un tir précis et doit quitter la terre ».

"Hunter et Cummins sauront que j'ai traîné jusqu'au bout", fut sa seule consolation alors qu'il transformait le "No. 3" en de violentes rafales de pluie qui lui frappaient le visage et plongeaient ses étraves dans la mer agitée.

Cummins sourit sinistrement lorsque le signal lui fut signalé et regarda avec anxiété le destroyer se frayer un chemin vers la sécurité.

Parker étant incapable de rester à terre, il savait que ce n'était qu'une question de minutes avant que Bannerman ne soit obligé de suivre son exemple, et s'attendait momentanément à se retrouver une fois de plus sous le feu des obus de ces deux canons de campagne.

Un autre danger était également imminent, un danger bien plus grave.

Dans le port, l'un des croiseurs les plus anciens, le *Mao Yuen* ou le *Yao Yuen*, était en train d'être déplacé jusqu'à un endroit presque sous le rebord qui l'avait caché la veille, avec l'intention très évidente de bombarder le sommet de la colline. De là.

Ses canons ne pourraient pas toucher le canon Krupp, mais avec des éclats d'obus, il savait qu'il pouvait balayer la plus grande partie du plateau, et savait aussi qu'à moins que le pétrole n'arrive et ne lui permette d'utiliser son canon Krupp, il ne pourrait pas éventuellement conserver sa position. Une fois qu'il aurait pu larguer ces obus de 12 pouces dans le port, même de manière imprécise au début, il était sûr de pouvoir détruire ce croiseur à temps.

Mais sans ce pétrole et sans le soutien des navires, l'existence même du parti tout entier était en jeu ; et la possibilité de couper à travers la masse de Chinois encerclant, de se frayer un chemin, encombrés de blessés, le long de la crête de la colline, puis de s'efforcer de maintenir sa position en un autre point, voire même la possibilité de se précipiter sur l'un des forts au niveau de la colline. entrée et se tenant aux abois là-bas, lui traversa le cerveau.

Il ne pouvait plus rien faire pour aider le capitaine Hunter à l'heure actuelle, aussi employa-t-il ses hommes à renforcer encore davantage les parapets en sacs de sable. Les Maxim étaient placés dans des redoutes en sacs de sable, l'une à l'angle entre la redoute en rondins et l'extrémité des parapets de Saunderson, et l'autre entre ces deux parapets. Tous deux balayaient toute approche jusqu'à la façade portuaire de la colline par le chemin en zigzag, et le premier commandait également la crête nue entre elle et Bush Hill.

Des sacs de sable furent également transportés jusqu'au bord qui surplombait la mer, et les hommes, en les empilant joyeusement, ne pensaient pas que le commandant, étudiant son carnet et les croquis qu'il avait pris la veille, débattait de la nécessité d'abandonner. la colline, et la possibilité de foncer sur l'un des deux forts.

Aucun tir de fusil ne les gênait, aucun tir d'obus ne les alarmait. Le capitaine Hunter, qu'ils idolâtraient, était allé sauver les barils de pétrole ; donc les barils de pétrole seraient directement au sommet, et le gros canon aurait les pirates à sa merci, alors ils travaillèrent joyeusement, malgré la pluie détrempante qui balayait le sommet de la colline.

Glover se tenait près du commandant, bleu de froid et trempé jusqu'aux os. Cummins l'a soudainement remarqué ainsi que son état. "Va aider avec les sacs de sable, mon garçon ; tu peux courir cette fois," rigola-t-il, et se tourna pour observer les progrès du capitaine Hunter en dessous de lui.

Lui et son petit groupe de trente marines avaient disparu parmi les arbres et les buissons, se frayant un chemin à travers eux, mais maintenant ils étaient vivement engagés, et leur progression pouvait être suivie, tandis qu'ils se frayaient un chemin vers le bas, par la ligne de bouffées de fumée qui s'élevait au-dessus des buissons.

La ligne descendait progressivement vers le petit point proche de la mer, d'où les tirs rapides de nouveaux Martini le consolaient avec la certitude que les hommes du destroyer gardaient toujours le précieux pétrole. Les détonations bruyantes de leurs fusils de gros calibre, cependant, étaient presque noyées par le crépitement constant des Mauser de petit calibre.

S'il n'avait pas été certain que, grâce à une dispense miséricordieuse, un Chinois peut rarement être amené à viser, il aurait pensé qu'il était impossible pour aucun membre de la petite bande de survivre.

Le vent faisait maintenant entendre les acclamations britanniques : il pouvait jurer que le capitaine Hunter était au-dessus des autres. La ligne de bouffées de fumée descendit vers le bas, et il sut qu'ils s'étaient donnés la main avec les hommes du destroyer.

Puis vint la lutte ascendante, et lentement ils se frayèrent un chemin, tandis que les Chinois poussaient un cri de triomphe aigu et que le feu Mauser crépitait dans un rugissement continu.

La ligne de fumée de poudre noire avançait toujours, mais plus lentement. Puis il vit, avec des yeux inquiets, qu'elle était à l'arrêt. Les Chinois étaient passés au-dessus de Hunter et lui avaient coupé la route. Il observait un seul arbre ; les petites bouffées de fumée venaient régulièrement derrière ; les cris de triomphe redoublèrent.

Le capitaine Hunter et ses hommes ne purent avancer plus loin. Pouvait-il prendre le risque énorme de les renforcer et d'affaiblir encore davantage la petite garnison au sommet de la colline ?

Sa décision fut prise en un instant, et il appela Williams et Saunderson et leur montra la situation.

« Prenez quarante de vos hommes, Williams ; laissez-moi le sergent Haig ; descendez vers la gauche jusqu'à ce que vous soyez à leur niveau et précipitez-vous sur leur flanc. Rien ne presse et ne gaspillez pas de cartouches. »

"Merci, monsieur, mes hommes veulent quelque chose pour les réchauffer."

Alors qu'ils descendaient la colline vers la gauche, les deux canons de campagne ouvrirent à nouveau le feu. Bannerman avait finalement été contraint de s'échouer face au vent.

« Mettez-vous à l'abri, les hommes », chantait Cummins aux quelques bluejackets et marines qui lui restaient encore ; « leur aboiement est pire que leur morsure ; » et il resta à découvert, observant et attendant que Williams entre en contact avec l'ennemi.

Lui et son groupe avaient déjà disparu parmi les arbres qui avaient englouti le capitaine Hunter et ses hommes près d'une heure auparavant. Dix minutes se sont écoulées et rien ne s'est passé. Les minutes semblaient des heures, et à ses nerfs tendus, il semblait que les Chinois se rapprochaient du capitaine Hunter et que les tirs des fusils Martini ralentissaient. Surgissant dans son cerveau, la pensée brûlante qu'il avait commis non pas une, mais deux erreurs, balaya son esprit.

Trouver le canon incapable de contrôler correctement le port était déjà assez grave, mais maintenant sa deuxième erreur était dix fois plus grave. Les Chinois pouvaient se battre, et tous ses plans reposaient sur la croyance opposée.

Pendant un moment, son optimisme et son ingéniosité inhérents, nourris dans les os à travers de nombreuses générations d'hommes combattants, l'ont abandonné. Il voyait l'échec de son projet, la ruine qu'il entraînerait pour toute l'escadre et la fin des ambitions du pauvre Helston. De son sort, il ne se souciait pas à ce moment-là, mais il se maudissait d'avoir quitté la mer pour oser le métier de soldat et d'avoir sacrifié, à sa propre assurance, les hommes qui l'avaient si volontiers suivi.

À ce moment-là, son esprit vif imaginait même la lutte finale dos à dos et les sanglots haletants des hommes frappés alors qu'ils tombaient un à un.

Serait-il le dernier ? se demanda-t-il.

Un obus éclata sur la crête et les fragments déchiquetés hurlant devant lui le réveillèrent de son cauchemar pour apercevoir le visage effrayé de Glover alors qu'il se tenait à ses côtés.

Posant sa main sur l'épaule de l'aspirant, il dit doucement : « Glover, je suis désolé ; mets-toi à l'abri, mon garçon.

Mais avant que Glover ait pu s'éloigner, une grande explosion d'acclamations monta d'en bas.

Williams et Saunderson, avec leurs quarante hommes derrière eux, chargeaient sur le flanc des Chinois sans méfiance et, tirant à peine un coup de feu, ils les chassaient comme des moutons du chemin du capitaine Hunter.

Des cris de douleur et des cris d'agonie indiquaient qu'ils comptaient sur de l'acier froid. Le feu du Martini reprit de nouveau avec un rugissement, et maintenant la ligne de fumée recommença à monter.

Avec un hoquet de soulagement et une drôle de sensation au fond de sa gorge, le Commandant le vit venir rapidement vers lui maintenant, les quatre-vingts d'entre eux applaudissant follement.

Ils avaient mis les Chinois « en fuite ».

"Amenez un Maxim ici, Glover ! Vite, mon garçon ! nous les aurons quand ils feront irruption à l'air libre."

Les acclamations redoublèrent. Des Chinois apparurent soudainement parmi les arbres en contrebas, se déplaçant à gauche et à droite alors que Hunter faisait irruption avec une douzaine de ses hommes ou plus. Puis vinrent les hommes du destroyer avec leurs barils de pétrole, Collins le sous-marin à leur tête, un groupe d'hommes transportant quelques compagnons de mess, et, fermant la marche, Williams, Saunderson et les marines combattaient lentement, courant quelques mètres, puis se laisser tomber derrière un arbre et tirer en descente.

Dès que les barils de pétrole furent en sécurité et que les blessés eurent fait irruption, Hunter fit pivoter ses hommes et redescendit, sa grande acclamation joyeuse et hurlante étant entendue au-dessus du bruit de Mauser ou de Martini. Les Chinois cédèrent et reculèrent en bas de la colline. Certains qui tentaient de s'échapper vers la gauche durent passer devant la redoute du sergent Haig, et ses hommes les renversèrent comme des lapins ; d'autres ont balayé la droite en direction de Bush Hill, mais ensuite le Maxim a parlé avec son horrible « br-br-br » et les a fait tomber en tas.

En moins d'une minute, on ne vit plus aucun Chinois vivant, mais un incendie intermittent qui repartit de "Bush Hill" montra qu'ils étaient encore sous un certain contrôle.

Alors que le capitaine Hunter et son groupe, rouges de succès et essoufflés par leurs efforts, se dirigeaient vers le plateau, un éclat d'obus éclata au-dessus d'eux, et les balles, tombant tout autour d'eux, les couvrirent de poussière. Un marine tomba avec un cri, sa cuisse fracassée, mais personne d'autre ne fut touché, et Hunter courut vers Cummins, qui avait maintenant retrouvé son calme. Il était tout simplement fou de la joie physique du combat, et cette grêle de balles d'obus l'avait tout simplement enivré.

« Mon pays ! c'était un joli combat », rugit-il ; "Ça vaut dix ans de vie ordinaire. J'ai ton huile, et nous avons ramené tous les hommes Jack. Il y a un homme de l'autre côté avec qui j'aimerais serrer la main - après mon propre rein, ce type - un énorme type avec une barbe noire ; il les conduisait à maintes reprises, mais ces mouffettes de Chinois ne voulaient pas le suivre.

"Il a mené la première course," répondit Cummins, essayant de le calmer, "et il l'a bien mené aussi. Avez-vous perdu beaucoup d'hommes, monsieur ?"

"Quelle brute je suis!" » cria-t-il, la joie du combat disparaissant rapidement. "Je ne sais pas exactement, mais nous les avons tous ramenés. Avant de débarquer, j'ai dit à mes hommes que si quelqu'un tombait, il ne fallait pas le laisser, et... et ce sont des gars formidables, Cummins."

Les pertes étaient assez graves. Cinq avaient été tués, deux du destroyer et trois du *Strong Arm* , et onze blessés, trois d'entre eux appartenant à l'équipe du capitaine Williams, trois au destroyer et les cinq autres à l'équipe de Hunter.

"Ce pétrole vaut une bonne affaire maintenant", dit tristement Cummins.

* * * * *

Derrière le parapet de la fosse à canon, le Dr Richardson s'occupait des blessés, un lieutenant du *Strong Arm* , du nom de Gibbins, prit en charge le canon à la place du pauvre Pattison et commença à remplir les cylindres de recul, le moins fatigué des hommes. continuèrent à tirer des sacs de sable vers le bord dominant la mer, tandis que les autres, complètement épuisés, se couchèrent derrière les parapets.

Les obus sortaient toujours de ces canons de campagne, mais les *Strong Arm* , rassurés par les *Laird* , qui commençaient déjà à les mépriser, apprirent bientôt qu'ils étaient inoffensifs tant qu'ils restaient derrière leurs sacs de sable.

Pendant ce temps, des préparatifs étaient faits pour bombarder le sommet de la colline avec les canons du croiseur qui avait traversé le port. Ses canons ne purent d'abord être suffisamment élevés pour atteindre le sommet de la colline, mais ils surmontèrent cette difficulté en laissant entrer de l'eau d'un côté et en lui donnant une gîte à tribord, et en inclinant ainsi la bouche de ses canons encore plus vers le haut.

Hunter et Cummins surveillaient avec anxiété cette opération – nécessairement lente – et elle n'était pas terminée avant que Gibbins ne se précipite vers eux et leur signale que le Krupp était prêt à l'action.

"Nous allons d'abord peser, mon vieux!" » Hunter s'est exclamé avec joie.

Un gros obus rainuré et plombé pour recevoir les fusils fut sorti du chargeur, le derrick le porta jusqu'à la culasse, une douzaine d'hommes le repoussèrent avec un long pilon, un quart de charge de sacs de poudre le suivit, Le bloc de culasse maladroit fut lentement déplacé, Gibbins sauta sur la plate-forme de visée et coinça le tube à friction avec sa longe, et tout était prêt.

Cummins examina tout froidement jusqu'à ce qu'il soit convaincu que tout allait bien avec le canon ou son montage, puis la lourde masse d'acier fut laborieusement dirigée vers l'endroit où se trouvait le croiseur sous les falaises, de l'autre côté du port. De la plate-forme d'observation, on ne pouvait même pas voir ses mâts, et la direction devait être trouvée grossièrement au moyen de tiges de nettoyage de fusil coincées en ligne sur le bord du plateau intermédiaire.

Cette méthode était maladroite, mais la meilleure disponible.

Cummins saisit la longe, l'équipage du canon reçut l'ordre de sortir de la fosse en cas d'accident, les marines, couchés derrière le parapet au bord du plateau et devant le canon, furent mis hors de danger, et il donna c'est un remorqueur brusque.

Un énorme nuage de fumée, un énorme rugissement hurlant, des cubes de poudre à canon en feu ont dévalé le flanc de la colline, une partie des sacs de sable ont été soufflés par-dessus la crête, la bouche de l'arme s'est levée en l'air alors que l'arme reculait. le long de ses glissières, puis glissé doucement vers l'avant. Tout le monde s'est précipité vers le bord pour voir où tombait l'obus. Une demi-minute d'anxiété haletante, sans se soucier des balles qui passaient, puis, en haut des falaises, derrière le croiseur, une masse de fumée blanche en forme de ballon a éclaté, des masses de roches ont bondi dans les airs et sont tombées en éclaboussant la mer, et le rugissement de l'explosion, projeté de colline en colline, et, s'écrasant de falaise en falaise avec d'énormes réverbérations, arrivait jusqu'à eux comme le tonnerre.

"Leur jeu est terminé", a crié Hunter. « Bravo, les hommes, bravo !

Cummins, un petit personnage pittoresque trempé de pluie, debout sur le parapet de sacs de sable derrière le pistolet, et avec la longe toujours à la main, rit simplement : « Vous pouvez charger à nouveau, les hommes, elle est tout à fait en sécurité.

CHAPITRE XXI

Sur One Gun Hill

La colline en feu — Gunner Bolton, RMA — J'aide le Dr Richardson — Tout va bien — Nous attisons les pirates — Faire rapport au « Laird » — Une histoire avec Collins — Une ruée écrasante

M. l'aspirant Glover raconte ses expériences

Je me suis souvent demandé si j'avais vraiment peur ou non.

Certes, pendant que nous gravissions cette colline à travers buissons et arbres, dans l'obscurité la plus absolue, j'aurais été complètement en colère si je n'avais pas été obligé de rester collé au commandant et de faire tout mon possible pour ne pas perdre le contact avec lui.

D'aussi loin que je me souvienne, je ne pensais à rien d'autre qu'à cela et à souhaiter qu'il n'aille pas si vite. Quand enfin nous eûmes trouvé le chemin – juste au moment où le jour commençait à se lever – j'étais trop excité pour avoir vraiment peur, et ensuite, quand je dus suivre le commandant sur l'espace plat au sommet de « One Gun Hill », comme nous l'avons appelé, j'étais tellement occupé à recevoir des messages que je pensais à peine aux balles, ni même aux obus, et j'avais encore plus peur que le commandant pense que je m'en foutais.

Au début, c'était tout simplement horrible de devoir traverser, car on entendait les balles passer et faire un bruit semblable à celui d'un claquement de fouet fin, et parfois on en voyait une frapper le sol ou un sac de sable juste devant soi. , où il fallait passer en quelques secondes, et puis... eh bien, c'était un travail très dur d'empêcher vos jambes d'aller aussi vite qu'elles le pouvaient. J'avais l'impression de prendre tellement de place, tellement plus que tout ce qui se trouvait à proximité, qu'il semblait en réalité impossible que les balles ratent mon corps. En fait, quand ils ont commencé à nous bombarder et que M. Saunderson, qui est vraiment un homme immense, s'est retourné et m'a dit d'un ton ironique de me tenir devant lui, j'ai pensé que je devrais le protéger si je le faisais. Ce sentiment explique mieux ce que je veux dire que tout ce que je peux dire.

Plus tard, cependant, je suis devenu si terriblement fatigué et somnolent que des choses se sont produites tout simplement, et j'ai fait ce que je devais faire de manière assez machinale. Lorsque les Chinois firent leur premier élan, je n'étais même pas excité, et je me souviens que je pensais que c'était la chose la plus naturelle au monde de voir Hopkins tomber blessé. J'étais désolé pour lui, comme on l'est dans un rêve, et, en fait, je n'arrêtais pas de penser que tout à l'heure je devrais me réveiller et me retrouver à bord du *Laird* , avec un aspirant idiot qui jouait un tour avec mon hamac. . Longtemps après, je n'ai jamais réalisé que le commandant s'était tenu devant moi pendant tout ce temps pour me protéger.

J'avais très froid et très mouillé, et je restais debout, frissonnant, à regarder le capitaine Hunter essayer de sauver les barils de pétrole, puis je me retrouvais à transporter des sacs de sable et à les empiler autour d'un des Maxim, et je me réchauffais de minute en minute.

Puis je me suis souvenu que le commandant m'avait dit de faire cela.

Lorsque, peu de temps après, il posa sa main sur mon épaule, avec une expression terriblement triste sur le visage, et me dit d'une voix étrange : « Glover, je suis désolé », je n'avais pas la moindre idée de ce qu'il voulait dire, et je pensais que c'était parce que j'étais complètement trempé jusqu'aux os.

Bien sûr, je sais maintenant ce qu'il voulait dire, mais à l'époque, je n'avais pas la moindre idée que nous courions un tel danger.

Ce qui m'a finalement vraiment réveillé, c'est le tir de ce gros canon Krupp et le bruit de l'obus qui éclate sur la falaise de l'autre côté du port, juste au-dessus du croiseur qui s'apprêtait à nous bombarder, et non loin du rebord. où le commandant, Jones et moi avions été cachés.

Tout près de l'endroit où il a éclaté se trouvaient plusieurs petits groupes de Coréens : des taches blanches sur fond vert. Ils avaient observé depuis le lever du jour les tentatives de reconquête de One Gun Hill, mais ils ont maintenant disparu hors de vue et nous ne les avons plus jamais revus.

Notre deuxième coup de feu, cinq minutes plus tard, était encore plus près du croiseur, mais celui-ci ne fit aucune tentative de bouger et commença à tirer avec un seul canon. Ils avaient été obligés de lui donner une gîte énorme sur tribord, afin d'élever suffisamment leurs canons, et comme ses artilleurs ne pouvaient pas voir notre canon Krupp depuis les ponts, ils avaient posté des hommes en haut des falaises, à quelque distance de là, qui signalé avec des drapeaux (je pouvais les voir très clairement) après chaque tir, qu'il soit à droite, à gauche, court ou terminé.

La plupart sont passés tout droit (ils tiraient des éclats d'obus), certains ont éclaté très brièvement, seuls les fragments de l'obus sont venus s'écraser au sol autour du canon, tandis que les balles s'enfonçaient dans les buissons en dessous de nous, les abattant.

Beaucoup ont en fait heurté la pente de la colline avant d'éclater, et si c'était eux, ou si c'était les cubes de poudre en feu qui volaient vers le bas de la colline chaque fois que nous tirions avec cette arme, je ne sais pas, mais à présent les buissons et les sous-bois commençaient à couver, et la fumée, d'autant plus dense qu'elle était humide, était poussée vers la ville par le vent.

Avec le temps, cela augmenta l'espace libre sous les parapets, mais la fumée rendit notre tir d'autant moins précis, ne nous cachait pas du tout, ni aux deux canons de campagne, ni au croiseur, et cachait malheureusement les mouvements des Chinois derrière lui. .

Je suppose que le capitaine Hunter ou le commandant n'y ont jamais pensé à ce moment-là, sinon ils auraient pu éteindre le feu dès qu'il a commencé à brûler.

« Allez chercher à manger », m'avait dit le commandant ; "Je ne veux pas de toi pendant une demi-heure." J'étais donc allé jusqu'au parapet du sergent Haig, je m'étais allongé près d'un feu que ses hommes avaient allumé et je me blottis contre les sacs de sable pour trouver un abri contre le vent et la pluie.

J'avais de nouveau faim, alors, détachant mon sac à dos, j'ai cassé un gros morceau de ce gâteau fait maison. C'était très bon, et j'ai tiré une bonne gorgée sur ma gourde ; le vieux Mellins l'avait rempli de thé faible. Ce fut un travail très dur de retirer le bouchon, car mes doigts étaient tellement engourdis par le froid.

J'ai cassé un autre morceau de gâteau et je l'ai donné au marin allongé à côté de moi. C'était l'artilleur Bolton, son fusil pointé à travers une meurtrière et le doigt sur la gâchette. Il se retourna pour prendre une position plus facile et, après quelques bouchées, dit : « Pensez-vous, monsieur, comment je vais avoir des ennuis à cause de cette arme ?

" Vous voyez, monsieur, c'était exactement comme ça. J'étais à l'arrière et j'étais plutôt coincé et, avec une chose et une autre, et dans ces buissons épais, il faisait si sombre et tout "Je me suis perdu" et je n'arrivais plus à retrouver les autres. Alors je me dis "J'obéis aux ordres", et quand vous êtes perdu, comme l'a dit le commandant, "Je grimpe et je grimpe". '.

"Eh bien, c'est ce que j'ai fait, monsieur," continua-t-il avec une expression mi-anxieuse, mi-humour, "et j'ai grimpé et j'ai grimpé jusqu'à, soufflez-moi ! Je suis simplement tombé sur ces sacs de sable, et aucun sauvage nulle part. Je pouvais voir. Alors j'allume ma pipe en plaisantant et m'arrête là, sachant que le commandant serait là en un rien de temps. Mais vous voyez, monsieur, je l'ai plutôt fait sortir de ce spectacle, et mes copains sont plutôt furieux à propos de ce spectacle. ça aussi.

"J'aurais aimé participer à la fête, et alors il n'y aurait rien de tout cela avant les ennuis."

Il grignota solennellement son gâteau puis ajouta sournoisement : « Cette histoire de sentinelle, monsieur, c'est ça qui les a énervés. C'était juste pour l'effet, ça ne me dérange pas de vous le dire, monsieur.

"Tout va bien, Bolton," lui dis-je. "Le Commandant ne vous en parlera plus, j'en suis sûr."

"Eh bien, je suppose que vous avez raison, monsieur; et si vous regardez ce que j'ai avant mon fusil, je verrai s'il ne reste pas un peu de cacao."

Il s'éloigna en rampant, en gratta un peu dans la grande gamelle, le réchauffa sur le feu dans sa propre tasse en fer blanc et me le rapporta.

C'était agréablement rafraîchissant, je peux vous le dire, et chaud et huileux.

Il m'a pris son fusil et m'a regardé boire.

« Vous me direz un bon mot, monsieur, lorsque nous serons à bord du *Laird* ; maintenant, n'est-ce pas, monsieur ?

J'ai promis de le faire, mais je n'ai pas pu m'empêcher de sourire.

"Tu vois ça, c'est un Chinois ?" » dit-il à l'instant, en désignant du pouce un tas bleu immobile qui s'étendait à une centaine de mètres le long de la crête – un de ceux qui s'étaient enfuis du capitaine Hunter. "Je lui ai tiré dessus, monsieur; je l'ai renversé d'un seul coup. Je l'ai attrapé dans les travaux supérieurs que j'ai fait, monsieur, et il s'est renversé d'un bout à l'autre et n'a jamais bougé d'un air, bien que là, je il attendait tous, avec une autre cartouche coincée, au cas où.

"Je n'ai jamais bougé un air", se répétait-il doucement, visiblement très satisfait de son adresse au tir, "et avec ce fusil d'avant aussi", et il continuait à tapoter sa culasse.

"Eh ! regardez ça, monsieur !" » dit-il en désignant le port, juste après que le canon Krupp ait tiré à nouveau, et il se leva d'un bond, agitant son fusil au-dessus de sa tête et applaudissant bruyamment, comme les autres, car l'obus avait atterri, juste et carré, dans la poupe du croiseur et semblait l'avoir pratiquement détruit.

Tous les hommes au sommet de la colline rugissaient d'une voix rauque.

Cependant, ils s'enfoncèrent de nouveau derrière les sacs de sable, car ils avaient essuyé un tir rapide de « Bush Hill » et des canons de campagne.

J'ai regardé les gros nuages de fumée noire s'élever du croiseur.

"Si ce n'est pas du courage, traitez-moi de chauffeur qui pellete du charbon !" » s'écria Bolton, tandis que le gros canon de gaillard d'avant tirait à nouveau avant que notre Krupp n'ait eu le temps de recharger, et que l'obus éclata juste au-dessous de la crête.

Nous avons baissé la tête derrière les sacs de sable et les fragments ont déchiré le sol.

"Il y a un Anglais qui dirige cette émission, monsieur ; aucun de vos Dagos repérés, je serai lié."

Il était juste un peu trop bavard pour moi, alors je suis parti, le sergent Haig souriant sinistrement en partant. "Je n'ai pas encore eu grand-chose à faire de ce côté-ci, monsieur."

J'ai couru vers l'arrière du gros canon juste au moment où il tirait à nouveau.

Ce coup fut court, et pendant qu'ils le rechargeaient, le croiseur tira encore deux coups ; mais notre obus suivant le frappa plus en avant, faisant tomber sa cheminée et son mât de misaine et le froissant comme du bois d'allumette.

Nous pouvions les voir monter à bord de leurs bateaux et débarquer, et les hommes criaient de nouveau avec joie, car bien que ses obus n'aient fait que très peu de dégâts et n'aient blessé qu'un seul homme - un marine derrière la "Redoute en rondins" - le bruit de leurs l'éclatement des obus était extrêmement désagréable et déconcertant.

Le gros Krupp était maintenant tourné vers les croiseurs se trouvant à droite de la ville, mais ceux-ci étaient tellement plus proches et sous la terre qu'il était encore plus difficile de larguer des obus à proximité d'eux.

Bien sûr, nous ne pouvions rien voir depuis le canon lui-même et nous devions aléatoirement déterminer plus ou moins la direction et la charge de poudre, en essayant d'abord trois sacs de poudre, qui envoyèrent l'obus presque au-dessus de l'arrière des forts à l'entrée. , puis deux sacs, qui ne l'envoyèrent pas assez loin, mais le firent ricocher sur le flanc de la colline avant d'éclater près du bas. Nous avons essayé d'élever un peu la visée et avons progressivement commencé à larguer nos obus avec une certaine précision.

Le *Hong Lu* était, bien sûr, le navire que nous avions le plus hâte de frapper, car c'était le seul navire vraiment bon pour tout combat sérieux.

Je regardais les hommes travailler comme des démons à l'intérieur de la fosse à canon, tirant le gros obus et les sacs de poudre des chargeurs et l'entraînant aux tacles maladroits, quand le Dr Richardson m'a appelé.

Il avait trouvé un petit creux dans le flanc de la colline qui surplombait la mer, et là il avait amené tous les blessés et s'affairait toujours parmi eux, veste de singe enlevée et manches retroussées.

Il pansait un marine qui venait d'être touché par une balle d'obus.

Il avait été frappé d'un coup oblique à l'arrière de la tête, et il restait là, regardant bêtement devant lui, se soutenant machinalement avec ses mains tandis qu'il chancelait.

Lorsqu'il eut terminé le pansement, le Dr Richardson le déposa sur le dos dans l'herbe et lui injecta quelque chose dans le bras avec une seringue que le steward lui tendit.

Il a enfoncé l'aiguille à travers la peau et j'ai pensé que l'homme allait sûrement crier, mais il n'a ouvert les yeux qu'une seconde, puis les a refermés.

"Maintenant, Glover, si tu n'as rien à faire, essaie d'acheter du cacao pour ces gars-là."

J'étais très heureux de faire quoi que ce soit pour eux : ils étaient près d'une vingtaine blottis dans un coin abrité, la plupart apparemment endormis, et un ou deux gémissant terriblement.

Je me dirigeai vers le sergent Haig, et le vieil homme sévère sortit du cacao et de l'eau d'un disjoncteur, et je cherchai du bois assez sec pour le feu, et avec le temps nous le réchauffâmes. J'ai dû le rapporter moi-même, car il ne voulait pas quitter ses hommes. Lorsque j'eus fait cela, et que tous ceux qui n'étaient pas inconscients eurent eu un peu de cacao, le Dr Richardson m'envoya chercher des couvertures et toutes les outres que je pouvais récupérer. Les couvertures n'étaient pas difficiles à trouver, car elles étaient toutes sous cette grande bâche, mais très peu d'hommes avaient leurs cirés, et ceux qui en possédaient n'étaient pas trop disposés à s'en séparer.

Mais j'ai réussi à en ramener une demi-douzaine et nous avons couvert tous les blessés que nous avons pu.

M. Pattison avait l'air tout simplement horrible. Il avait perdu énormément de sang et sa tête était couverte de bandages ; mais son visage était d'une horrible couleur pourpre, et il gonflait ses joues et soufflait par ses lèvres à chaque fois qu'il respirait.

"Je n'ai pas encore repris conscience", m'a dit le Dr Richardson.

"Va-t-il mourir ?" » demandai-je avec anxiété, car tout le monde était terriblement désolé pour lui depuis qu'il avait perdu le destroyer « No. 1 », et bien sûr, je savais aussi qu'il était terriblement parti sur Milly et je voulais le voir retrouver sa chance.

"Je ne peux pas le dire, Glover ; j'espère que non ;" et le Dr Richardson s'assit avec lassitude et essaya d'allumer sa pipe.

"N'avons-nous pas fait un travail magnifique jusqu'à présent, monsieur", dis-je en ouvrant ma veste pour le protéger du vent alors qu'il frappait ses allumettes humides.

"Demandez à Pattison," répondit-il en haussant les épaules.

Le capitaine Hunter est descendu à ce moment-là pour voir comment se portaient les blessés. Je me suis donc éclipsé et, à vrai dire, je n'étais pas du tout désolé.

Et puis, le fait d'être à proximité de tant d'hommes qui avaient été frappés me faisait un peu peur.

* * * * *

Je ferais mieux de vous expliquer maintenant exactement comment nous nous trouvions à cette époque. Au total, cent quatorze hommes et dix officiers avaient été débarqués. Parmi eux, sept avaient été tués et dix-huit blessés, dont M. Pattison, mais sans compter le capitaine Williams (ni même le capitaine Hunter et M. Saunderson, qui avaient tous deux des blessures cutanées, ainsi que plusieurs des hommes).

Cela nous laissait trente marins et cinquante-quatre marines, un des bleus blessés et trois des marines blessés pouvant encore manier leurs fusils tout en étant couchés à terre derrière les sacs de sable.

Les marines s'occupaient des parapets et des vestes bleues, du canon Krupp et des deux Maxim, M. Gibbins commandant le gros canon et Collins le sous-marin commandant les Maxim.

Les parapets en sacs de sable que nous avions faits le matin étaient maintenant considérablement améliorés et étaient beaucoup plus solides, parce que les hommes, lorsqu'ils ne tiraient pas, avaient creusé la terre derrière eux et les avaient renforcés devant avec la terre rejetée. En effet, chaque homme avait rivalisé avec son voisin pour s'enfoncer plus profondément dans le sol, de sorte qu'en réalité il y avait maintenant une tranchée derrière les parapets.

La pluie avait elle aussi pénétré les sacs et les avait rendus plus lourds et plus résistants aux balles.

La redoute en rondins du capitaine Williams traversait le côté faisant face à Bush Hill et était si haute qu'elle retenait un grand nombre de balles provenant de là et rendait presque sûr la marche au sommet de la colline, si seulement on se baissait.

La redoute Maxim, également, à l'extrémité du port de ce parapet, était assez solide et mesurait près de quatre pieds de haut, et M. Collins et ses hommes l'ajoutaient chaque fois que le tir était faible.

La ville elle-même nous était cachée par la ligne de fumée s'échappant des buissons fumants à une cinquantaine de mètres en contrebas de la colline. À peine un coup de feu est venu de cette direction. Aucun n'est venu ni vers la redoute du sergent Haig, ni depuis la mer derrière nous.

Il était presque midi et les canons de campagne continuaient de nous bombarder, mais je pense que le bruit de leurs obus était ce qui était le plus grave aussi longtemps que nous restions à l'abri. Bien que plusieurs aient éclaté en plein centre du plateau au cours de la dernière heure, personne n'a été touché pendant ce temps. Il s'agissait tous d'obus ordinaires,[#] car ils semblaient être à court d'éclats d'obus ou ont constaté qu'ils ne pouvaient pas compter sur l'éclatement correct des mèches.

[#] Coque à paroi mince avec une grosse charge explosive. Les obus à éclats ont une petite charge d'éclatement et dispersent des balles rondes lorsqu'elles éclatent.

Les hommes étaient tellement habitués à ces obus que si l'un d'eux éclatait, ils se tournaient à peine pour le regarder. Parfois on voyait un homme s'enfoncer plus fermement dans le sol ; mais la plupart d'entre eux n'y prêtèrent aucune attention et plaisantèrent entre eux ou se moquèrent du malheureux signaleur ou d'un des équipages des Maxim, qui se trouvaient par hasard à découvert et durent se jeter à terre pour échapper aux éclats volants.

Le commandant a tenté une fois d'atteindre ces canons avec un Maxim, mais la portée devait être bien supérieure à deux mille mètres. Nous ne pouvions pas voir où allaient les balles et elles n'avaient certainement aucun effet sur les personnes qui les utilisaient.

Une ou deux fois cependant, lorsque les tirs des buissons devinrent vifs, nous les fîmes bientôt ralentir en tirant cinquante ou soixante cartouches sur Bush Hill, et Collins maintint les deux équipages très en alerte, avec des ceintures de cartouches prêtes à tirer. tirez des balles au cas où l'ennemi tenterait de se précipiter à nouveau.

Il nous restait une bonne quantité de munitions, une bonne quantité d'eau et beaucoup de provisions, et donc, tout bien considéré, nous étions plutôt à l'aise.

La pluie aussi avait cessé, le vent aussi commençait à perdre de sa force, et de temps en temps le soleil revenait, mais pas assez longtemps pour sécher nos vêtements dégoulinants.

Le capitaine Hunter et le commandant avaient parcouru tout ce temps le plateau comme s'il s'agissait de la dunette *du Laird*, ou se tenaient sur le bord et observaient où tombaient nos gros obus. Eux et M. Gibbins, qui devait grimper jusqu'à la plate-forme de visée chaque fois que le canon tirait, étaient les seuls à être très exposés au danger. Le commandant ne s'est pas abrité, j'en suis sûr, parce que le capitaine ne l'a pas fait, et pour donner confiance aux hommes ; Capitaine Hunter parce qu'il a vraiment apprécié l'excitation.

En contrebas, nous apercevions le petit "N° 3" à un mille au large, le *Sylvia* non loin d'elle. Tous deux passaient un très mauvais moment, à moitié étouffés par les embruns et tous deux roulaient lourdement : le *Sylvia* parce qu'il ne lui restait plus que très peu de sa cargaison de charbon et qu'il était très haut dans l'eau, et le "No. 3" parce qu'il le faisait toujours. donc.

Juste à travers l'île, au-delà de l'entrée, le *Laird* et le *Strong Arm* naviguaient d'avant en arrière, et eux aussi faisaient un temps assez lourd. Je me demandais s'ils pouvaient nous voir, et je pensais à quel point Mellins et Toddles devaient souhaiter être ici avec moi.

Le "N° 2", à moitié enseveli dans la mer agitée au large du coin de l'île près des forts, faisait de son mieux pour maintenir la communication entre les gros navires et le *Sylvia* et le "N° 3".

M. Lang semblait toujours avoir des tâches pourries à accomplir ; mais j'ai entendu dire que c'était parce qu'il ressemblait à M. Pattison et qu'il ne pensait jamais à rien d'autre qu'à se rapprocher de l'ennemi, et que le capitaine Helston n'avait jamais oublié la perte du "N° 1".

Le gros Krupp commençait maintenant à larguer ses obus assez près de l'endroit où se trouvaient les croiseurs, les torpilleurs et les destroyers (patagoniens) restants. L'un d'entre eux était tombé presque à bord du *Hong Lu*, mais nous ne pouvions compter sur aucun tir ayant le moindre degré de précision. Cependant, ils avaient tous commencé à s'énerver, des nuages de fumée noire s'échappant de leurs entonnoirs, et le commandant a immédiatement pensé qu'ils pourraient tenter de s'échapper, alors le capitaine Hunter m'a envoyé avec Gordon, le signaleur, pour essayer de signaler cela au capitaine. Helston.

Le signaleur avait auparavant trouvé sur la colline un petit endroit dégagé avec un bon fond, sur lequel on pouvait voir ses drapeaux depuis la mer, et il commença à les agiter vigoureusement d'un côté à l'autre, pendant que je regardais avec mes lunettes pour lui dire directement l'heure. le signaleur à bord du *Sylvia* ou "No. 3" l'a repéré. "N° 3", c'est celui qui a lancé le premier le pendentif répondant.

"Ces *Sylvia* ne pensent à rien d'autre qu'à dormir et à manger", grogna le signaleur, et il commença lentement à faire un sémaphore "Capitaine Hunter au navire amiral. Je lance des obus dans le port, et les navires montent rapidement en puissance. Tous tais-toi ici. »

J'ai vu que le "N° 3" avait capté le message, et elle a descendu le répondeur et a commencé à se diriger vers le "N° 2" jusqu'à ce qu'il soit possible de le lui transmettre.

Bientôt, le « n° 2 » l'avait également reçu et avait hissé des drapeaux pour attirer l' attention *du Laird* . Ses signaleurs devaient être très en alerte, car presque immédiatement son drapeau de réponse remonta – une toute petite tache dans son gréement – jusqu'à sa tête de mât, et je pus voir le signaleur du « N° 2 » perché sur le pont instable. , à moitié étouffé par les embruns et sémaphorisant avec ses drapeaux.

Le drapeau est descendu à bord du *Laird* , et j'imaginais l'aspirant aux transmissions déjà en train de démolir l'échelle du pont pour transmettre le message au capitaine Helston.

"Cela leur remontera le moral, monsieur, là-bas sur le mouillé", a déclaré le signaleur alors que je remontais pour signaler au capitaine Hunter que j'avais réussi à le faire passer jusqu'au navire amiral.

J'ai été envoyé attendre une réponse et j'ai trouvé le signaleur observant le *Laird* à travers son télescope. "Elle va juste faire un signal depuis son sémaphore en tête de mât, monsieur", dit-il. Alors je suis resté là pour l'écrire pendant qu'il épelait les lettres.

[Le sémaphore en tête de mât se compose de deux grands bras noirs et blancs, qui peuvent être actionnés depuis le pont en contrebas.]

"SI—ENNEMI—QUITTER—HARBOUR", ai-je écrit pendant qu'il chantait les lettres, et le message continuait : "Efforcez-vous de me soutenir avec votre arme. "N° 3" et "N° 2" doivent rejoindre l'escadron. , et *Sylvia* d'agir de manière indépendante."

J'étais en train de gravir la colline avec ceci lorsque le signaleur a chanté : « Ils ont recommencé, monsieur » et a épelé : « Officiers et hommes, *Laird* et *Strong Arm* , vous félicitent tous pour votre succès. Répétez le signal pour « Non ». 3' et *Sylvie* ."

Je le laissai obéir au dernier ordre et portai le signal au capitaine Hunter.

Lui et le commandant sourirent sinistrement.

« Ces torpilleurs et ces destroyers n'oseront jamais sortir par ce temps », ai-je entendu dire le commandant. "La *Hong Lu* pourrait peut-être s'enfuir, même si elle ne pourrait certainement pas se battre par ce temps, et ces deux autres vieilles baignoires ne pourraient même pas s'enfuir." Il avait raison aussi, car bien qu'ils aient tous levé l'ancre immédiatement après, ils n'ont jamais tenté de quitter le port ; mais, tandis que les gros navires commençaient à le contourner lentement, en gardant simplement le cap, les destroyers et les torpilleurs s'approchaient si près de la terre qu'il était impossible au gros Krupp de les toucher.

Je me sentais assez triste de signaler : « Les croiseurs n'essaient pas de quitter le port – naviguant lentement pour éviter les obus », et je savais à quel point ils seraient tous terriblement déçus.

"Si seulement ce vent pouvait se calmer, nous pourrions les tenter, même maintenant", entendis-je dire le commandant.

Pendant la demi-heure suivante, nous avons fait de notre mieux pour atteindre le *Hong Lu* , mais comme il était constamment en mouvement et que le canon maladroit ne pouvait même pas s'entraîner régulièrement, il s'est mis à gémir autour de sa plaque tournante grossièrement construite en une succession de coups. des connards, c'était évidemment impossible de le faire.

Ensuite, nous avons essayé un autre schéma consistant à placer le canon à un certain endroit de la falaise en face de nous, avec une très petite charge de poudre derrière l'obus. Un homme au bord faisait signe à chaque fois que *Hong Lu* dans son cercle se dirigeait vers lui. M. Gibbins se tenait à côté avec la longe de tir et a tiré directement, il pouvait voir le haut de son mât d'avant aligné avec cet endroit sur la falaise - le sommet de son mât d'avant étant la seule chose qu'il pouvait voir depuis la plate-forme de visée. , et seulement lorsqu'elle se trouvait juste de l'autre côté du port.

Eh bien, nous ne l'avons jamais frappée, ni aucun des autres non plus. Ils ne nous ont jamais donné de chance ; sont tombés directement sur notre plan et ont arrêté leurs moteurs. Puis, lorsque les gilets bleus auraient lutté avec le pistolet et l'auraient entraînée dans une direction différente, le *Hong Lu* s'en sortirait à nouveau. De toute évidence, des personnes signalaient les mouvements de l'arme depuis la falaise au-dessus d'eux.

Si seulement nous avions pu être sûrs de notre charge de poudre, cela aurait été plus facile ; mais même avec, disons, seulement un sac et demi de poudre, les obus ne tomberaient jamais deux fois de suite au même endroit. Cependant, que ce soit à cause de la poudre vieille et mauvaise, ou du fusil trop usé, je ne sait pas.

C'était terriblement décevant, et même le commandant montrait des signes d'irritation. M. Gibbins et son équipe étaient tout simplement furieux.

Le pauvre vieux pistolet était à ce moment-là tout simplement blanc à cause des éclaboussures de balles, et semblait tout à fait impuissant alors qu'il vacillait d'un côté à l'autre et gonflait ses obus erratiques.

Les marines, eux aussi, devaient constamment s'éloigner des parapets de M. Saunderson pour que celui-ci puisse tirer au-dessus d'eux, ce qui les ennuyait.

∗ ∗ ∗ ∗ ∗

Maintenant que la pluie avait cessé, les buissons commençaient à brûler assez furieusement, attisés par le vent, et le nuage de fumée s'étendait sur notre front et descendait vers la ville. L'incendie avait laissé un espace dégagé de brindilles noircies et d'herbe à moitié brûlée sur près de soixante mètres devant les parapets de M. Saunderson, et nous avons eu la chance qu'il en soit ainsi.

Il y avait eu une accalmie complète des tirs et j'étais allé discuter avec M. Collins, à qui je n'avais pas encore parlé.

Il était dans la redoute Maxim au coin, la renforçant avec des mottes de gazon, et il me fit un clin d'œil lorsque je m'approchai de lui. "Tu passes un bon moment, Glover ?"

"Plutôt", dis-je. "Est-ce que M. Parker n'aimerait pas être ici aussi ?"

"C'est un type splendide", a déclaré M. Collins. "Ne pense jamais à lui-même, et m'a envoyé ici sans que je le demande. Savez-vous, il avait tout prêt pour les mortels, à l'exception des barils d'huile, bien sûr. Les hommes portaient même leurs vêtements de cuir et les bouteilles d'eau remplies, avant de recevoir le signal du commandant. Il pensait qu'il aurait peut-être besoin de renforts.

"Je m'attendais plutôt à voir Jones débarquer", dis-je.

"Le pauvre vieux Jones est au bout de sa poutre, gémissant dans son hamac, assez souffrant de rhumatismes ou quelque chose comme ça. Cette journée sur le rebord sous la pluie a été trop pour lui. Vous êtes un type plutôt chanceux d'arriver à terre... le seul aspirant de toute la foule", a-t-il poursuivi. "Comment avez-vous réussi ?"

"Eh bien," dis-je assez tristement, car j'avais autrefois été assez vaniteux pour imaginer que j'avais été choisi pour mes capacités, "le commandant connaît une de mes cousines, et elle lui a demandé de s'occuper de moi."

M. Collins sourit quelque peu sarcastiquement. "Si je n'avais pas eu une tante qui connaissait un amiral, qui avait connu Helston il y a des années, je n'aurais pas dû être ici non plus."

"Mais il semble plutôt déprimé envers moi maintenant," dis-je. "Chaque fois que je m'approche de lui, il me renvoie."

"Tu ne peux pas deviner pourquoi, imbécile ?" » a demandé M. Collins en martelant une grosse charge de terre que ses hommes lui avaient apportée.

"Non, je pensais avoir fait quelque chose de mal."

"Jeune idiot ! Eh bien, lui et le Capitaine sont simplement harcelés depuis ces buissons au-delà de nous, et il ne veut pas que vous soyez renversé. Il ne se mettra pas à l'abri non plus ; il ne peut pas, je suppose, tandis que le capitaine se pavane pour s'amuser. Cela peut être très courageux, et Hunter est un homme aussi grand que jamais, et je le suivrais, et nous le suivrions tous n'importe où, mais il fait simplement l'imbécile.

"Oh!" C'était la seule chose que je pouvais dire.

Nous avons été interrompus par l'un des membres de l'équipage du canon Maxim qui pointait la pente de la colline, juste au-delà de la ligne de buissons fumants.

"Je vous demande pardon, monsieur, mais je pense qu'il y a un tas d'indigènes parmi ces buissons."

« Retournez le dire au capitaine, Glover », m'a dit M. Collins en entrant dans la redoute et en rappelant ses hommes au Maxim.

"Vas-y tranquillement."

A peine l'avais-je quitté que les cris les plus effrayants vinrent d'en bas et de Bush Hill ; du nuage de fumée jaillirent des centaines et des centaines de Chinois hurlants, et de Bush Hill un incendie des plus épouvantables s'ouvrit. J'entendais le cliquetis d'un Maxim et une terrible grêle de balles balayait le sommet plat de la colline.

Je n'avais jamais entendu quelque chose de pareil auparavant, je me suis penché et j'ai couru.

CHAPITRE XXII

L'attaque finale sur la colline

Nous défendons l'arme - Le chasseur à la rescousse - Hopkins à nouveau -
Une confession - Le testament de Hopkins - Hopkins fait une demande -
Retour au "Laird" - Helston agit - Je suis envoyé ci-dessous

Suite du récit de M. l'aspirant Glover

Pendant que je courais, j'entendis nos deux Maxim pomper du plomb avec
leurs bruits horribles, et la voix de M. Saunderson stabilisant ses marines alors
qu'ils tiraient à bout portant en bas de la colline. Les hommes du sergent Haig
virèrent sur leur gauche et tirèrent latéralement sur la foule hurlante, et le
capitaine Williams derrière moi essayait d'arrêter le Maxim des Chinois. Le
bruit était épouvantable : le bruit des Martinis, des Mausers, des Maxims et
des cris chinois.

"Dites à M. Gibbins de garder ses hommes à l'intérieur de la fosse jusqu'à ce
qu'ils soient recherchés", rugit le capitaine Hunter, alors qu'il regardait son
revolver pour s'assurer qu'il était chargé, et "Restez là jusqu'à ce qu'il le
quitte", a ajouté le commandant. assez farouchement.

A peine avais-je donné le message à M. Gibbins, dont les hommes avaient
déjà saisi leurs fusils, que les marines commencèrent à se mettre à genoux,
certains d'entre eux fixant leurs baïonnettes. Je savais ce que cela signifiait et
je dois avouer que j'avais horriblement peur et que je me sentais très
reconnaissant de me trouver du côté sous le vent de ce gros canon et derrière
le parapet. La tête au-dessus des sacs de sable, je voyais tout ce qui se passait.

M. Saunderson tomba en avant, mais se remit à genoux, le visage très pâle.
Un marine près du commandant a bondi dans les airs avec un cri surnaturel
et s'est effondré en un tas. Une seconde plus tard, des centaines de visages
pâles et fauves, avec de petits yeux de cochon, apparurent au-dessus de la
crête, et un ou deux marines revinrent en rampant jusqu'au poste de tir pour
s'abriter. J'ai vu le capitaine Hunter soulever le second du sol et presque le
rejeter à sa place.

Ils étaient tous debout maintenant, tirant sans mettre le fusil à l'épaule. Les
Chinois tombèrent comme des quilles, mais des centaines prirent leur place ;
une foule d'entre eux se tenait jusqu'au parapet, juste à droite du centre de
Maxim, frappant avec des fusils, poussant avec des baïonnettes et tranchant
avec de vieux coutelas de marine. Les marines ont matraqué leurs fusils, se
battant comme des tigres, homme après homme, et une masse hurlante a

percé, poussant les marines de Saunderson d'un côté par le simple poids du nombre, et s'est précipitée vers le canon.

J'ai vu le pimpant petit Subaltern du *Strong Arm* se précipiter avec ses hommes depuis le parapet dominant la mer, mais ils ont été rejetés comme des bouchons devant une vague, et maintenant la foule hurlante était jusqu'au sac de sable. parapet. J'avais inconsciemment dégainé mon revolver alors qu'ils se précipitaient vers nous, et j'avais l'air de devenir plutôt cool.

"C'est à votre tour, les garçons", a crié M. Gibbins aux vingt vestes bleues qu'il avait à l'intérieur du stand d'armes. "Tirez vers le bas ou vous toucherez nos propres hommes." Il sauta sur le parapet et, alors que le premier Chinois tentait de grimper, lui frappa un coup à la tête qui le projeta tête baissée, puis commença à tirer froidement et délibérément son revolver sur la masse bouillonnante au-dessous de lui.

Tout le sommet de la colline semblait couvert de Chinois, une masse bouillonnante, se débattant, hurlant, avec une frange de marines au bord, la crosse de leurs fusils, se balançant en rond, s'abattant avec des bruits sourds écoeurants sur ces têtes rasées. .

Çà et là parmi eux, deux ou trois marines, dos à dos, dessinaient un cercle autour d'eux, et sur la gauche, je pouvais voir le capitaine Hunter les fendre devant lui.

Ils étaient maintenant tout autour de nous, escaladant le parapet ou abattant les sacs de sable, et bien qu'ils tombaient, tiraient sur la bouche des fusils des gilets bleus ou transperçaient le corps à la baïonnette, d'autres remplissaient leur place et déchiraient le sable. -des sacs comme des chats sauvages.

L'un d'eux s'était à moitié tortillé devant moi ; mon pistolet a explosé et il s'est effondré hors de ma vue. Un autre l'a enjambé et je me suis retrouvé au sommet du parapet, même si je ne me souviens pas d'y être arrivé. J'ai tiré à nouveau, et lui aussi est tombé, s'accrochant à mes jambes. J'ai chancelé en avant et j'aurais dû être entraîné parmi eux, mais un gilet bleu à ma gauche l'a transpercé avec sa baïonnette, et avec un gargouillis, il m'a lâché les jambes et a glissé vers le bas.

« Restez plus loin, monsieur », marmonna d'une voix rauque le gilet bleu, et il sauta pour en repousser trois autres qui étaient presque terminés. D'un terrible coup de pied ferré, il en frappa un en plein visage, mais un autre lui saisit la jambe, le troisième son fusil, et, avant que quiconque ait pu bouger, l'avait jeté à terre. Alors qu'il disparaissait parmi eux, ils se rapprochèrent de lui en poussant un cri.

J'ai senti une sensation de brûlure dans ma tête et dans mes yeux et, comme un imbécile, j'ai sauté après lui, j'ai tiré mes quatre dernières cartouches directement dans eux et j'ai commencé à frapper avec mon poing et mon revolver vide.

Quelqu'un m'a attrapé par le poignet, mais je me suis libéré ; D'une manière ou d'une autre, la pression devant moi est devenue moindre. Je me trouvai debout au-dessus de la jaquette bleue, dos au parapet, avec seulement trois ou quatre Chinois devant moi, me poussant avec des piques d'abordage et de vieux coutelas ; mais, curieusement, je fus déjà frappé par le fait qu'ils n'essayaient pas de me tuer. J'ai découvert que j'avais une hache à la main — comment elle est arrivée là, je ne sais pas — et que je l'agitais en rond. Les Maximes, nos Maximes, par le bruit qu'elles faisaient, repartirent, et les gens applaudissaient autour de moi. Les Chinois sont revenus en courant sur les côtés de la fosse d'armes et m'ont frôlé, et ceux qui étaient devant ont semblé fondre. C'était exactement comme une vague qui aurait balayé un bord de mer, se serait précipitée contre un rocher, se serait jetée tout autour, puis, avec sa force épuisée, aurait glissé vers la mer.

Soudain, j'ai été saisi par le col par derrière et je suis tombé du sol. J'ai lutté, j'ai mordu, j'ai frappé avec toute la force que j'avais, mais la hache m'a été arrachée de la main, mes pieds ont été balayés sous moi, et avant même de pouvoir crier au secours, j'ai été précipité à travers le plateau, sur la poitrine. -travaux, et en bas du flanc de la colline au milieu des Chinois.

Juste au moment où nous arrivions au-dessous du bord, l'un des hommes qui me tenaient tomba en poussant un cri.

Je me suis libéré d'un coup de pied (il était mort), mais deux autres se sont jetés sur moi, m'ont jeté à terre, m'ont soulevé en se débattant comme un chat et m'ont à nouveau écrasé.

J'étais à moitié étouffé par la fumée des buissons ardents tandis qu'ils se précipitaient à travers eux, et cent mètres plus bas ils s'arrêtèrent, me jetèrent la face contre terre sur l'herbe, me serraient les mains derrière le dos, les y attachaient, puis deux des des lâches imposants se sont assis sur moi.

Je n'ai pas pensé, je n'ai ressenti aucune douleur ; mon cerveau semblait absolument gelé, car, juste au moment où cette brute était tombée et que je m'étais libéré d'un coup de pied, j'ai vu quelque chose que je n'oublierai jamais pour le reste de ma vie.

Le capitaine Hunter m'avait vu et, de la tête et des épaules au-dessus des Chinois en retraite, il s'était précipité à travers eux, hurlant à ses hommes de le suivre.

Des buissons en contrebas, le grand homme à la barbe noire se leva soudain. Avec des malédictions et des coups, il rallia ses hommes, et ils se retournèrent et se tournèrent vers le haut. Le capitaine Hunter est tombé à travers une foule d'entre eux, se frayant un chemin jusqu'à moi. Il avait à la main une hache à long manche. Tournant autour de sa tête, frappant à gauche et à droite, il se frayait un chemin à travers eux, et ils cédèrent et s'enfuirent pêle-mêle, pour le laisser face à l'immense Européen. J'ai vu le visage du capitaine Hunter s'éclairer d'une joie féroce, et il a levé sa hache pour un coup puissant ; mais l'Européen tira à bout portant son revolver, la hache lui tomba des mains, ses bras tombèrent le long de son corps, il regarda bêtement devant lui, le revolver craqua encore, et, avec un sanglot, je vis le capitaine Hunter disparaître sous une masse hurlante de Chinois, qui se retournèrent de nouveau avec un cri de triomphe. Mais à ce moment-là, ses marines s'étaient déversés sur le parapet et se jetaient devant son corps, et ce fut la dernière fois que je vis de cette horrible colline - le petit groupe de marines luttant lentement en arrière vers leur parapet, et portant Le capitaine Hunter avec eux. Je ne me souciais de rien alors. Ces brutes assises sur moi ne me dérangeaient même pas.

Des Chinois passèrent en courant, certains hurlant de peur, d'autres hurlant de douleur. Un ou deux, en m'apercevant, essayèrent de se jeter sur moi ; mais les deux hommes les chassèrent, puis me soulevèrent comme une poupée et m'emportèrent plus loin, me couvrant d'une tunique de Chinois pour qu'on ne me reconnaisse pas. Ils l'ont dépouillé d'un indigène blessé et mourant dans les buissons.

Le bruit des tirs recommençait au-dessus de moi, et quelques balles crépitaient à travers les buissons (nos balles), et j'aurais presque souhaité qu'on me tue.

Des cris chinois éclatent à nouveau en direction de Bush Hill. Des acclamations de défi leur répondirent, l'un de nos Maxim se mit à trembler, puis une rafale de tirs de Mauser noya tous les autres bruits, le bruit des combats s'amenuisa, un cri solitaire, un cri perçant, le Maxim cessa, et tout fut calme une fois. plus. Je ne pouvais pas dire si cette attaque avait été repoussée ou si elle avait balayé la colline, et j'avais le sentiment que je voulais seulement mourir.

Mes ravisseurs – trois grands marins vigoureux – m'ont précipité vers le bas de la colline, et bientôt ils sont arrivés aux parcelles cultivées au-dessus de la ville, et les ont traversés en courant, évitant les groupes de coolies se précipitant vers le haut de la colline et armés d'armes étranges et démodées.
.

J'ai vu qu'ils se dirigeaient vers un petit bungalow peint en blanc sous des arbres, et aussitôt ils l'ont atteint et m'ont jeté dans une dépendance au milieu d'un tas de bois de chauffage et de charbon, m'ont attaché les jambes ensemble et ont claqué la porte, ont verrouillé la porte. de l'extérieur et m'a laissé dans l'obscurité.

Combien de temps je suis resté là, je ne le sais pas, mais maintenant je ressentais une douleur lancinante dans la poitrine chaque fois que j'essayais de me tortiller dans une position moins douloureuse, et une autre dans la jambe près de l'endroit où j'avais été blessé auparavant.

J'ai commencé à me demander ce qu'ils allaient faire de moi et si je devais être torturé – car nous avions tous redouté de tomber vivant entre leurs mains – mais je ne pense pas que je me soucie vraiment de ce qui se passe.

La porte s'est ouverte, deux des marins sont entrés, m'ont rattrapé et m'ont emmené à travers un jardin et une véranda avec de longues chaises en rotin en dessous. Ici, un domestique indigène les a conduits à l'intérieur du bungalow, un rideau de bambou a été écarté et ils m'ont assis sur une natte posée par terre.

Dans un coin, allongé sur un petit lit à chevalets, il y avait un homme qui gémissait dans son sommeil. Le domestique indigène se pencha sur le lit, lui toucha l'épaule, et il se réveilla en sursaut et releva la tête.

C'était Hopkins, ses yeux brillaient étrangement et son visage tout tiré par la douleur.

"Dieu merci ! vous êtes en sécurité, Glover", s'écria-t-il en leur faisant détacher mes jambes et mes bras. Quand je fus de nouveau libre, il ordonna aux hommes de sortir de la pièce, mais ils refusèrent de partir, discutant avec enthousiasme.

"Je suppose qu'ils veulent leur récompense", a-t-il dit d'une voix traînante, et il m'a demandé d'ouvrir une lourde caisse à ses côtés. Il fouilla dans son cou et trouva la clé.

« Comptez quelques centaines de dollars de billets, m'a-t-il demandé, et lancez-les à ces canailles. »

C'était drôle pour moi de compter la somme à payer pour ma propre capture et de la remettre à ces brutes, mais je l'ai fait automatiquement. En réalité, je n'ai pas ressenti, entendu ou vu quoi que ce soit comme si j'étais éveillé ; et quand je relis ce que j'ai écrit, cela semble tellement saccadé et déconnecté, que j'ai souvent essayé de le rendre plus fluide, mais je ne pense pas que cela vous donnerait tout à fait l'impression qu'il me donne encore. Les incidents semblaient se produire ; ils ne semblaient avoir aucun lien, mais ils ont continué, l'un après l'autre, jusqu'à ce que je me réveille debout devant la caisse de Hopkins et en train de payer ces vilaines brutes.

J'aurais dû haïr et détester Hopkins, mais d'une manière ou d'une autre je ne l'ai pas fait – aucun de nous ne l'a fait, j'imagine – et je me souviens, comme si c'était dans un rêve dont je venais de me réveiller, de la façon courageuse dont il avait mené cette charge. , je me suis senti terriblement désolé pour lui et j'ai oublié cela, mais sans lui et ses partenaires, le capitaine Hunter ne serait pas mort sur cette colline au-dessus de moi, ni bien d'autres - combien, je n'ose penser.

"Le capitaine Hunter est tué. Cette brute à la barbe noire lui a tiré dessus", lâchai-je; et cela peut vous paraître drôle, mais je savais qu'il serait tout aussi désolé que moi. Son visage se contracta. "C'est Schmidt", dit-il.

"Il est mort en essayant de me sauver", dis-je, et quelque chose semblait rester coincé dans ma gorge. Je n'ai pas pu le retenir, je me suis jeté par terre et j'ai sangloté et sangloté jusqu'à ce que les larmes coulent.

Même maintenant, je n'ai pas du tout honte de moi-même et je sais que j'étais absolument trop exténué pour y penser.

"Je suis désolé, Glover, je suis vraiment désolé, mais cela aurait été contre toi s'il t'avait ramené."

Il le dit si sérieusement qu'une vague idée de ce qu'il voulait dire me traversa l'esprit, et je me souvins de la deuxième attaque que j'avais entendue pendant que j'étais transporté en bas de la colline, et du flot incessant de coolies qui remontaient la colline.

"Pourquoi?" J'ai haleté.

"Viens ici", dit-il en tendant la main et en m'attirant doucement vers lui. "Je suppose qu'il n'y a pas de sang dessus, à part le mien", ajouta-t-il amèrement alors que je reculais à moitié. "Toi et ton copain, jeune Foote, avez été les derniers à serrer cette main, mon jeune, et tu ne m'aurais pas revu et tu n'aurais pas continué à sauter partout sans ça et une chose en plus." Je me suis alors souvenu que Toddles et moi lui avions serré la main lorsqu'il avait été échangé contre Ping Sang.

"Je pense que si quelqu'un ne s'était pas contenté de barboter et de rassembler quelques-uns de ces païens, et de les envoyer vous faire tomber à cent dollars par tête, vous seriez déjà raide. Si cela toute la tenue là-haut n'a pas été anéantie par le coucher du soleil, nous en avons quelques milliers qui mangeront ce qui reste après la tombée de la nuit.

Il était si sérieux et croyait si évidemment ce qu'il disait, que ses paroles me firent froid d'horreur.

Il a vu mon désarroi et a déclaré : « Je pense cependant que cette moissonneuse-batteuse est sur le point de faire faillite. Nous allons simplement devoir arrêter.

"Ces navires pourris ne servent pas plus au combat que... que... que moi," termina-t-il, et il retint son souffle alors qu'une certaine douleur semblait l'envahir. Il a continué en une minute.

"Regarde, mon jeune, j'ai reçu une balle dans le ventre. Je pense que j'aurais pu m'en sortir si ça avait été un crayon d'ardoise ou une balle Mauser, mais c'était une balle Martini, et il ne me reste plus que deux balles. du soleil et ensuite je passe mes chèques. Je t'avais vu au sommet de cette colline, collant au petit Cummins comme un "opossum", et quand je me suis retrouvé abattu, j'ai deviné que je te pêcherais pour faire quelque chose de particulier pour moi. "

"Le commandant ne me laisserait pas rester à ses côtés s'il pouvait l'empêcher", dis-je. "Il avait peur qu'on me tire dessus, car il savait qu'on lui tirait dessus."

Hopkins sourit. "Je suppose qu'il n'a pas calculé que je les avais empêchés de lui faire du pot alors que tu étais à proximité. Je vais te montrer pourquoi."

Il a mis son bras sous son oreiller et en a sorti une photo, la regardant avec des yeux étranges, et me l'a tendue. "Je suppose que c'est la raison."

C'était une photo de Milly, exactement comme celle que possédait M. Pattison.

"Comment as-tu connu Milly ?" J'ai pleuré, extrêmement surpris.

" Helston m'a présenté un jour à Londres. Je l'ai rencontrée plusieurs fois, j'ai mis le vieil homme " (l'amiral) " sur une bonne affaire dans les actions pétrolières, j'ai reçu une invitation chez lui à Fareham pour quelques jours, et... et... et... eh bien, Glover, votre cousin m'a simplement renversé, et" (la couleur montant sous son visage bronzé) "je lui ai demandé d'être ma femme."

"Tu l'as fait?" Ai-je demandé, simplement étonné. (C'est comme si la vieille Milly épousait un pirate !)

"Oui, je pense que je l'ai fait," répondit-il doucement, son visage se contractant à nouveau ; "et je pense que je le pensais, et que je le pensais pour toujours."

"A-t-elle--?" J'ai commencé.

"Elle n'a pas dit 'Non'", a-t-il répondu avec révérence. "Elle a dit qu'elle me donnerait ma réponse à mon retour."

"Mais comment as-tu pu...?" J'ai commencé et j'aurais pu me mordre la langue.

Il savait très bien ce que je voulais dire, et son visage pâlit et devint terriblement dur et rigide.

"Si elle avait promis d'être ma femme, Glover, j'aurais abandonné ce maudit travail, même si je pense qu'ils m'auraient peut-être traqué à temps et m'auraient poignardé plus tard. Dans l'état actuel des choses, j'ai dû en finir avec J'avais juré de soutenir mes amis, mais j'avais calculé que mon travail pourrait prendre fin lorsque j'aurais retardé Helston et fait sortir ces bestiaux destroyers.

« Jeune, nous trois – Hamilton, Schmidt et moi – avons vu la mort face à face ensemble cent fois, et, femme ou pas, un homme blanc ne pouvait pas jeter les cartes et se retirer du jeu quand ses copains étaient acculé.

"J'aurais pu partir n'importe quelle nuit ces quinze derniers jours, traîner dans une jonque, mais bon, je ne l'ai pas fait, et me voilà maintenant, avec un trou dans le ventre, en attente d'être planté."

J'avais laissé tomber sa main, mais je la repris.

"Que voulez-vous que je fasse?" J'ai demandé.

Il sortit un paquet de sous son oreiller, enveloppé dans un tissu huilé coréen. "C'est mon testament, Glover. Je veux le signer. Vous trouverez un stylo et de l'encre sur cette table là-bas. Obtenez-le."

J'ai apporté un stylo et de l'encre et j'ai déballé le paquet. J'ai trouvé quelques papiers d'aspect légal, et une feuille de papier du mess *de Laird* est tombée, avec "HIMS *Laird* " imprimé dessus. En le prenant, j'ai vu écrit dessus "Ma dernière volonté et mon testament".

« Nous aurons besoin d'un autre témoin, » dit-il, « pour mettre ces avocats hors d'état de nuire ; » et il frappa le mur avec un bambou fendu.

Son majordome ou préfet en chef entra précipitamment avec un visage effrayé. Hopkins ne pouvait pas s'asseoir dans son lit, alors j'ai tenu le papier contre un livre pendant qu'il signait son nom, "Reginald S. Hopkins, feu USN", puis j'ai ajouté mon propre nom et celui du préfet en chef, d'abord en caractères chinois et puis d'une main rude d'écolier en anglais, "Hi Ling".

"Promettez-moi, Glover, de remettre cela à l'amiral."

« À l'amiral ? J'ai dit. "Au père de Milly ?"

"Oui, mon garçon, je lui ai laissé tout ce que je possède, et c'est un gros morceau bien rangé", a-t-il ajouté.

"Mais!" J'ai haleté. Milly ne pouvait pas prendre son argent – l'argent d'un pirate, pensais-je.

Il devina mes pensées et grimaça, mais ajouta avec un sourire sinistre :

"Chaque centime est aussi propre que jamais à la Bourse de New York. Mon gouverneur l'a fabriqué avec du pétrole, et c'est ce qu'il en reste. L'Amiral ne sentira rien de pire que le pétrole, je pense, dans ces billets verts, car je n'ai jamais mis les doigts dessus.

"Comment puis-je l'apporter à Milly ?" J'ai demandé. « Allez-vous me renvoyer chez le Commandant ?

"Je ne suppose pas," sourit-il faiblement. "Ces documents ne seront pas envoyés de cette façon, je pense. Ils se dépêchent avec des pelles pour enterrer ce petit lot tout de suite. Retournez au *Laird* aussi vite que je peux vous l'envoyer. J'ai un Un destroyer qui vous attend, avec ses chaudières sur le point d'éclater, et deux mille dollars que j'ai promis à ces misérables lâches à son bord lorsqu'ils rapporteront un reçu pour vous d'Helston. Le temps est plutôt mauvais, mais il le supportera, et je "Je mourrai plus facilement quand je saurai que vous êtes en sécurité à bord de ce paquet. Et vous emmènerez également Hi Ling, au cas où il y aurait un tapage juridique concernant cette signature.

"Veux-tu faire ça pour moi, mon jeune ?"

Je détestais retourner au navire sans le commandant et ses hommes, mais s'il ne me renvoyait pas vers eux, cela ne servirait à rien ; et puis, je voulais faire ce que je pouvais pour lui.

"Si vous ne me renvoyez pas auprès du commandant, je les prendrai à bord et je promets de les remettre à l'amiral", dis-je.

Hi Ling était parti, mais il revenait maintenant avec deux des marins qui m'avaient capturé. Ils apportèrent un grand tissu de coton bleu et commencèrent à m'envelopper dedans, tandis que Hi Ling parlait avec enthousiasme à Hopkins, visiblement en grande détresse.

"Il ne veut pas me quitter", a déclaré Hopkins. "Je n'ai personne d'autre pour s'occuper de moi."

"Mais tu ne peux pas rester seul", dis-je; "Ils pourraient te tuer."

"Pas avant d'avoir reçu ce reçu d'Helston," répondit-il sombrement, sortant un revolver de sous les draps.

Les gilets bleus se préparèrent à me soulever sur leurs épaules et je serrai précipitamment la main de Hopkins, n'osant pas regarder son visage.

Ils m'ont soulevé et m'ont fait sortir de la pièce, mais je l'ai entendu crier et ils m'ont déposé. Il m'a appelé et je suis rentré.

Son visage était rigide de douleur et de chagrin. « Glover, mon jeune », et il serra ma main, « dis-lui que je l'aimais ; dis-lui que je l'aime maintenant ; dis-lui que je suis mort en combattant. J'ai bien mené cette charge ? Je l'ai fait, n'est-ce pas ? Dis-lui ça. "

J'ai senti un sanglot monter au fond de ma gorge et je me suis précipité dehors.

Il m'a rappelé et m'a dit à voix basse, la gorge serrée : "Elle pense peut-être que je suis mort en combattant à vos côtés. Ne lui faites pas savoir."

Je lui ai serré les deux mains. Je ne pouvais pas dire un mot, car mes lèvres tremblaient. Je l'ai laissé là.

Les matelots me saisirent brutalement, me couvrirent de la tête aux pieds avec le drap bleu et se mirent à courir. Je pouvais entendre Hi Ling haleter à mes côtés.

Peu de temps après, ils se sont arrêtés, j'ai senti la brise et l'odeur de la mer, ils m'ont poussé dans un bateau et ont commencé à s'éloigner du rivage.

Ils déroulèrent le tissu qui me couvrait encore, et je vis que nous nous dirigions droit vers un des destroyers patagoniens. Nous nous sommes cognés et je me suis relevé péniblement. Les Chinois sur le pont gesticulaient sauvagement, et un ou deux me crachaient dessus ; mais j'étais si complètement misérable que je ne semblais pas me soucier de ce qui arrivait, ni même avoir peur.

Ils larguèrent presque immédiatement, restèrent près de la côte jusqu'à ce qu'ils arrivent près de l'entrée, puis durent se lancer dans le port.

Le destroyer dut alors être visible depuis One Gun Hill, car un énorme obus tomba avec fracas dans l'eau à une centaine de mètres derrière, ricocha contre les falaises et éclata avec un rugissement, l'équipage effrayé se jetant à plat ventre sur le pont ou se précipitant en bas.

J'ai bondi sur mes pieds et j'ai crié de joie. C'était notre Krupp de 12 pouces, et le commandant et ses hommes tenaient toujours bon au sommet de la colline. Oh, quel soulagement et quelle joie !

J'ai regardé vers le haut, mais je n'ai pas pu voir le sommet de la colline à cause de la fumée du canon et des buissons encore brûlants.

Nous dépassions maintenant le rebord sur lequel le commandant Jones et moi nous étions couchés il y a deux jours, et le croiseur au pied du rebord brûlait furieusement tout près de l'endroit où nous avions coulé le canot.

"Mista Hamilton appartient au même homme mort." Je me suis retourné. C'était Hi Ling, frottant tristement ses mains maigres puis désignant l'épave. "Il est venu et nous a fait exploser - un homme très blave - un seul combattant engourdi. Tous appartiennent à de très mauvais joss", ajouta-t-il tristement.

« L'Anglais boiteux est mort ? J'ai demandé.

Le Chinois hocha la tête.

Puis nous dépassâmes en courant l'endroit où nous avions renversé les deux sentinelles, passâmes entre les débarcadères et entre les deux forts, alignés avec des hommes bouche bée, tournâmes au coin et nous précipitâmes dans toute la force du vent. et la mer immense sur notre travers tribord. Pas étonnant que l'équipage ne m'ait pas emmené avec moins de deux mille dollars.

Je pouvais voir le *Laird* juste devant moi, à cinq milles au large, et les Chinois hissaient un grand drapeau blanc en tête de mât, qui volait aussi raide qu'une planche de moulin sous le vent et se dirigeait droit vers lui.

Ils ont dû ralentir immédiatement, car la mer montait juste au-dessus de nous, et nous étions à peine dégagés des rochers près de l'entrée que M. Lang du "No. 2" nous a aperçus et s'est précipité pour nous couper la route, culbutant et naviguant à travers les mers suivantes.

Un membre de l'équipage est arrivé en courant vers l'arrière, a bavardé avec Hi Ling et m'a montré du doigt.

"Capitaine, il veut que vous alliez à la surface tout de même", a déclaré Hi Ling.

Je suis monté et ils m'ont fait comprendre que je devais me faire remarquer pour que M. Lang puisse me voir.

J'ai agité mon mouchoir — je ne sais pas ce qu'était devenue ma casquette — et j'ai crié dans mon enthousiasme, même si, bien sûr, c'était idiot ; puis une vague s'est abattue sur le pont et m'a trempé de la tête aux pieds, et alors que l'eau salée imprégnait mes vêtements, ces endroits sur ma poitrine et ma jambe ont recommencé à me faire mal.

M. Lang avait vu notre drapeau blanc et s'est présenté en chancelant avec un signal lancé au bras de vergue : « Heave to » et « Envoyez un bateau ».

Un bateau ne pouvait pas vivre un instant dans cette mer - en tout cas, aucun bateau que nous n'avions - alors je me suis coincé contre les rails du pont et j'ai écrit en sémaphore avec mes bras : " L'aspirant Glover à bord - un prisonnier - en train d'être ramené à *Laird*. ".

Je pouvais voir l'agitation que faisait ce signal, tout le monde essayait de me voir. Puis M. Lang m'a repéré et a agité les bras. Son signaleur sémaphorisé : « Restez où vous êtes ; vous communiquerez avec *Laird* ».

J'ai expliqué à Hi Ling, et lui au capitaine – un grand Tartare maigre et honnête – qui a grogné une réponse.

M. Lang est parti vers le *Laird*, et vingt minutes plus tard, il est venu et a fait un sémaphore : "Je vous suivrai sous le vent de l'île et j'enverrai un bateau".

Je l'ai dit à Hi Ling, mais le capitaine a secoué la tête de manière décisive après avoir discuté avec certains des autres. "Non, je ne peux pas le faire", a déclaré Hi Ling, "Mista Hopkins, il veut recevoir un reçu d'un navire", et il a montré le *Laird*. "Non, je ne peux pas le faire", et il a désigné le "N°2".

J'ai fait signe : « Ayez l'ordre de me transférer à *Laird* — refusez de me mettre à bord — ne craignez pas la trahison — n'ayez pas de torpilles dans les tubes » (je l'avais déjà remarqué). M. Lang agita la main et le « n° 2 » se retourna vers le *Laird*.

Nous avions déjà dérivé un demi-mille après l'entrée et nous vîmes bientôt le *Laird* s'éloigner vers le nord de l'île. Nous le suivions, avant même que M. Lang ait pu revenir ou faire un signal, et commençâmes bientôt à nous réfugier dans l'île. le vent du terrain.

Le *Laird* descendit grandiosement, ses mâts se balançant d'une manière majestueuse et délibérée alors qu'il roulait d'un côté à l'autre, jusqu'à ce qu'il se précipite à son tour dans une eau plus douce et abaisse un cotre.

Cinq minutes plus tard, il arrivait, avec Toddles aux commandes. J'ai sauté dedans, suivi du capitaine et de Hi Ling, et nous sommes repartis vers le *Laird*. Elle nous a donné un vent, et j'ai attrapé une corde et j'ai grimpé, suivi du capitaine, aussi agile qu'un singe, même si Hi Ling ne pouvait pas y faire face, et je suis resté terrorisé dans le bateau alors qu'il montait et descendait, et l'équipage l'empêchait de se mettre à feu de son côté contre le navire.

Ce fut le capitaine Helston qui me hissa par la passerelle et je m'empressai d'expliquer que le grand Chinois voulait un reçu pour mon retour sain et sauf. On lui a donné, il s'est balancé sur le côté sans daigner un mot ni un regard, et le bateau l'a ramené au destroyer, après que nous ayons hissé Hi Ling à bord avec une ligne d'étrave sous les aisselles.

"Quelles nouvelles, Glover ? Vite !" dit le capitaine Helston.

Je lui ai dit tout ce que je savais. Ce fut une histoire longue et douloureuse, et je la terminai dans sa cabine. Il était terriblement agité et allait et venait, agrippant sa manche vide.

Le Dr Fox, qui se tenait près de moi, n'était pas moins alarmé. Je ne l'avais jamais vu montrer le moindre sentiment auparavant.

"Que devons-nous faire, Fox ? Que devons-nous faire ?" Répétait le capitaine Helston. "Il est impossible de débarquer un autre homme, même si j'en avais un, et il ne nous reste que trois heures de jour. Ils seront tous assassinés."

Un aspirant – c'était Dumpling – est descendu. "Ils ont encore tiré avec cette arme, monsieur", dit-il en me souriant et en disparu.

« Ils tiennent toujours, Doc. Que pouvons-nous faire ?

"C'est une question de vie ou de mort, pas seulement de stratégie et de tactique", dit soudain le Dr Fox. « Il faut faire une chose – et la faire immédiatement aussi – et vous savez ce que c'est.

"Oui, oui. Je dois détourner leur attention de Cummins en attaquant ces forts ; un risque terrible, mais il faut le prendre." Son visage redevint calme et heureux, et il sonna la sentinelle.

"Envoyez-moi le premier lieutenant."

Le premier lieutenant arriva en courant.

"Je vais attaquer ces forts immédiatement. Faites signe au *Strong Arm* de me soutenir, et à Parker et Lang de fermer et d'attendre les ordres."

"Très bien, monsieur", dit le premier lieutenant et il disparut avec un sourire joyeux.

Prenant son télescope, le capitaine monta sur le pont et le Dr Fox commença à enlever ce qui restait de ma veste de singe et à examiner mon corps. J'ai entendu les clairons sonner vers le quartier général et j'ai entendu le piétinement des hommes alors qu'ils se précipitaient en applaudissant vers leurs postes.

"Regarde-toi, mon garçon", a dit le Dr Fox en me plaçant sur une chaise, et je me suis vu dans la vitre du buffet. Je n'avais pas de casquette, mon visage était égratigné de partout, ma chemise de flanelle était toute couverte de sang et presque déchirée en deux, une jambe de pantalon avait une grande déchirure, et il y avait encore du sang là-dessus, mais la mer à bord le destroyer en avait emporté la majeure partie. J'étais trempé et une botte avait également disparu.

"Tu n'as pas l'air de valoir grand-chose ; ça ne vaut pas la peine de te renvoyer, n'est-ce pas ?"

J'ai saisi ma veste de singe déchirée et j'ai sorti le paquet.

"M. Hopkins est en train de mourir, monsieur. C'est sa volonté, et il voulait savoir que tout était en sécurité à bord ici. Il a tout laissé à Milly."

"À Milly!" » dit le Dr Fox, stupéfait. "Je savais qu'il l'avait rencontrée deux ou trois fois. Était-il aussi amoureux d'elle ?"

"Oui, monsieur ; je pense qu'elle a à moitié promis de l'épouser. N'êtes-vous pas terriblement désolé pour lui, monsieur ?"

Le Dr Fox eut ce sourire cynique qui donnait envie de lui donner un coup de pied.

"Je ne peux pas m'arrêter ici toute la journée", grogna-t-il. "Je suis en désavantage numérique avec Richardson absent et je dois m'occuper de mon travail. Vous avez eu assez de combats pour durer jusqu'à la fin du monde, alors descendez dans les passages de munitions et attendez là jusqu'à ce que j'arrive."

"Je ne peux pas rester sur le pont, monsieur ?"

"Fais ce que je te dis!" » grogna-t-il, et, pour voir que je lui obéissais, il me fit descendre au-dessous de lui.

CHAPITRE XXIII

L'attaque des forts

Sous le pont blindé – Nous engageons les forts – Nous faisons taire les forts – Mes blessures sont pansées

Suite du récit de M. l'aspirant Glover

Les hommes fermaient précipitamment les portes étanches et abaissaient les panneaux étanches des écoutilles. Le Dr Fox et moi avons dû être presque les derniers à descendre, car les hommes ont dû arrêter d'abaisser le grand panneau blindé de l'écoutille vers l'arrière, afin que nous puissions le traverser et descendre l'échelle de fer raide jusqu'aux magasins.

La lourde armure de fer se mit en place avec un bruit sourd. J'ai entendu les hommes au-dessus visser les attaches qui le fixaient et, pour la première fois de ma vie, j'ai réalisé que nous étions enfermés sous le pont blindé et je me suis demandé comment nous allions nous échapper si quelque chose arrivait.

Bien sûr, j'y étais souvent allé auparavant pendant les exercices, mais c'était la vraie chose et je me sentais comme un rat pris au piège.

Le grand espace dans lequel nous nous trouvions maintenant s'appelait le « passage transversal » et traversait le navire, avec le dôme incliné du pont blindé au-dessus. Les magasins y débouchaient par l'arrière, et de chaque côté les passages à munitions couraient vers l'avant. Il s'agissait de deux tunnels juste assez larges pour que deux hommes puissent se faufiler, et juste assez hauts pour qu'ils puissent se tenir debout. Ils couraient de chaque côté du navire, sous le bord incurvé du pont blindé, pour déboucher sur un autre passage transversal à l'avant, où se trouvaient d'autres magasins, et du haut de ceux-ci s'élevaient les palans à munitions - de grands tubes blindés, cinq sur cinq. de chaque côté, menant aux canons de 6 pouces du pont principal et supérieur.

Depuis le passage transversal avant, un énorme tube blindé montait jusqu'au poste de pilotage pour alimenter le canon de 8 pouces du poste de pilotage, et il y en avait un similaire qui remontait du passage transversal arrière jusqu'au poste de quart. canon de pont.

En me tenant en dessous et en regardant à travers celui-ci, je pouvais juste apercevoir le ciel ; mais bien sûr, aucune lumière du jour ne tombait, et bien qu'il y ait des lumières électriques ici et là sur les cloisons, il faisait très sombre.

Les hommes étaient dans les magasins blanchis à la chaux, avec des pantoufles de feutre aux pieds, distribuant des cartouches de 6 pouces et des douilles. D'autres, sortant précipitamment des couloirs de munitions les plus sombres, les saisirent, les enfoncèrent dans de petits sacs de toile liés par une corde et se précipitèrent à nouveau pour alimenter leur propre palan à munitions spécial. Accrochant les sacs à une corde qui remontait le long du tube, passait sur une poulie en haut et redescendait, ils transportaient l'obus et les cartouches jusqu'au canon de 6 pouces au-dessus d'eux.

Je me suis accroupi dans un coin pour ne pas gêner, et à mesure qu'il faisait de plus en plus chaud et que l'air étouffant se remplissait de poussière, les lumières électriques elles-mêmes commençaient à s'estomper indistinctement ; et les hommes, sautant dans les couloirs, se bousculant au passage, marmonnant en aboyant leurs tibias ou en lâchant un projectile, vêtus que de bottes, de pantalons de canard et de flanelles, le visage et le cou ruisselants de sueur, ressemblaient à des démons.

Un chauffeur près de moi, l'un des deux qui se tenaient là avec une lance à incendie, a murmuré à son compagnon : « Souffle-moi, Bill, si ce n'est pas aussi grave.

"Vous en avez une pelle; ce n'est pas ce que sont ces vieux," entendis-je répondre Bill, alors qu'il coupait du tabac et se le fourrait dans la joue.

"Tant qu'il n'y a pas de feu en fleurs ici, je suis assez à l'aise debout avant de regarder les autres travailler. Mais qu'est-ce qui me brise le cœur à chaque fois," " Il a continué, " nous ne semblons jamais avoir d'eau à travers ce tuyau d'arrosage. Je ne suis pas vieux avec ces pompes de dernière génération qu'ils ont à bord de cette ferraille. "

"C'est pareil ici", répondit son compagnon, et ils s'installèrent confortablement sur la lance à incendie enroulée pour déguster leurs chiques de tabac.

Le Dr Fox, les trois payeurs, l'aumônier et les gens de l'infirmerie essayaient de dégager un coin libre et disposaient des bandages, des garrots et des pansements chirurgicaux dont la simple vue me mettait horriblement mal à l'aise, et plus encore. comme un rat dans un piège que jamais.

C'était déjà assez pénible pendant que les hommes allaient et venaient, et que dans cette atmosphère épaisse et étouffante, on ne sentait que des hommes en sueur ; mais bientôt ils avaient sorti autant de munitions qu'ils pouvaient en entasser au bas des monte-charges, et ils n'avaient encore rien d'autre à faire. Les équipes de munitions se regroupèrent silencieusement sous leurs propres monte-charges, et les équipes de chargeurs eurent le temps de se passer les bras sur les yeux et d'essuyer la sueur cuisante.

C'était une période de suspense terrible, car on n'entendait pas un bruit d'en haut, où l'on savait que les équipages étaient debout autour de leurs canons, et d'en bas, rien que le rythme régulier des gros moteurs, le battement rapide de la dynamo. -les moteurs et les pompes derrière les cloisons, et de temps en temps le grondement rauque du moteur de direction à l'arrière.

Ajouté à tout cela nous roulions très fort.

Bientôt, un homme descendit d'un des palans – glissant sur la corde – et il y eut un brusque mouvement alors que les hommes l'interrogeaient avec empressement.

"Est-ce qu'on se rapproche de la côte ?" « Les forts ont-ils déjà ouvert le feu ? « Est-ce que ce gros canon tire toujours ? "Où est le *Bras Fort* ?"

Puis il y eut de nouveau le silence – tout sauf les bruits des moteurs tambourinant et sourds de l'autre côté des cloisons blanches.

Le premier lieutenant, tâchant de paraître calme, se promenait en rond, d'abord à bâbord, puis dans la passe tribord, voyant que tout était prêt et chacun à sa place, adressant çà et là un mot à un maître, et le suivit. étroitement par son aspirant messager, un type très jeune que nous appelions "Daisy".

Puis la petite cloche à notre extrémité du kiosque tinta bruyamment. L'homme stationné là-bas a chanté pour le premier lieutenant et il est arrivé en courant. Le capitaine Helston lui donnait un ordre depuis le kiosque.

"Très bien, monsieur", a-t-il répondu.

« Tenez-vous à bâbord, les hommes ; nous allons juste commencer. »

Oh, n'était-ce pas excitant ! et n'aurais-je pas souhaité être au-dessus de ce pont blindé avec le ciel au-dessus, au lieu d'être allongé là, si raide et endolori que je pouvais à peine bouger !

Les hommes s'agitaient nerveusement d'un pied sur l'autre, puis le silence fut rompu par le bruit des canons dans la batterie bâbord au-dessus. Une seconde plus tard, la dunette de 8 pouces s'est effondrée et nous avons senti le navire trembler ; un autre frémissement sortit de l'avant-garde du gros canon du gaillard d'avant. Pendant deux minutes, les hommes crièrent d'une voix rauque dans les treuils pour demander plus de munitions, les cloches du tube vocal tintèrent et l'ordre fut donné de ne laisser passer que des obus ordinaires (obus à parois minces et grosse charge explosive).

Les hommes volaient d'avant en arrière, la poussière s'épaississait à nouveau, la chaleur et l'humidité étaient horribles, et de temps en temps, une partie de la fumée de poudre était soufflée dans les treuils et rendait encore plus sombres ces passages de munitions étouffants.

Le premier lieutenant marchait d'un pas régulier d'avant en arrière le long du côté bâbord, en chantant : « Détendez-vous, les hommes ; ne vous pressez pas, ne vous pressez pas », et les deux chauffeurs près de moi ont écarté leurs pieds et ont continué à mâcher leur chiques de tabac.

Puis un homme a glissé sur l'un des palans tribord et a rampé vers l'arrière jusqu'au Dr Fox. Il avait une grande entaille à une jambe, avec du fil filé étroitement attaché autour.

"Ils tirent furieusement", haleta-t-il, "et un éclat du premier couteau m'a attrapé."

Puis les canons bâbord ont cessé de tirer et nous avons entendu le moteur à gouverner gronder "à fond".

"Nous faisons demi-tour maintenant, les garçons, et nous repassons devant. Attendez les canons de tribord", chantait le premier lieutenant.

Le canon de quart de pont a cessé de tirer. Nous étions maintenant presque à nouveau ronds et nous entendions faiblement le grondement des canons du *Strong Arm* descendre des treuils.

Il y a eu un fracas et un rugissement au-dessus de nous, quelque chose est tombé sur l'un des palans bâbord du pont supérieur, un homme a sauté et l'a ramassé – un fragment d'obus – et il l'a laissé tomber à nouveau très rapidement avec les doigts brûlés. Je me souviens que tous les hommes se moquaient de lui.

"Je veux le docteur !" » quelqu'un a crié.

En un instant, le Dr Fox était là avec un sac sur l'épaule. Ils ont fait une boucle dans le palan à corde, il y a mis son pied et a saisi la corde au-dessus de sa tête.

« Transportez généreusement, les hommes », grogna-t-il, et ils le hissèrent jusqu'au treuil. Il redescendit au bout d'une minute ou deux, glissant sur la corde.

"Trop tard!" Je l'ai entendu marmonner alors qu'il atterrissait, les mains et les manches couvertes de sang.

"Qui était-ce, monsieur ?" quelqu'un lui a demandé, mais il n'y a pas prêté attention.

Puis les canons tribord et le 8 pouces de quart de pont commencèrent, et nous avions commencé à dépasser ces deux forts pour la deuxième passe.

J'imaginais nos obus éclatant contre les rochers et parmi les canons que j'avais vus là-bas, et je me demandais si l'Européen qui commandait était sobre ou non, et si le commandant tenait toujours autour de son canon Krupp. Si seulement je n'avais pas été assez stupide pour sauter de ce parapet de sacs de sable, j'aurais peut-être encore été avec lui.

Nous arrivions maintenant à la fin de la deuxième manche, et le premier lieutenant venait de dire en s'essuyant le front : « Ils ne peuvent plus supporter cela si nous réussissons à tirer convenablement », lorsqu'ils commencèrent à applaudir. sur le pont, et quelqu'un cria que les forts avaient hissé un drapeau blanc. Les hommes en bas applaudissaient d'un bout à l'autre des passages, et les canons au-dessus cessèrent de tirer.

Le Dr Fox et un steward malade montèrent sur un treuil pour soigner d'autres blessés sur le pont, et en quelques minutes les moteurs principaux commencèrent à ralentir et s'arrêtèrent complètement.

Sur le pont, nous avons entendu le second du maître d'équipage dire : « Partez, deuxième cotre ! » » une voix a crié dans le palan : « Y a-t-il un deuxième coupeur en bas là-bas ? Quelques hommes appartenant à ce bateau se sont précipités vers nous, le silence est revenu et nous ne pouvons rien faire d'autre que d'attendre et de nous demander ce qui se passe.

"Si nous restons assis ici plus longtemps, je serai époustouflé si nous ne manquerons pas notre première garde canine", dit joyeusement l'un des chauffeurs en dépliant ses jambes à l'étroit.

"C'est un vent de colline qui ne fait de mal à personne", ajouta l'autre d'un ton réfléchi, et ils crachèrent tous deux dans un coin sombre derrière la lance à incendie.

"Mettez ces deux hommes dans le rapport du commandant", dit le premier lieutenant qui venait d'arriver du côté opposé et de les voir cracher.

Daisy, son aspirant, sortit son portefeuille et prit leurs noms.

"Et ton vent de colline maintenant ?" » dit le premier qui avait parlé, tandis que Daisy s'éloignait, et ils se rassirent. "Cela empêchera bien votre fille d'aller à terre et de ramasser un peu de butin."

Le vieux Mellins est venu me voir et il était très heureux de l'être. C'est un type tellement attentionné et il m'a apporté de la nourriture : un pot de pâté de foie gras et du pain beurré. Jusqu'à ce que je le voie, je n'avais jamais réalisé à quel point j'avais terriblement faim ; et vous auriez dû me voir le manger, avec Mellins debout au-dessus de moi, étalant de gros morceaux de pâté sur d'épaisses tranches de pain et de beurre, et me racontant tout ce qui s'était passé.

"Notre première course devant ces forts les a simplement fait tomber. On ne pouvait pas les voir à cause de la poussière et de la fumée des obus, et quand nous nous sommes retournés et sommes allés vers eux, ils ont à peine tiré avec un pistolet. Nous pouvions les voir. se renversant dans leur hâte de sortir des forts, et après que nous ayons cessé de tirer, quelqu'un a baissé ses couleurs et a hissé un drapeau blanc aussi grand qu'un drap. Il était tout simplement déchiré.

"Et le commandant ?" J'ai demandé.

"Il va fort et tire avec son gros canon sur le port toutes les quatre ou cinq minutes. "No. 2" et "No. 3" sont juste sous les forts, et Toddles a emmené le capitaine à terre pour en prendre possession, ou ce qu'il en reste."

"Quelqu'un a été tué ?" J'ai demandé.

"Nous en avons un, pauvre Joe Connolly, le barreur de mon bateau de piquetage", dit tristement Mellins, "et le *Strong Arm* compte trois tués et près de vingt blessés assez graves. Un obus de 6 pouces a éclaté sur son pont supérieur - dans le batterie."

Le Dr Fox et son steward malade sont alors arrivés, et Mellins a été envoyé me chercher d'autres vêtements, car ceux que je portais étaient déchirés et tachés de sang. Ce n'était pas tout mon sang, je pense, car lorsque le Dr Fox avait arraché ma chemise, il n'avait trouvé qu'une coupure nette le long de mes côtes, et la blessure à ma jambe était un vilain coup de couteau fait, je suppose, par l'un de ces hommes. d'horribles piques d'abordage avec lesquelles les Chinois me poussaient.

Cette blessure était d'autant plus inconfortable, et le Dr Fox mit beaucoup de temps à la sonder et à la seringuer jusqu'à ce qu'elle soit tout à fait propre.

C'était très douloureux et très douloureux ; et n'étais-je pas très heureux quand il avait fini et m'avait laissé tranquille à nouveau, et que Mellins m'avait aidé à mettre mes affaires propres !

CHAPITRE XXIV

La capture de l'île

Une crise – À l'intérieur de l'île des pirates – Une faible résistance – Des médecins recherchés – Une nuit horrible – Schmidt s'échappe

Tandis que le *Laird* et le *Strong Arm* dépassaient les forts pour la première fois, à une distance comprise entre quatre et cinq mille mètres, les forts avaient répondu furieusement et frappé le *Laird* à plusieurs reprises.

A peine avait-elle tiré le premier coup de feu qu'un obus traversa son entonnoir le plus avancé, y faisant une large déchirure, mais, heureusement, n'éclata pas. Un deuxième frappa le premier cotre, le détruisant complètement et blessant un ou deux hommes avec les éclats qui volèrent dans toutes les directions. Un autre obus a frappé la ceinture blindée au niveau de la ligne de flottaison et a éclaté, ne causant aucun dommage et ne laissant qu'une entaille dans l'acier dur. Un quatrième avait traversé le carré et fait irruption dans la cabine du lieutenant d'artillerie, y mettant le feu, tandis que le dernier a heurté l'un des boucliers de canon de 6 pouces du pont supérieur, l'a repoussé sur le dessus du canon et a éclaté. tuant Connolly, le capitaine de l'arme, et blessant grièvement trois de ses hommes.

Le *Strong Arm* n'avait pas été touché jusqu'à ce que les navires commencent à tourner, mais il fut ensuite touché par plusieurs obus coup sur coup, et perdit trois tués et dix-sept blessés.

Mais le feu des deux navires avait été si terrible que, alors même qu'ils maintenaient leur cap et s'approchaient à moins de trois mille mètres pour leur deuxième passage, le signaleur en haut de l'avant a vu les Chinois laisser déjà leurs canons. , et avant d'avoir terminé cette seconde course, l'ennemi avait abaissé son drapeau et en avait hissé un blanc.

Le capitaine Helston a immédiatement cessé le feu et a ordonné à Lang et Parker de se rapprocher de la côte avec leurs destroyers et d'effectuer une reconnaissance.

M. Lang signala depuis le « n° 2 » que les forts avaient été évacués, et Helston appela le deuxième coupeur et alla lui-même s'assurer que tel était le cas.

Il n'y avait aucun doute là-dessus - les forts étaient complètement déserts - et il fit signe au *Laird* et lui ordonna de débarquer cinquante hommes et de les occuper à la fois, se poussant sur lui-même à travers le chenal d'entrée jusqu'à ce qu'il arrive à la hauteur des débarcadères déserts. . On ne voyait pas un seul Chinois.

Ici, il fit coucher les hommes sur leurs rames, et maintenant il pouvait voir tout le port, l'épave fumante du croiseur au pied des falaises à sa droite, la petite ville de l'autre côté du port, et le au-delà, des croiseurs longeaient le rivage et se mêlaient en confusion aux navires marchands au mouillage.

Les croiseurs ne montraient évidemment pas de combat, c'était aussi clair qu'un "bâton", mais les rafales de tirs de fusil que le vent faisait tomber de One Gun Hill lui dirent que Cummins était toujours sévèrement pressé.

Il savait, d'après le rapport précipité de l'aspirant Glover, que le petit groupe était très réduit en nombre et devait manquer de munitions, et, autant qu'il pouvait en juger, l'attaque des forts n'avait pas réduit le danger de la position du commandant. En fait, on en déduisit qu'il aurait pu chasser la garnison de ces forts uniquement pour renforcer les foules de Chinois furieux, qui allaient maintenant faire un effort déterminé de plus pour submerger le vaillant petit groupe d'hommes qui s'étaient si désespérément accrochés à ce fort. au sommet d'une colline depuis le jour.

Heureusement, la nécessité soudaine d'une action immédiate, la prompte résolution de bombarder les forts comme seul moyen de soulager la pression sur le groupe du commandant, et la célérité avec laquelle la réduction de ces forts avait été effectuée, l'entraînèrent dans une vague de protestations. fortune qui semblait balayer ses récentes indécisions et hésitations.

Il se décida brusquement à faire un pas encore plus décisif.

Les risques du projet le consternaient presque ; mais la nécessité d'une action immédiate était si clairement apparente que, bien qu'il hésita momentanément avant d'engager irrévocablement sa petite escadre, le crépitement continu des fusillades venant de la colline au-dessus le décida à prendre une résolution finale.

Il pourrait y avoir d'autres armes cachées sur les hauteurs tout autour de lui. Les croiseurs pouvaient encore s'opposer vaillamment à lui, et il ne restait plus qu'une heure de jour, mais il résolut de faire ce dernier effort pour un succès total.

« Retournez au *Laird* aussi vite que possible », dit-il à Toddles, l'aspirant du bateau, qui avait regardé avec émerveillement le changement qui s'était produit en lui.

« Arrière tribord ; cédez le passage à bâbord. Tirez, hommes, pour votre vie ; » et, avec les rames courbées, ils repoussèrent le bateau vers la mer, entre les destroyers, et éclaboussèrent la mer agitée.

Leur bateau à moitié plein d'eau, ils se sont tirés sous le vent du *Laird* , se sont accrochés aux chutes de leur bateau et ont été hissés en courant.

"Assurez ces cinquante hommes", dit le capitaine Helston au premier lieutenant, qui se précipita pour le recevoir alors qu'il descendait précipitamment sur le pont, "et retournez aux quartiers. Je vais emmener toute l'escadre à l'intérieur."

"Oh!" » siffla le premier lieutenant et s'enfuit en courant.

Les clairons sonnaient ; des signaux volèrent vers le *Bras Fort* ; les hommes ont fait savoir aux équipes de tir qu'ils entraient directement à l'intérieur ; les hommes hurlaient la nouvelle sur les treuils à munitions, sur les grilles de la salle des machines et des prises de courant, et sur le pont et en bas, depuis les entrailles du navire, des acclamations se succédaient.

Maintenant, le *Strong Arm* avait la nouvelle, et ses hommes aussi commencèrent à applaudir tandis que les deux navires se rassemblaient et se dirigeaient droit vers l'entrée.

Alors qu'ils passaient entre les deux petits destroyers battus par les intempéries, roulant leur plat-bord dessous, avec leurs entonnoirs blancs de sel, les équipages des destroyers se mirent au « garde-à-vous » puis se mirent à applaudir. Le *Laird* était maintenant juste à l'entrée, ses bateaux, balancés au niveau des bossoirs, effleuraient presque, à bâbord et à tribord, les corniches rocheuses dans lesquelles étaient montés les canons abandonnés.

Elle répondit avec grandeur à son gouvernail, contourna le coude du chenal et se stabilisa tandis qu'elle passait majestueusement devant les débarcadères déserts. Le *Bras Fort* , soigneusement manipulé par le Premier Lieutenant, la suivit. Les "No. 2" et "No. 3" se précipitèrent après eux, et toute l'escadre, à l'exception du *Sylvia*, se trouvait à l'intérieur du port de l'île.

* * * * *

L'approche soudaine de ces deux navires à l'attaque avait trouvé les forts totalement non préparés à opposer une résistance efficace.

Au cours des trois dernières semaines, l'escadron avait montré une telle réticence à s'approcher au corps à corps, que Hopkins, Hamilton et Schmidt s'étaient laissés bercer par un sentiment de fausse sécurité et, s'imaginant qu'aucune attaque ne serait entreprise de ce côté-là, avaient a retiré un nombre considérable d'artilleurs des forts, tous des hommes entraînés et disciplinés, pour renforcer l'attaque sur One Gun Hill.

La saisie du canon Krupp les avait complètement surpris et la nécessité de sa reprise était impérative.

Incapables de compter sur leurs coolies, ils avaient à la hâte dénudé les navires et rassemblé suffisamment de vareuses bleues pour lancer le premier élan. Bien que presque réussie, elle s'était terminée de manière désastreuse,

Hopkins étant mortellement blessé et un tel nombre d'hommes tués, que le reste ne put que difficilement être amené à nouveau à avancer hors de son abri.

La tentative infructueuse d'isoler le petit groupe de barils de pétrole, la destruction du croiseur et la mort d'Hamilton, l'Anglais boiteux à bord, rendirent évident à Schmidt qu'il devait, une fois pour toutes, vaincre Cummins et ses hommes avant que le temps ne s'apaise et permette à d'autres renforts de débarquer. Il avait donc élevé tous les coolies qu'il avait pu trouver, les avait armés de toutes les armes sur lesquelles il pouvait mettre la main, et avait renforcé leurs rangs hésitants avec les hommes disciplinés des forts et les vestes bleues qu'il pouvait rassembler.

Les incitant à la fureur en leur racontant ce que serait leur sort s'ils étaient capturés, il les avait inondés de boisson et, les rassemblant derrière la fumée des buissons ardents, les avait jetés au sommet de la colline.

C'était avec cette foule sauvage et fanatique, folle d'alcool inhabituel, que Hopkins avait envoyé le petit groupe de gilets bleus pour tenter de sauver Glover, et bien qu'il y ait réussi, l'assaut lui-même avait finalement été repoussé.

Il ne restait que quelques hommes dans les forts eux-mêmes, et l'Européen en charge, qui avait beaucoup bu au cours des dix derniers jours, n'était pas en état d'utiliser même ceux qui lui restaient, et lorsque Schmidt s'éveilla pour la première fois au fait que l'escadre avait enfin osé attaquer, il laissa ses hommes battus continuer à harceler le sommet de la colline à coups de fusil, et se précipita vers les forts.

Avant de pouvoir les atteindre, il rencontra la foule terrorisée d'hommes qui s'enfuyaient et, presque immédiatement après, vit les mâts supérieurs du *Laird* et du *Strong Arm* apparaître derrière l'entrée du port.

Ces fugitifs effrayés, effrayés au point de mourir, s'étaient précipités devant les destroyers blottis sur le rivage et avaient semé la panique parmi leurs équipages qui, sans même attendre que le *Laird* apparaisse à l'intérieur du port, montaient sur leurs bateaux ou sautaient par-dessus bord et fait pour le rivage.

Schmidt savait pertinemment qu'il n'y avait plus rien pour arrêter l'escadron de Helston, il savait que la plupart de ses gilets bleus étaient déjà au sommet de la colline - beaucoup d'entre eux étaient morts - il savait qu'un de ses partenaires avait été réduit en morceaux sur le sol. côté opposé du port, et que l'autre était mourant ; mais avec la confiance d'un joueur dans le dernier coup de dés, il sauta dans un canot, se hissa jusqu'au *Hong Lu* et essaya de rallier ses hommes intimidés et découragés.

*****

C'est depuis les flancs du *Hong Lu* que soudain, alors que le *Laird* et le *Strong Arm* se dirigeaient vers le port, des flammes jaillirent et des obus passèrent sauvagement devant eux. Les deux croiseurs restants se joignirent à eux, et pendant peut-être cinq minutes, l' eau autour des deux navires fut transformée en écume, et les falaises derrière eux furent frappées à maintes reprises par les obus chinois.

Mais tous les canons qui pouvaient porter sur les malheureux croiseurs entassés sous la terre déversaient un feu si concentré, si froidement dirigé et si précis, que leurs équipages déjà démoralisés ne pouvaient plus résister à leurs canons et, faisant atterrir leurs navires, se précipitèrent sur la mer. s'incline et les abandonne à leur sort.

Le *Hong Lu* a effectivement fait une tentative désespérée et vaillante. S'extirpant des autres navires, il commença à naviguer vers le *Laird* et le *Strong Arm* , et descendit à grande vitesse avec l'intention soit d'éperonner l'un ou l'autre d'entre eux, soit de se frayer un chemin et de s'échapper vers la mer.

Le *Laird* et le *Strong Arm* , s'ouvrant un peu dans la partie la plus large du port, déversèrent une véritable grêle d'obus de 6 pouces. Les fines assiettes basses *de la Hong Lu* furent déchirées en une douzaine d'endroits, de l'eau s'y déversa et elle commença visiblement à couler par la tête. Un obus de 8 pouces a éclaté au pied de son mât de misaine sous le pont, ses proues ont été étouffées par les flammes et la fumée, il est tombé à bâbord, puis il a également couru avec fracas jusqu'au rivage et son équipage a commencé à sauter par-dessus bord.

Le *Strong Arm* se dirigea vers elle pour achever la destruction, si nécessaire, et aperçut une énorme silhouette solitaire sur son gaillard d'arrière. C'était Schmidt, qui plongea rapidement dans la mer, nagea avec puissance jusqu'à la terre et disparut dans la couverture dense.

Avec l' abandon du *Hong Lu* , toute opposition cessa, et du sommet de One Gun Hill, on pouvait entendre un léger bruit d'acclamations. En regardant à travers leurs télescopes, ils pouvaient voir le vaillant petit groupe regroupé derrière les ouvrages de protection qu'ils avaient défendus si longtemps, debout sur les sacs de sable et agitant leurs casques tout en applaudissant.

Eux aussi étaient en sécurité.

La lumière commençait déjà à faiblir et de fortes rafales de pluie rendaient la signalisation difficile, mais Cummins réussit à faire passer un signal sémaphore au *Laird* : "L'ennemi disparaît ; je suis à court de munitions et j'ai besoin d'une assistance médicale. Richardson est tué."

Helston a envoyé chercher le Dr Fox et lui a remis le signal.

"J'y vais moi-même", dit le Docteur.

"Je pensais que tu le ferais", répondit Helston. "Je vais vous donner cinquante hommes, et vous devrez monter là-haut le plus vite possible, et j'allumerai mes projecteurs sur le sommet de la colline dès qu'il fera nuit. Je ne m'attends pas à ce que vous Je découvrirai que les Chinois ont encore du combat en eux, mais si vous le faites, je vous aiderai.

Le "No. 3" fut envoyé pour amener le *Sylvia* dans le port, des groupes d'hommes furent envoyés à bord des navires, des destroyers et des torpilleurs pour retirer les blocs de culasse de leurs canons, et un fort corps d'hommes fut envoyé vers le bas. aux forts pour y faire de même. Ils trouvèrent cinq corps dans les batteries, mais très peu de dégâts matériels, très peu comparés à la destruction apparente vue depuis les navires. Deux des plus petits canons avaient été démontés et l'un des 6 pouces avait été désactivé, mais rien de plus, bien que des masses de roche derrière eux aient été détruites par les obus et gisaient en tas entre les canons.

Un autre groupe a tenté sans succès d'éteindre l'incendie à bord du *Hong Lu* , mais a dû l'abandonner à son sort, car les flammes l'avaient fermement saisi et se propageaient rapidement vers les poudrières.

Il faisait complètement nuit avant que ces précautions ne soient prises, et pendant ce temps le Dr Fox, avec son escorte de cinquante hommes, se précipitait vers le sommet de la colline, portant davantage de munitions et les pansements chirurgicaux dont on avait un besoin urgent.

Il avait débarqué loin de la ville et, s'écartant largement de celle-ci — car déjà des bruits d'émeutes et de tumulte s'en élevaient — avait pris le chemin en zigzag juste au moment où le jour tombait.

Mais peu d'indigènes avaient été rencontrés, et ceux-ci avaient fui précipitamment.

Le Dr Fox continua à gravir la colline, aidé par le projecteur *du Laird , qui éclairait devant lui le chemin rendu encore plus glissant et dangereux par la forte pluie qui tombait maintenant.* Poussé à déployer tous ses efforts, sachant que lui et ses hommes étaient recherchés de toute urgence, il poursuivit son chemin, trébuchant de temps en temps sur les cadavres de Chinois morts et sur les fusils qui avaient été jetés dans leur fuite et qui gisaient maintenant éparpillés en grandes quantités. numéros sur le chemin.

Enfin, il sortit devant les parapets, et de faibles acclamations le saluèrent de la part des restes des défenseurs. Les projecteurs des navires éclairaient tout cet espace calciné au-dessous de la crête, et des centaines de corps prosternés le parsemaient, épais entassés, littéralement en tas, là où les Maxims les avaient emportés dans leur dernière course folle, leurs jaunes. des visages horribles dans les rayons de la lumière. Jusqu'aux sacs de sable qu'ils déposèrent, preuve de la férocité de leur charge, tandis que les yeux sombres et les visages hagards et tirés des marines et des vestes bleues derrière les parapets ne montraient que trop clairement la lutte terrible qu'ils avaient menée pour se défendre. il.

Cummins s'avança avec un visage pâle et anxieux, son bras gauche attaché sur sa poitrine.

"Dieu merci ! vous êtes là. Le pauvre Richardson a été tué il y a trois heures, et nous avons trente hommes qui vous veulent."

Les défenseurs épuisés s'étaient réveillés pendant une minute ou deux pour accueillir leurs camarades, mais s'étaient ensuite couchés épuisés et, tout danger écarté, s'étaient endormis immédiatement, trempés pourtant par la pluie glaciale qui balayait en gémissant le plateau. .

Personne sur cette colline sombre n'oubliera jamais la nuit qui a suivi.

Les hommes étaient trop fatigués pour descendre les blessés, même si cela avait été possible. Personne ne songeait à laisser les morts sans surveillance, alors les cinquante hommes que le Dr Fox avait amenés abattirent à la hâte la redoute en rondins que le capitaine Williams avait si vaillamment entretenue, et avec le bois firent deux feux de joie sous le vent du parapet de la fosse à canon. Par leur lumière et celle du projecteur, le Dr Fox pansait les blessés qui boitaient avec raideur d'où ils étaient tombés ou qui étaient portés vers lui.

Les morts aussi furent rassemblés, rassemblés avec respect et recouverts de la grande bâche du canon Krupp : le capitaine Hunter, le Dr Richardson, onze marines, le signaleur qui avait été le premier à tomber, le steward de la couchette qui avait été blessé. été tué avec le Dr Richardson au cours de ce combat autour du canon, alors qu'il tentait de protéger les blessés, et cinq vestes bleues.

Le commandant a résolument refusé toute aide jusqu'au bout, et quand son tour est venu, le Dr Fox a constaté qu'il avait une terrible entaille sur l'épaule gauche - causée par un coutelas - qui s'étendait jusqu'à la clavicule et l'omoplate, et que son bras était blessé. assez impuissant. "Encore un centimètre, et vous auriez saigné à mort", dit sombrement le Dr Fox. "Les os t'ont sauvé."

"J'ai esquivé la tête à temps, sinon cela m'aurait attrapé là", a déclaré Cummins, soulevant un faible rire; mais ensuite il s'est évanoui à cause d'une perte de sang et d'un simple épuisement.

Saunderson avait une balle dans la poitrine et restait immobile, étroitement enveloppé d'un bandage, et trop épuisé et engourdi par le froid pour s'inquiéter de son état.

"Tout ira bien", lui dit le Dr Fox, et il le couvrit d'une couverture ; "seulement, ne bouge pas jusqu'au matin."

* * * * *

En bas, tous les coins du port étaient scrutés par les lumières des navires, car Schmidt était toujours en liberté et on ne savait pas quelle diablerie il pourrait inventer.

Le *Hong Lu* , brûlant violemment, jetait un éclat rouge sur les collines et rendait le port couleur sang, et de temps en temps d'énormes explosions à bord éteignaient momentanément les flammes, mais ils repartaient plus furieusement que jamais.

De la ville elle-même provenait un bourdonnement colérique de cris et de hurlements ; des coups de fusil retentissaient dans un crépitement saccadé et spasmodique, et il était évident que les indigènes, enhardis par la faim, par le désir de sauver leurs propres biens ou par l'appétit du pillage, s'étaient progressivement retirés et se battaient désormais entre eux.

Bientôt, les horreurs de la nuit furent intensifiées par les flammes jaillissant des descentes et des entrepôts proches du bord de l'eau. Au bout d'une demi-heure, ils étaient bien allumés, brûlant violemment, et, attisés par le vent, les flammes se propageaient aux huttes en nattes de bambou, sautant de l'une à l'autre avec leurs langues enflammées jusqu'à ce que toute la partie basse de la ville ne soit plus qu'une fournaise rugissante. . Les flammes et la fumée noire qui soufflaient sur le port sinistre cachaient presque les projecteurs des navires.

C'était un spectacle étrange et effrayant, qui convenait à la fin d'une horrible journée.

* * * * *

Loin de se réjouir de son succès, l'escadron de Helston était cette nuit-là plongé dans une obscurité plus sombre que les nuages âcres de fumée noire balayant ses gréements, car les noms des tués et des blessés avaient été signalés avec des lampes flash depuis la colline et affichés. sur chaque pont inférieur se trouvait la sombre liste des tués, commençant par le capitaine Hunter, idolâtré par les officiers et les soldats, et se terminant par l'artilleur Bolton, l'homme de coin de la troupe de ménestrels nègres *de Laird* . Ses camarades de mess ne le plaisanteraient plus "qu'il les avait fait comme un spectacle".

Même Ping Sang n'était pas content et se tordait les mains en voyant les flammes dévorer les entrepôts, remplis, comme il le devinait trop justement, de ses propres marchandises, et implorait – parfois presque ordonnait – Helston de s'efforcer de les sauver.

Mais Helston était obstiné : il ne voulait pas risquer un autre homme ; et bien qu'il ait envoyé deux bateaux à vapeur pour transporter un gros bateau à vapeur qui se trouvait le long de la jetée sous la ville, et qu'ils aient réussi à le remorquer avant que les flammes ne l'atteignent, il refusa résolument de débarquer un autre homme, soit pour réprimer l'émeute, soit pour maîtriser l'émeute. le feu.

Même maintenant, il s'inquiétait de Cummins et du Dr Fox, et « restait là » toute la nuit avec quelques centaines d'hommes, pour aller lui-même à leur secours si la colline était de nouveau attaquée.

Dans les intervalles de fumée, il pouvait voir les feux de joie vacillants qu'ils avaient allumés au sommet de la colline et autour desquels ils s'étaient blottis en attendant le matin. Un incident a brisé la tension de cette terrible nuit. C'est au moment où les nuages de fumée étaient les plus denses que soudain un homme à bord du "No. 2", qui se trouvait le plus loin du rivage, a chanté qu'il avait vu une voile noire apparaître au-dessus des terres basses près de l'étroite sortie.

Il la perdit de vue derrière la fumée, et lorsque la vue fut à nouveau dégagée et qu'un projecteur se dirigea vers elle, on pouvait clairement voir une jonque se plier et chanceler sous les violentes rafales de vent qui tourbillonnaient sur elle alors qu'elle s'éloignait. l'Ile. Une rafale de pluie l'a empêchée de sortir, et une fois passée, aucune trace d'elle n'a pu être vue.

M. Lang pensa avec raison que Schmidt lui-même était à bord et fit un signal demandant la permission d'essayer de la couper sous le vent de l'île, mais Helston refusa de le laisser s'aventurer - les risques étaient trop grands - et n'en doutait pas. les déchets impuissants et maladroits pourraient bien être laissés à la merci de ce vent hurlant dehors.

Même ses propres navires durent être dispersés cette nuit-là, et il rendit fervents remerciements, là où ils étaient dus, de ce que le succès lui avait été accordé et que son escadre reposait en sécurité à l'intérieur du port.

C'était bien Schmidt qui, avec quelques-uns de ses hommes les plus audacieux, s'était emparé de la jonque à la faveur de la fumée, avait coupé son aussière d'herbe, l'avait remorquée silencieusement avec un canot jusqu'à ce qu'elle atteigne la sortie, avait hissé ses voiles en nattes de bambou jusqu'à ce qu'il ait atteint la sortie. Elle a défriché le terrain, puis l'a laissée courir devant le vent déchaîné sous des poteaux nus.

Comment il a finalement atteint la terre ferme, a rassemblé davantage d'hommes autour de lui et a semé la terreur dans les eaux insulaires de l'archipel de Chusan, il faudra le raconter un autre jour.

CHAPITRE XXV

Les fruits de la victoire

Oh, c'est dommage ! — Nous trouvons Hopkins — Helston a des soupçons — Discours de Helston — Un « calme » — Départ de Ping Sang — Nous remettons nos navires — Retour chez nous — L'amiral dit ce qu'il pense

Le Dr Fox conclut ses expériences

Si seulement j'avais su que je devrais passer toute la nuit au sommet de cette colline, je n'aurais jamais été assez stupide pour me porter volontaire.

Le jeune chirurgien du *bras fort* était tout aussi capable d'accomplir ce travail que moi, et sa jeunesse l'aurait porté sans danger pendant toute la nuit d'exposition. En fait, je date toujours le début de mes rhumatismes de cette horrible nuit, et je ne cesse de regretter qu'au moment où Helston me montra le signal de One Gun Hill et que j'apprenais la mort de mon chirurgien, Richardson, et de les blessés gisaient là sans que personne ne les soigne depuis trois heures, mon bon sens aurait dû me faire défaut momentanément.

Pouah! Comme il a plu et soufflé ! Ce sentier en zigzag était un torrent miniature, et mes pieds glissaient à chaque pas en arrière dans la boue écrasante. L'idiot aussi qui dirigeait le projecteur *du Laird pensait, je n'en doute pas, qu'il éclairait mon chemin ;* mais il gardait son faisceau fixé sur moi et sur les hommes qui m'accompagnaient, de sorte que je fus presque aveuglé. Les ombres devenaient encore plus intenses, et il était plus difficile que jamais d'éviter de trébucher sur les cadavres des Chinois morts qui jonchaient le chemin.

Il fallut deux heures de travail acharné avant que les blessés soient pansés et remis en forme.

Les blessures par balle de Mauser ne m'ont pas beaucoup gêné, mais un bon nombre d'hommes ont eu de profondes blessures à la chair infligées par des coutelas, des épées ou des baïonnettes au cours des combats au corps à corps, et il ne faut pas beaucoup d'imagination pour comprendre la difficulté - le impossibilité, en fait, de faire un bon travail avec ceux-ci, en les habillés par la lumière incertaine du projecteur du *Laird* , *avec la pluie tombant à torrents et traversant presque horizontalement le sommet de la colline avant le vent.*

Chaque fois que chaque affaire était terminée, et que le pauvre garçon, bleu de froid (la peau de leurs mains et de leur visage était ridée comme les mains d'une blanchisseuse), était couché quelque part à l'abri des sacs de sable dégoulinants, je lui injectais de la morphine pour soulager sa douleur.

douleur, et nous ne pouvions qu'espérer qu'il serait suffisamment vivant le matin pour que nous puissions le transporter sain et sauf jusqu'aux navires, où il aurait peut-être une chance d'être correctement soigné.

Le petit Cummins avait la blessure la plus grave du lot, et même s'il parvenait à s'en sortir, j'avais peu d'espoir que son bras gauche lui soit d'une grande utilité.

Cependant, il a essayé d'être joyeux, surtout lorsque je lui ai dit que le jeune Glover était sain et sauf à bord du *Laird*, et il a émis un ou deux de ses rires irritants avant de s'évanouir. Il resta ensuite tranquille pendant le reste de la nuit. Il n'était pas nécessaire de lui donner de la morphine, car il était absolument « épuisé ».

Saunderson, avec une balle dans le poumon droit, ne m'inquiétait pas beaucoup, car tant qu'il restait immobile et était étroitement bandé, rien de plus ne pouvait être fait pour lui, et son grand physique le porterait en toute sécurité pendant toute la nuit.

Les choses furent rendues plus confortables lorsque les hommes qui m'accompagnaient tirèrent quelques bûches en face d'un des parapets et allumèrent un feu près du parapet du canon Krupp, et probablement plus de vies furent sauvées par ce moyen que par tout ce que je fis.

Les hommes qui avaient défendu la colline toute la journée dormaient maintenant profondément, la plupart d'entre eux n'étant absolument pas protégés de la pluie froide, alors j'ai demandé à mes camarades de les rapprocher du feu. Beaucoup étaient si épuisés qu'ils ont été transportés sans être réveillés. En fait, il était si difficile de distinguer les morts des vivants, qu'ils transportèrent même deux morts et les déposèrent autour du feu, et leur erreur ne fut découverte que le matin.

Finalement, j'eus le temps de m'accroupir derrière des sacs de sable et de réussir à allumer une pipe, frissonnant de froid et me maudissant d'être un imbécile d'avoir jamais été incité à rejoindre Helston dans sa folle entreprise.

Le vent hurlait et hurlait ; la pluie m'a piqué le visage. Au large, sortant de l'obscurité totale de la nuit, les vagues mugissaient en martelant le pied de la colline dans un rugissement incessant ; les navires et les entrepôts en feu, le crépitement des mousquetaires dans la ville en contrebas, les explosions constantes des navires condamnés, tout faisait du port un véritable enfer, d'où le projecteur froid et clair brillait impitoyablement sur l'abattoir. autour de moi.

Vingt Anglais et au moins deux cents Chinois dormaient là, leur dernier long sommeil.

Oh, c'est dommage !

Mon pire ennemi ne pouvait pas m'accuser d'être sentimental, et cette nuit-là, tout me semblait engourdi; mais lorsque je reconnus les visages morts de Hunter, Richardson et d'une douzaine d'hommes que je connaissais, la seule pensée était celle de l'amertume que des hommes aient gâché leur vie de façon relativement inutile, et l'égoïsme de tout cela me mettait presque en colère contre moi. eux.

La famille de Hunter que je connaissais. Il a laissé une femme et deux enfants. Richardson s'était marié récemment; et ils ne s'en rendaient pas compte, eux et les autres pauvres gens, lorsqu'ils se portèrent volontaires pour cette expédition dans leur soif de changement, d'excitation, d'autoglorification ou de chance de promotion, de la misère qu'ils allaient infliger.

Qui supporte la plus grande part lorsque l'homme part à la guerre ?

Est-ce l'homme, avec ses soucis oubliés alors que les côtes de l'Angleterre glissent sous l'horizon, avec le sang chaud coulant dans son corps et l'instinct combatif de l'animal mâle pour le porter, ou est-ce la femme qu'il laisse derrière lui ? - la mère, l'épouse ou l'amante - qui est abandonnée à ses tâches quotidiennes monotones, le cœur plein de douleurs vides et de peurs douloureuses, pour espérer, aspirer et redouter des nouvelles, jour après jour, semaine après semaine ?

Cela semble insensé d'écrire cela, mais tout au long de cette horrible nuit, mes pensées ont tourné comme je le voudrais, elles sont toujours revenues à l'amertume, à l'égoïsme et à la pitié de tout cela.

De temps en temps, un blessé réclamait de l'attention ; un homme tombait dans le délire et poussait par intervalles d'horribles cris. Pattison est également devenu délirant et j'ai dû garder un homme qui surveillait de peur qu'il n'arrache ses bandages.

Vers trois heures du matin, un de mes hommes crut entendre un appel à l'aide en bas de la pente maritime de la colline, et nous cherchâmes à la lumière de la lanterne de signalisation pendant près d'une heure, mais nous ne trouvâmes personne.

Je n'ai jamais passé de nuit plus, plus terrible ; mais finalement cela prit fin : l'obscurité diminua, l'étrange projecteur s'éteignit et l'aube révéla peu à peu les spectacles horribles qui n'avaient été qu'à moitié vus et seulement partiellement conjecturés auparavant.

Heureusement, les deux médecins du *Bras Fort* sont venus me relever une heure après le lever du jour, et j'ai rapidement dévalé la colline, glissant et glissant dans la boue.

J'ai rencontré Helston en descendant, et son visage s'est illuminé de soulagement lorsqu'il m'a vu, et j'ai pu lui faire un récit assez joyeux des blessés. Il avait débarqué avec quelques centaines d'hommes et chassé la foule de Chinois de ce qui restait de la ville, et se dirigeait maintenant vers le bungalow de Hopkins, guidé par Hi Ling, le préfet en chef.

"Viens avec nous, Doc, mon vieux. Je veux que tu voies Hopkins avant de partir sur le navire, s'il n'est pas trop tard."

Nous étions proches des bungalows européens et Hi Ling nous conduisit directement à celui qu'habitait Hopkins, en passant devant nous.

En nous approchant, nous vîmes que tout était en désordre. Des meubles, des vêtements, des livres et des papiers étaient éparpillés partout dans la véranda, et un Chinois mort gisait moitié dedans, moitié hors d'une fenêtre.

"Pillé pendant la nuit", pensai-je, et vis que Helston le pensait également, et aucun de nous ne s'attendait à retrouver l'Américain vivant.

Salut Ling nous a accueillis sur la véranda, se tordant les mains et gémissant. Nous avons écarté un rideau de bambou et l'avons suivi dans une pièce où tout était encore plus confus, un lit à chevalets renversé, des tiroirs saccagés et leur contenu éparpillé, et Hopkins lui-même était allongé sur le sol, avec un Chinois mort à côté de lui. Celui que nous avions vu de l'extérieur avait probablement été tué alors qu'il tentait de s'enfuir.

Tous deux avaient été blessés par balle et avaient manifestement été tués par le revolver que Hopkins tenait toujours dans sa main crispée.

Il était tout à fait mort, et je dois avouer que je me sentais très soulagé, car rien n'aurait pu le sauver, et aussi je ne voulais pas qu'il parle à Helston de Milly, comme je craignais qu'il ne le fasse, car Helston était d'une telle nature. nature particulière, que j'avais très envie qu'il ne sache rien de la photographie ou du testament que Hopkins avait fait en sa faveur - rien, en tout cas, jusqu'à ce que je l'aie ramené sain et sauf à la maison.

J'examinai rapidement Hopkins et, ce faisant, j'essayais de retrouver la photographie dont Glover m'avait parlé ; mais ce n'était pas près de lui, seulement le morceau de papier froissé que Helston avait signé au retour sain et sauf du jeune Glover.

Pauvre gars! le fait de savoir que sa volonté était en sécurité a peut-être réjoui ses derniers instants.

Nous nous préparâmes à soulever le corps et à le placer convenablement sur le lit, mais, malheureusement, pendant que nous redressions le lit à tréteaux, la photographie tomba sur le sol et, bien que j'aie essayé de la saisir en toute hâte, Helston s'est penché avant moi et l'a ramassée. en haut.

Son visage se raidit à mesure qu'il le reconnut, et je vis sa main trembler comme s'il avait une crise de fièvre, mais au bout de quelques instants il se reprit et la posa doucement sur la table.

"Aide-moi à le soulever, Fox", dit-il d'une voix rauque, en me regardant avec méfiance, et nous déposâmes Hopkins sur son lit et laissâmes Hi Ling préparer son maître pour l'enterrement.

Le fidèle Chinois pleurait en fait. Je n'avais jamais vu un Chinois pleurer auparavant.

A peine avions-nous atteint la véranda qu'Helston s'arrêta, se retourna brusquement et repartit. Par la fenêtre ouverte, je l'ai vu placer la photo sur la poitrine de Hopkins, à l'intérieur de son pyjama.

Il me rejoignit aussitôt et me dit d'une voix tendue et dure : « Qu'est-ce que tout cela signifie, Fox ? Tu as l'air d'en savoir quelque chose. Dis-moi, pour l'amour de Dieu !

J'ai pensé qu'il valait mieux lui dire tout ce que je savais, et je l'ai fait.

Comme je le craignais, il a magnifié le peu de choses que je pouvais lui dire et n'a pas voulu croire que je n'en savais pas plus.

Pauvre gars ! son visage était tiré et hagard, tandis qu'il m'interrogeait rapidement, d'une manière saccadée et contrainte, essayant vainement de cacher son agitation et me lançant des regards soupçonneux.

"Saviez-vous quelque chose de cela avant que nous quittions l'Angleterre ?"

"Rien. Je savais qu'ils s'étaient rencontrés. Rien d'autre."

"Mais n'aviez-vous aucun soupçon ?"

Cela m'a mis en colère. Je déteste être harcelé.

"Écoutez, Helston, tout ce que je sais, je vous l'ai dit. Qu'il tombe amoureux de Milly n'a rien de remarquable. Une douzaine d'hommes, à ma connaissance, sont, ou prétendent l'être, amoureux d'elle, et quant à la photographie, eh bien, chaque fille pense que le cadeau d'une photo d'elle-même est une récompense tout à fait suffisante pour cela.

— Oui, peut-être ; mais il doit y avoir quelque chose là-dedans s'il lui a laissé tout son argent.

"Oh, confondre, ne sois pas si idiot!" Et, tout à fait irrité, je le laissai grimper avec lassitude jusqu'au sommet de la colline, tandis que je m'en allais au *Laird* chercher quelque chose à manger, un bain et une heure de sommeil. Sans ces neuf pierres, plus ou moins, de Milly à volants et à froufrous, Hunter ne serait pas mort sur la colline au-dessus, ni Richardson non plus, et sans Richardson, je me retrouvais seul, juste au moment où je le voulais le plus. J'aurais sincèrement souhaité que Helston et moi n'ayons jamais sauvé la vie de ce vieux Chinois avare, Ping Sang, il y a dix ans.

La première chose que j'ai faite quand je suis monté à bord du *Laird* a été de demander au premier lieutenant d'envoyer une demi-douzaine d'hommes à terre pour enterrer Hopkins derrière son bungalow, puis j'ai pris un bain chaud, je me suis couché et j'ai dormi comme une bûche jusqu'à ce que je sois réveillé. appelé une heure plus tard.

Après cela, je me suis senti mieux et j'ai travaillé dur pendant le reste de la journée pour préparer l'un des navires marchands les plus propres, le *Hoi Feng*, pour les blessés. La nuit, nous les avions tous descendus de la colline et sains et saufs à bord. elle, en lui envoyant les blessés encore à bord du *Strong Arm* et de notre propre navire également.

Mais pendant une demi-heure pour le dîner, je n'ai pas arrêté de travailler toute la journée, et avec nos propres gens et les Chinois blessés qui commençaient à revenir en grand nombre vers la ville, nous avions assez de travail et d'épargne.

Il était presque minuit lorsque je me rendis enfin et, à deux heures, Jeffreys, le sous-lieutenant, me réveilla et me dit que le capitaine se promenait sur la dunette sous la pluie et que je devrais parler à et essayez de le faire descendre, car personne d'autre n'ose l'approcher.

Il marchait de long en large à grands pas, les mains jointes derrière le dos, la tête penchée entre les épaules et les yeux vides fixés devant lui.

Il semblait se réveiller, comme s'il sortait du sommeil, lorsque je posai ma main sur son épaule (sa veste de singe était complètement mouillée).

"Et c'est le moment que Bannerman choisit pour me demander le *Bras Fort* ", dit-il férocement, "et le pauvre Hunter pas encore enterré. Comme je méprise cet homme et souhaite, de tout mon cœur, pouvoir lui donner à Cummins ; mais il ne sera pas apte au travail avant des semaines et est le cadet de Bannerman, donc je suppose que Bannerman doit l'avoir. Cela me fait déborder de colère à l'idée de le voir se mettre à la place de Hunter. "

Ce n'était pas, je le savais bien, la véritable cause de son trouble, mais j'étais trop heureux que ses pensées fussent détournées vers une autre direction.

"Il entrera dans le vôtre si vous ne prenez pas plus soin de vous et ne vous protégez pas de cette pluie", lui ai-je dit.

Finalement, j'ai réussi à le convaincre de se déshabiller et d'aller se coucher ; mais son état mental semblait très instable, et je craignais beaucoup que la tension de toute l'expédition n'aboutisse à son effondrement complet.

Cependant, il a dormi assez profondément par la suite et était beaucoup plus serein le matin.

Ce jour-là, tous les hommes qui pouvaient être épargnés de l'escadron furent amenés au sommet de One Gun Hill, et là Hunter, Richardson et leurs hommes furent enterrés, et leurs tombes marquées par des croix de bois brutes, avec leurs noms gravés dessus.

Trois volées ont été tirées. Les clairons de l'escadron sonnèrent un Last Post mélancolique, et ils restèrent là avec ce sinistre pistolet Krupp éclaboussé de balles pour les garder.

L'expédition avait été un succès.

Ce fut Helston qui lut le service funéraire, et avant que les hommes ne descendent vers leurs navires, il leur fit un bref discours alors qu'ils se tenaient sur le plateau dans un carré creux autour de lui. Il se montrait toujours à l'avantage dans ces occasions avec sa grande silhouette, ses traits imposants et sa voix résonante.

« Officiers et hommes de la Royal Navy et de la Royal Naval Reserve », dit-il, « nous avons rendu les derniers honneurs à ceux de nos camarades qui reposent ici, au sommet de la colline qu'ils ont défendue si vaillamment, et aucun mot que je puisse dire. dire que cela ajoutera à leur honneur.

« Ils ont, par leur courage et leur dévouement, permis à cette expédition de réussir pleinement, et maintenant que notre retour en Angleterre ne sera pas longtemps différé, je veux vous dire deux choses.

"Ne les oubliez pas.

"Quand nous les laissons ici, sur cette colline solitaire au milieu d'un océan lointain, nous pensons parfois à eux.

"Si le destin avait ordonné que l'un d'entre vous qui m'entourait se trouvait maintenant parmi eux, vous auriez souhaité que vos compagnons de mess se souviennent de vous.

"Ils ont fait leur devoir et ont donné leur vie pour l'accomplir; que chacun garde donc devant lui le souvenir de ce qu'il a fait, aussi longtemps qu'il le peut, et leur rend ainsi un plus grand honneur que par le simple fait de le faire." marchant ici vers leur enterrement.

"L'autre chose que je veux dire est la suivante.

"Ils ne sont pas morts directement au service de leur Reine ou de leur pays (nous sommes, comme vous le savez, prêtés au gouvernement chinois), ce qui rend le sacrifice de leur vie d'autant plus amer, et il sera encore plus profondément ressenti par leur parents à la maison.

"Mais même s'ils ne servaient pas sous les ordres de l'Amirauté britannique, rappelez-vous que ce qu'ils ont fait ici, au sommet de cette colline, ajoutera à la gloire de notre marine et contribuera à maintenir vivant son esprit combatif.

"La Royal Navy n'a pas été mise à rude épreuve depuis de nombreuses générations, et c'est un acte comme celui-ci - la défense de One Gun Hill - qui renforce la confiance que la marine a en elle-même pour maintenir intactes ses vieilles traditions lorsque l'heure du procès viendra. viens.

« Soyez assurés que les vies qui ont été perdues depuis que nous avons quitté l'Angleterre ne l'auront pas été si nous, ceux qui sont morts et ceux qui sont vivants, avons contribué ne serait-ce qu'un peu à accroître l'honneur et le prestige de la Royal Navy.

"Hommes, souvenez-vous des camarades de mess que vous laissez ici, tout comme vous souhaiteriez qu'on se souvienne de vous-mêmes."

Helston s'est toujours "imaginé" faire un discours et était presque joyeux lorsque lui et moi descendions la colline ensemble et nous arrêtions sur les pentes pour regarder une foule de coolies qui s'étaient rendus et qui s'étaient mis au travail pour enterrer leurs propres morts.

* * * * *

Pendant une semaine après la prise de l'île de Hong Lu, le vent souffla avec une telle fureur que Helston ne put s'aventurer hors du port confortable.

Pendant ce temps, pratiquement tous les Chinois s'étaient rendus et étaient employés par Ping Sang et A Tsi pour enterrer leurs compatriotes morts, puis charger les navires marchands avec les marchandises sauvées du grand incendie et les préparer au départ. Parmi les coolies, il y avait suffisamment de marins pour former des équipages pour tous les navires marchands capturés, et les survivants des équipages des navires de guerre devaient également travailler à bord des croiseurs, destroyers et torpilleurs restants pour les remettre en forme. à vapeur vers le continent.

Personnellement, j'aurais hésité à renvoyer ces hommes à bord de leurs propres navires, mais Ping Sang et A Tsi n'ont jamais douté de l'opportunité de cette solution, et leur confiance n'a pas été déplacée, car ils ont travaillé avec une telle énergie qu'en très peu de jours les navires étaient prêts à prendre la mer et probablement plus propres qu'ils ne l'avaient jamais été.

Un Chinois connaît son maître lorsqu'il le rencontre — il a assez d'esprit pour cela — et ils ont bien travaillé à apaiser la colère d'un tyran tel que l'était Ping Sang.

Chacun pensait que la sécurité de sa tête et de sa natte dépendait de ses efforts et qu'aucun stimulus plus grand n'était nécessaire. Même si un Chinois ne redoute pas la mort, il déteste suffisamment l'idée de la douleur préliminaire.

Quoi qu'il en soit, ils ont charbonné nos cinq navires à une vitesse qui ne pouvait être égalée par le navire le plus intelligent de la flotte de la Manche.

Pendant ce temps, nous, médecins, étions extrêmement occupés, et, plus par chance que par excès d'habileté, les blessés évoluèrent favorablement.

Ils étaient tous à bord du *Hoi Feng* – le bateau à vapeur que j'avais transformé pour eux en navire-hôpital – et s'en sortaient extrêmement bien. Pattison était en convalescence au bout de dix jours. Saunderson et le petit Cummins le rejoignirent peu après, et tous les trois étaient toujours prêts à me saluer joyeusement chaque fois que je grimpais sur le côté, Cummins riant énormément et de manière agaçante d'avoir « esquivé les médecins », car il savait bien que j'avais au début pensait que son bras devrait être retiré.

Le jeune Glover m'inquiétait plutôt. Les blessures du garçon ne cicatrisaient pas correctement et la blessure à la poitrine avait dû pénétrer plus profondément que je ne l'avais d'abord pensé, car il avait développé une pleurésie de ce côté.

Le bras cassé d'Helston était également en voie de guérison, et le repos au port et l'immunité relative contre l'inquiétude lui faisaient un immense bien.

Je l'emmenais se promener à terre tous les jours quand il ne pleuvait pas, mais je prenais toujours soin d'atterrir du côté opposé à la ville et je ne m'approchais jamais de One Gun Hill ou du bungalow de Hopkins. Il faisait toujours de grands efforts pour parler de tous les sujets possibles, mais avant que nous soyons allés plus loin, il revenait inévitablement au seul sujet : Milly. C'était un peu fastidieux et cela m'a considérablement éprouvé ; mais toute l'existence de cet homme était centrée autour d'elle, donc je suppose que c'était naturel.

Mais cela n'en rend pas moins la tâche moins ennuyeuse.

Notre peuple vivait depuis un mois de provisions de sel, mais nous parvenons maintenant à lui fournir des légumes frais de l'île et nous tuons les quelques bœufs et chèvres que nous trouvons pour leur donner de la viande fraîche.

Il y avait eu beaucoup de volailles sur l'île, mais malheureusement, pendant les deux premiers jours, les coolies les avaient toutes mangées.

Cependant, il y avait beaucoup de faisans et de pigeons dans les bois, et des fusils apparaissaient de quelque part ou d'autres – chaque officier semblait en avoir apporté un, même si aucun d'entre nous ne pensait guère que nous devrions faire du sport – et des équipes de tir débarquaient tous les jours. et ils connurent un tel succès que les blessés à bord du *Hoi Feng* se délectèrent du gibier frais.

La viande fraîche et les légumes ont probablement fait plus de bien que toutes les compétences de nos médecins ; en tout cas, nous avons attribué les excellents progrès qu'ils ont accomplis à ce changement de régime — et à juste titre, je pense.

Finalement, le temps s'est calmé et Helston a envoyé le *Sylvia* à Shanghai pour télégraphier ses dépêches à Pékin et à l'Amirauté chez lui, pour acheter plus de pansements chirurgicaux et plus de bétail, et attendre les instructions d'Angleterre avant de rentrer.

Ping Sang l'accompagna.

Nous étions également très heureux de pouvoir nous débarrasser de lui, car le vieux monsieur nous « énervait » et nous avions commencé à le détester énormément. Sans la moindre étincelle d'humanité et incapable de sympathiser avec nos lourdes pertes, il a montré par ses manières, même si ce n'est par ses paroles, qu'il nous considérait pratiquement comme ses employés et, maintenant que notre travail était accompli, il ne l'était que trop. impatient de nous voir reprendre le chemin du retour. D'après un accord avec l'Amirauté, les frais du personnel de l'expédition cesseraient lorsqu'il nous aurait envoyés à Hong-Kong, il était donc tout naturel qu'il s'efforce de hâter notre départ. Cependant, il montrait si peu de considération envers tout le monde que nous le détestions.

Il était également très irrité par le refus absolu de Helston de permettre à ses hommes d'aider au réaménagement des navires capturés ; mais Helston considérait à juste titre qu'ils méritaient un repos après leurs trois mois de dur labeur, et ils passèrent un bon moment, la permission étant accordée après les « divisions » du matin à tous les hommes qui n'étaient pas réellement nécessaires à bord, et ils se livrèrent à leur cœur. ' se contentant de remporter des trophées, de jouer au football, de pêcher à la senne et de parcourir l'île.

Quels êtres étranges, les gilets bleus et les marines !

Ils ont demandé à être autorisés à monter la garde sur les tombes de One Gun Hill pendant le temps que l'escadron restait et ont réglé eux-mêmes tous les détails. Helston trouva leurs dispositions telles que chaque homme de l'escadron ferait à un moment ou à un autre son tour de service sur ce plateau, et la seule modification qu'il apporta au plan fut de détacher deux aspirants de marine chargés du sommet de la colline, en changeant toutes les vingt-quatre heures.

Beaucoup d'hommes débarquèrent également dans leurs combinaisons de travail, et les forgerons et les armuriers obtinrent la permission d'emporter leurs outils avec eux.

Nous pouvions voir depuis le navire qu'ils travaillaient autour du gros canon Krupp, mais nous ne sommes pas intervenus et, au bout d'une dizaine de jours, ils ont demandé à Helston et à moi-même de monter là-haut. Nous avons découvert qu'ils avaient construit une solide clôture en fer entourant la fosse à canon et les tombes, qu'ils avaient planté de petits sapins tout autour et qu'ils avaient en fait construit un solide cairn en pierre soutenant un gros rocher de roche dure. Il venait évidemment de la plage au pied de la colline ; mais nous n'avons jamais demandé comment ils avaient réussi à le remonter, même si nous soupçonnions astucieusement qu'ils avaient forcé les coolies à le faire pour eux.

Ils avaient lissé et poli les faces de ce rocher, et y avaient gravé les noms de tous les hommes qui y étaient enterrés. Sur une face figuraient également les noms des personnes tuées précédemment, lors des combats au sud de Hong Kong et lors des opérations à l'extérieur de l'île.

Ce sont des gens étranges, car, probablement, si Helston leur avait donné l'ordre de faire cela, le travail n'aurait probablement pas été exécuté à moitié aussi substantiellement.

Ils étaient tous là pour le montrer à Helston. Chaque homme de l'escadron en avait fait un peu, me l'a-t-on dit. Helston prononça un discours et tout le monde fut extrêmement content de lui – et de la justice aussi, car les grilles et le monument étaient suffisamment solides pour rester sans surveillance pendant des années.

Le *Sylvia* revint un jour ou deux après avec la nouvelle que le gouvernement chinois envoyait un transport avec des vestes bleues et des officiers pour prendre en charge nos navires, et que lorsque cela serait fait, nous serions immédiatement emmenés à Hong-Kong et renvoyés chez nous. .

Elle apporta un courrier qu'elle avait trouvé qui nous attendait à Shanghai. Il n'y avait rien pour moi, comme d'habitude, à part quelques factures. Des télégrammes étaient venus pour Helston de l'Amirauté le félicitant ainsi que l'expédition pour son succès, et la reine nous avait également fait l'honneur de télégraphier ses félicitations, ses condoléances pour nos pertes et ses expressions de sympathie pour les blessés.

Ces deux télégrammes furent immédiatement signalés à la flotte, et il était assez agréable de savoir qu'ils étaient partis d'Angleterre depuis trois jours seulement.

Helston a fait une grande cérémonie de lecture du télégramme de la reine, "navire habillé", et "est tombé" sur l'équipage du *Laird* sur le pont arrière, leur faisant un discours après avoir entendu le télégramme et appelant à trois acclamations. pour "La Reine". Le sentiment de loyauté personnelle envers la reine était toujours si intense qu'on sentait invariablement que les acclamations étaient tout à fait sincères. Chaque homme, Jack, a crié ses acclamations jusqu'à ce qu'il soit enroué.

Helston se rendit tour à tour du *Laird* à chacun des navires et répéta la cérémonie, revenant si extrêmement satisfait de lui-même que je conjecturai avec raison qu'il avait également répété le discours.

Nous n'avions plus qu'à attendre le transport, et il apparut enfin, un grand paquebot lourd, le *Moi Wa* , bondé de vareuses bleues chinoises.

« Ping Sang a dû les bousculer à Pékin », me dit Helston, visiblement surpris de la promptitude de l'Amirauté chinoise. "Il sait que nous avons hâte de rentrer à la maison et il a fait de son mieux pour nous, j'imagine."

"A fait de son mieux pour nous ? Pour lui-même, tu veux dire !" J'ai répondu. "Il ne se soucie pas de nos sentiments, mais il veut se débarrasser de nous et du coût de notre salaire et de notre nourriture. Eh bien, j'ai en fait entendu le vieil avare demander au payeur s'il devrait payer les hommes laissés sur place. à Hong-Kong blessés ; et le Paymaster m'a dit que Ping Sang lui avait également demandé de lui faire connaître quelle était la solde journalière totale des officiers et hommes tués à One Gun Hill, et quand il l'a appris, il s'est frotté les mains avec délice... la brute grasse et huileuse - et a dit : « Cinq livres par jour, cinquante dollars par jour, près de quatre cents dollars par semaine », et il est parti en riant.

"Vous ne faites pas de place pour lui, Doc."

"Non, je ne le fais pas," répondis-je brièvement, "et je ne peux pas non plus."

Comment avons-nous tous réussi à nous embarquer dans ce transport, je ne peux pas l'imaginer, mais nous l'avons fait d'une manière ou d'une autre après qu'il ait été nettoyé, et, au milieu des nombreux salutations des Chinois maintenant à bord de nos vieux navires, nous avons lentement quitté le port. trois jours plus tard, nous traversâmes péniblement le sombre chenal d'entrée et entre les forts qui nous avaient tenus à distance pendant si longtemps, et tournâmes nos proues vers le sud.

Nous avons tous ressenti un pincement au regret à l'idée de quitter les navires qui avaient été nos maisons pendant trois mois si passionnants, et je pense que tout le monde est venu sur le pont pour regarder One Gun Hill couler lentement sous l'horizon, et est resté quelque peu silencieux pendant le reste du voyage. jour.

Nous jetâmes l'ancre au chantier naval de Hong-Kong quatre jours après. C'était un passage des plus inconfortables, et l'une des premières personnes à franchir le bord fut Harrington, le sous-lieutenant du « No. 1 », qui avait été si gravement échaudé et maintenu à l'hôpital. Il se portait pratiquement bien et était seulement assez triste de ne pas avoir pu nous accompagner.

Helston et moi, dès que nous avons pu y parvenir, avons pris des chambres au Peak Hotel, emmenant Jenkins avec nous et Hi Ling également, car j'avais l'intention de garder un œil sur cet homme et de le voir en sécurité en Angleterre, au cas où il y aurait un problème. aucun problème juridique concernant le testament de Hopkins.

Un gros croiseur rentra chez lui presque immédiatement, et l'équipage du *Strong Arm* prit passage à bord. Bien sûr, Bannerman les accompagnait et il était très heureux que nous le voyions enfin. Je sais que je l'étais.

Le reste d'entre nous a reçu l'ordre de rentrer chez nous par le P. & O. intermédiaire suivant, et nous avons eu cinq jours pour l'attendre. Ces cinq jours furent pour moi pleins de désagréments gênants, car la colonie, depuis le gouverneur jusqu'en bas, et surtout les marchands chinois, nous fêtèrent comme je n'avais certainement jamais été fêté auparavant et la confiance ne le sera plus jamais. Cependant, j'ai réussi à éviter la plupart des divertissements et j'ai passé la plupart de mon temps à jouer au golf dans la Happy Valley, et j'ai laissé toutes ces choses à Helston, qui, en moyenne, devait faire trois discours par jour, donc il s'est bien amusé. .

J'avais envoyé Cummins, Saunderson et Glover au sanatorium des officiers, et les deux derniers étaient pratiquement bien avant notre départ.

Finalement, notre P. & O. est arrivé et nous avons fait un voyage de retour confortable à bord, seulement gâché par l'enthousiasme insensé des gens de Singapour, de Colombo et d'Aden, qui ont donné de grands dîners en notre honneur et voulaient plus de discours. Je ne les ai pas obtenues, mais Helston était dans son élément.

Au moment où nous atteignîmes Port-Saïd, Cummins avait repris son service, peu pire de sa terrible blessure, et Helston, terriblement désireux de rejoindre l'Angleterre, en particulier Fareham, le plus rapidement possible, télégraphia à l'Amirauté et obtint la permission d'aller par voie terrestre. Il est arrivé à Londres une semaine avant nous.

Je l'ai rejoint à son hôtel le plus tôt possible et j'y ai trouvé Jenkins dans un état de bonheur fade.

"Le Cap'en se fait juste un plaisir, monsieur", m'a-t-il dit. " Que là Miss Milly a enfin repris ses esprits, monsieur, et que tout va se terminer " d'une manière ou d'une autre. L'amiral " a été et a lu " Les articles de guerre " à " euh, je pense, et le Cap " et nous ne voudrons plus que Mme J. et moi gardions la maison pour lui.

"Avez-vous déjà vu votre femme?" Je lui ai demandé; » et son visage s'abaissa tandis qu'il répondait avec un peu de tristesse : « Eh bien, monsieur, je n'ai pas encore fini mon congé.

Helston entra bientôt, merveilleusement bien portant et plein d'animation.

"Tout va bien, mon vieux", a-t-il chanté en m'arrachant presque la main. " Milly va m'épouser dès que je serai promu, et, d'après ce qu'on me dit à l'Amirauté, je serai promu en juillet sans aucun doute. Vous devez être mon témoin, mon vieux ; et l'Amiral l'amène. nous resterons debout pendant environ une semaine, et nous passerons tous les quatre un bon moment avant de descendre à Fareham.

Mon « bon moment » signifiait, comme je m'y attendais, m'occuper de l'amiral et écouter ses histoires interminables et inutiles. Cependant, pour une fois, cela ne me dérangeait pas, et j'aurais dû m'amuser si Milly elle-même avait semblé heureuse. Mais, ma pauvre petite âme, je voyais qu'elle ne l'était pas, et un soir, alors que nous nous trouvions seuls dans le salon particulier, après une journée bien fatigante, elle s'est précipitée vers l'endroit où je lisais le journal du soir. , enfouit sa tête sur mon épaule et éclata en sanglots. Elle a cassé mes lunettes aussi, ce qui était très gênant. D'après ce que j'ai pu comprendre entre ses sanglots, elle se sentait terriblement seule, voulait une mère, ce que, pauvre petite âme, elle n'avait pas eu depuis l'âge de deux ans, et ne voulait épouser personne.

Je l'ai envoyée se coucher et je suis sortie acheter une autre paire de lunettes.

J'avais l'idée que le vieil amiral ne serait pas si enthousiaste à l'idée qu'elle épouse Helston s'il avait su que Hopkins lui avait laissé tout son argent et s'il lui avait tout raconté ; mais j'avais mal jugé le vieil homme, car la première chose qu'il dit fut : « Eh bien, Helston le mérite, si quelqu'un le mérite, et Helston l'aura aussi », donc je ne pouvais pas en dire plus.

Le lendemain matin, Milly était de la plus grande humeur.

CHAPITRE XXVI

De nouveau à la maison

Enfin à la maison ! – Le Big Gun à nouveau – Le mariage de Milly

M. l'aspirant Glover raconte son retour à la maison

Hourra! Comme c'est bon de retrouver la maison ! Vous, les paresseux qui naviguent à terre, vous ne savez pas ce que c'est que de penser que dans une heure ou deux vous lâcherez le phare d'Ouessant et récupérerez l'Eddystone. C'est assez grave parfois quand c'est l'inverse, et que vous partez et ne savez pas combien de temps il vous faudra avant de revoir la Vieille Angleterre ; mais cela vaut la peine de revenir, de voir l'Eddystone émerger de la mer, puis de rejoindre Plymouth et les collines verdoyantes du Devonshire et des Cornouailles.

Vous qui restez chez vous toute votre vie, vous ne savez pas à quoi ressemble l'Angleterre jusqu'à ce que vous l'ayez perdue de vue.

Toddles, Mellins et moi, nous étions tout simplement pétillants de bonheur, nous sommes restés éveillés toute la nuit et avons parié sur celui qui repérerait l'Eddystone en premier, l'officier de quart à bord de ce P. & O. nous laissant rester dans un coin du pont tant que nous ne nous chahutons pas et ne bougeons pas beaucoup.

Toddles l'a vu en premier, alors Mellins et moi avons dû supporter une bonne explosion à la toute première occasion. J'allais bien maintenant, aussi bien que la pluie, et depuis au moins quinze jours, je me sentais plutôt bien.

Nous sommes tombés sur Plymouth Sound tôt le matin ; ils ont envoyé des remorqueurs de l'Amirauté pour ramener tout notre peuple à terre. Nous, trois aspirants, avons obtenu un congé jusqu'au soir et nous avons passé tous les trois un moment splendide. Mellins a juré qu'il n'avait jamais autant mangé de sa vie, et nous espérions tous que non – même s'il était plutôt désolé pour lui-même par la suite.

Ils nous ont laissé partir en permission le lendemain. L'Amirauté nous avait donné un mois en guise de récompense spéciale (oups ! n'était-ce pas de la chance ?), et c'était tout simplement splendide de rentrer chez nous.

Mon père vit dans le Hampshire et possède une maison agréable et confortable en pleine campagne, à des kilomètres de la voie ferrée. Effie, ma petite sœur, m'a rencontré dans une charrette à chiens et m'a reconduit chez moi. Elle avait l'air aussi élégante qu'une épingle neuve, mais vous ne pouvez pas imaginer à quel point j'étais minable, car, d'une manière ou d'une autre, j'avais perdu tous mes vêtements civils et j'avais dû emprunter des bricoles à Toddles, et ils étaient beaucoup trop petits. pour moi, et mes bottes étaient des Purser's Crabs[#], fermées par de la ficelle. Mais cela n'avait pas d'importance.

[#] Bottes du modèle de l'Amirauté fournies aux hommes dans les magasins du Paymaster.

Effie a fait rouler son poney comme le vent, je peux vous le dire, et ma vieille boîte en fer blanc d'uniforme cabossée est tombée sur la route – elle ne pouvait plus l'endommager, cependant – et nous avons dû l'attacher.

Vous vous sentez tel quand vous montez dans le train et, eh bien, quand vous descendez à la vieille gare endormie, que vous roulez sur la même vieille route et que vous rencontrez tous les villageois que vous avez connus depuis toujours, vous vous sentez plutôt jeune.

Nous avons rencontré Toby, le garçon d'écurie, à 800 mètres de la maison, qui ramenait les chevaux de la ferme de l'abreuvement, et je n'ai pas pu résister à cela, j'ai fait arrêter Effie, j'ai sauté sur le dos de l'un d'eux et je l'ai ramenée en courant.

Elle a simplement volé, mais je l'ai révisée et j'ai gagné facilement, déchirant le trajet ; et même s'il y avait le Pater, ma mère et tout le monde à la porte qui m'attendaient, je n'ai pas pu arrêter le cheval, et il a tourné brusquement dans la cour de l'écurie et m'a jeté dans un buisson.

Joyeux vieux buisson ! J'y avais été confronté cinquante fois.

Nous, les marins, attendons avec impatience ce jour de retour à la maison chaque fois que nous sommes absents, et cela en vaut la peine, je peux vous le dire.

J'avais apporté à chacun une sorte de cadeau : une bibelots de Hong Kong, ou quelque chose que j'avais ramassé sur l'île, un fusil de One Gun Hill pour le Pater et un gros morceau d'obus qui avait éclaté à bord du *Laird* pour ma mère, et elle n'arrivait pas à se sortir de la tête que c'était ce qui m'avait blessé.

Là, j'ai dû leur montrer toutes mes blessures – j'en avais quatre, vous savez.

D'abord, ce petit sur ma tête, que l'on pourrait trouver en regardant bien ; et celle sur ma poitrine qui m'avait donné tout le mal, et qui avait laissé une assez grosse cicatrice ; et le coup de couteau dans ma jambe, et la blessure par balle juste en dessous.

Le Pater n'était-il pas fier, et Effie aussi ; mais ma mère a fondu en larmes, et puis, je pense, nous avons tous pleuré, nous nous sommes embrassés et avons passé un moment déchirant ; et je leur ai dit que Toddles et Mellins venaient passer quinze jours avec moi, et que Mellins adorait les sardines et les gâteaux – plus c'était riche, mieux c'était – et j'ai dit à Effie qu'elle devrait épouser l'un d'eux, car ils étaient les meilleurs gars du monde. monde, et elle a dit qu'elle le ferait, et donc tout allait bien.

Bien sûr, nous nous sommes calmés après, et ensuite j'ai dû aller montrer à Toby mes blessures et à la vieille gouvernante, et elle a pleuré aussi et m'a donné du pain fait maison, avec du miel étalé dessus d'un demi-pouce d'épaisseur, le miel -peignez-le aussi, car elle savait que j'aimais ça.

Et le lit aussi – le même petit lit, dans le même vieux grenier, avec une drôle de petite fenêtre étroite donnant sur le potager – n'avait jamais paru aussi douillet ; et ma mère est venue quand je suis arrivé, et a pleuré quand elle a vu mon pyjama tout troué, et s'est agenouillée près de mon lit et a dit ses prières, et je lui ai dit les miennes, et elle a encore pleuré, et j'ai pleuré un peu, J'étais tellement heureux; et Effie sont arrivées très tôt le lendemain matin, et nous avons eu une bonne bataille d'oreillers.

Les bonnes choses ne peuvent pas durer éternellement. C'est aussi bien, j'imagine, sinon nous ne devrions jamais savoir qu'ils étaient si bons.

Toddles et Mellins arrivèrent bientôt, et nous passâmes simplement un moment passionnant ; mais ensuite nous avons tous été affectés à des navires différents et avons dû les rejoindre à Portsmouth.

Je n'avais pas oublié Milly et le vieil amiral de Fareham, et je lui avais pris le testament, comme je l'avais promis à Hopkins. Je ne pense pas que les avocats aient fait de difficulté à ce sujet, même si je pense qu'il a fallu un temps précieux pour faire parvenir l'argent d'Amérique.

Milly voulait m'embrasser – j'ai toujours redouté ça – mais je lui ai serré la main avec force et je me suis éloigné ; donc ça n'a pas marché, et elle n'a plus jamais réessayé. Elle voulait en savoir beaucoup sur Hopkins, mais elle n'a jamais découvert qu'il avait été un pirate et qu'il se battait contre nous, et je pense que personne ne le lui a jamais dit. Je suis sûr que le capitaine ne le ferait jamais.

Elle était désormais fiancée avec lui, et les choses semblaient se dérouler très sereinement.

Je suis descendu au village et je l'ai vu, lui et le Dr Fox, ainsi que Jenkins, dans une peur mortelle de sa femme - je l'ai deviné tout de suite - et le capitaine m'a invité à son mariage, qu'il espérait avoir lieu en août.

Le Dr Fox était toujours aussi sombre. Il ouvrait un colis quand je suis entré et je l'ai entendu dire de sa voix vive :·« Regardez ce que ces imbéciles m'ont envoyé ! Quelle perte de temps et je n'ai nulle part où mettre la chose.

C'était une maquette en laiton du gros canon Krupp dans son puits de tir, et autour du support en chêne se trouvait une plaque d'argent avec les noms de tous les hommes *du Laird* sur le pont inférieur qui avaient combattu sur One Gun Hill.

J'aurais moi-même dû être très fier de l'obtenir, mais le Dr Fox a toussé une ou deux fois drôlement et a répété : « Quels imbéciles ! Je vais devoir leur écrire et les remercier, je suppose. Je déteste écrire des lettres.

J'ai rencontré M. Saunderson ce jour-là juste à l'extérieur du chantier naval de Portsmouth, en marchant le long du Hard. Il a tendu sa main énorme et m'a soulevé à moitié du sol.

J'étais content de le voir.

"Je ne veux pas que tu gardes les balles maintenant, Glover," dit-il, et il m'emmena dans la Tête du Keppel et me donna un déjeuner.

Je suis parti en mer pendant les quatre mois suivants à bord de mon nouveau navire, le *Royal Oak* , dans la Channel Fleet, et lorsque les promotions de juillet sont sorties, c'était tout simplement pétillant.

Le capitaine Helston et le commandant avaient tous deux été promus post-capitaines, et M. Parker du « n° 3 » et M. Lang du « n° 2 » au rang de commandants. Collins, le sous-marin du "No. 3", et Harrington du "No. 1", qui avait tenté de sauver les chauffeurs lorsque l'obus a fait éclater sa chaudière, ont été nommés lieutenants et, mieux encore, en bas de la liste. était "Remarqué pour une promotion précoce", puis a suivi mon nom, ainsi que celui de Toddles et Mellins, deux autres aspirants du *Laird* et trois des *Strong Arm* . Le nom de Dumpling n'était pas là. Ogston, l'ingénieur adjoint du *Laird* , avait été promu quelques jours auparavant. Nous étions tous très heureux.

Vous pouvez imaginer à quel point j'étais excité et j'ai dû supporter un dîner de sardines ce soir-là dans la salle d'armes *du Royal Oak* .

Je savais aussi combien ils seraient terriblement heureux à la maison, et le courrier suivant rapportait une pièce de cinq dollars de mon père.

Pat Jones avait été envoyé sur mon navire en tant qu'intendant, et il était tout aussi ravi que moi, et j'ai essayé de lui faire partager les cinq dollars avec moi, mais il n'a pas voulu.

Cependant, je sais que le Pater va s'occuper de lui et lui donner un bon logement chaque fois qu'il quittera le service, donc tout ira bien.

Eh bien, Milly s'est mariée en août, à Londres, et comme le *Royal Oak* se trouvait à Portland, j'ai réussi à obtenir un congé et je suis allé voir le mariage.

C'était une fête joyeuse et grandiose, et il y avait là un certain nombre de vieux amis.

J'ai rencontré le capitaine Cummins la veille, alors qu'il visitait une bijouterie de Regent Street, les mains dans les poches et un cure-dent dans la bouche. Il avait une expression tellement mélancolique et comique, et il rit, comme il le faisait toujours lorsqu'il m'apercevait, et m'emmena dans le magasin pour l'aider à choisir quelque chose pour Milly.

C'était une chose qu'elle pouvait mettre dans ses cheveux si elle le voulait, ou bien la diviser en trois et l'attacher autour de son cou par une chaîne, avec le gros morceau sous le menton si elle voulait le porter ainsi. Je sais qu'il a dû donner énormément pour cela.

Il m'a donné un déjeuner dans un club fanfaron, mais n'a pas beaucoup parlé. Il venait de recevoir le commandement d'un navire à la station du Cap de Bonne-Espérance et devait le mettre en service dans une semaine.

« Occupé à faire un stock de cure-dents, mon jeune, » rigola-t-il.

Je pense qu'il n'a pas eu de chance.

Le mariage a été un glorieux succès, et je pensais que Milly ou toute autre fille devrait être très fière d'un mari tel que le capitaine Helston. Il était splendide, même si son bras gauche était encore presque impuissant, et il fit ensuite un discours au déjeuner ; et ce cher vieux Toddles – lui aussi avait réussi à s'enfuir – dut répondre à la place des dames, et nous nous amusâmes tous, sauf Toddles, qui était rouge et en colère pour le reste de la journée.

Le Dr Fox était là, tout à fait génial, comme par hasard, ainsi que le capitaine Williams et M. Saunderson, ainsi que M. Parker et M. Lang, tous deux désormais commandants.

M. Pattison était allé à la station australienne (je me sentais vraiment désolé pour lui), mais le capitaine Cummins était là et a prononcé un discours terriblement drôle, puis il est reparti sans dire au revoir à personne.

Toddles et moi avons réussi à attacher quelques chaussures blanches sur le chariot avec du fil de fer, afin qu'ils ne puissent pas les enlever, et nous avons fait un bruit splendide lorsque le capitaine Helston et Milly sont partis.

Le soir, Toddles et moi sommes allés au théâtre – le capitaine Helston nous avait donné une loge pour nous seuls – et nous aurions souhaité que Mellins soit avec nous. Nous avons passé un moment déchirant. Toddles a complètement oublié le discours et nous avons réussi à prendre les derniers trains du retour : lui pour Portsmouth et moi pour Portland. Il a eu beaucoup plus de chance que moi, car son navire était le long de la jetée et il n'avait qu'à marcher à bord, tandis que je devais prendre un bateau côtier et faire deux milles jusqu'au navire, pour monter à bord à deux heures du matin. , complètement mouillé, et je devais me lever à six heures, car je me trouvais être aspirant aux transmissions pour la semaine.

Je n'ai plus jamais entendu parler de Ping Sang, même si je crois qu'il a envoyé au capitaine Helston et au Dr Fox deux pots chinois coûteux ; mais environ trois mois après le mariage, Toddles et moi avons reçu des lettres d'A Tsi, et il nous a envoyé à chacun une jonque en ivoire sculpté très pittoresque.

Nous en étions tous les deux très satisfaits, et Toddles dit qu'il a l'intention de transmettre ses déchets à ses enfants en guise d'héritage.

* * * * * * *